Alfred Meissner

Geschichte meines Lebens

Band 2

Alfred Meissner

Geschichte meines Lebens
Band 2

ISBN/EAN: 9783743322660

Hergestellt in Europa, USA, Kanada, Australien, Japan

Cover: Foto ©ninafisch / pixelio.de

Manufactured and distributed by brebook publishing software
(www.brebook.com)

Alfred Meissner

Geschichte meines Lebens

Geschichte meines Lebens.

Von

Alfred Meißner.

II. Band.

Wien und Teschen, 1884.

Verlag der k. k. Hofbuchhandlung

Karl Prochaska.

Inhalt.

Viertes Buch.

Drittes Buch.

I.

Ein schweres häusliches Ereigniß — die plötzliche Erkrankung meiner Mutter — hatte mich in die Heimat zurückgerufen. Ich war nach Prag zurückgekehrt, nachdem ich über ein Jahr fortgewesen.

Schon in den nächsten Tagen erhielt ich eine gerichtliche Vorladung und hatte mich wegen meines „Žižka" zu verantworten. Indeß, die Zeit hatte den Zorneifer der Behörden abgekühlt, ich wurde nicht in Haft genommen. In meiner Vertheidigung machte ich geltend, daß ich für eine auf fremdem Gebiete geschehene Publication, die am Druckort unbeanständet geblieben, nicht hier zur Rechenschaft gezogen werden könne, es hieße dies im vorliegenden Falle die sächsische Presse unter österreichische Censur stellen wollen. Diese Vertheidigung, die eine Lücke im österreichischen Preßgesetze zu benutzen suchte, hatte nun freilich keine Aussicht auf schließlichen Erfolg. Meine Verurtheilung konnte nicht ausbleiben: ein paar Monate unter

1*

Schloß und Riegel waren mir gewiß. Die Gefahr, meine gute Mutter zu verlieren, war jedoch vorübergegangen und so freute ich mich der mir noch gegönnten Freiheits= frist. An die Erlangung einer ärztlichen Praxis wurde nicht gedacht, dagegen wurden Pläne zu verschiedenen Dramen entworfen. Sie sind alle im Entwurf stecken geblieben.

Im Kaffeehause, das ich jeden Tag unmittelbar nach dem Mittagsmahl zu besuchen pflegte, war ich sicher, einen neuen Bekannten zu treffen, der mich täglich mehr und mehr interessirte. Es war ein junger Westphale, der, ich weiß nicht mehr, wie lange schon in Prag lebte, wo er in mehreren wohlhabenden Häusern Unterricht ertheilte und nebenbei — wie man sich unter dem Siegel der Verschwiegenheit sagte — Correspondent auswärtiger po= litischer Blätter war. Er hatte einen schöngeschnittenen Kopf von geistreichstem Ausdruck, den ein Wald dunkel= brauner Haare einrahmte. Sein Alter etwa sieben= oder achtundzwanzig Jahre. Seine Augen schauten so klug darein, über seiner Oberlippe stand ein feines, wohl= gepflegtes Bärtchen, er lächelte immer. Doctor Schütte — dies war sein Name — hatte die außerordentlichste Snade zu eigen. Er wußte über alles so trefflichen Bescheid, wie ein ausgezeichnetes Lexikon. Besonders war es die Nationalöconomie, mit der er uns in Erstaunen setzte. Er hatte die Ziffern aller Staatsschulden, aller Anleihen im Kopfe, wußte, wie viel Ballen Baumwolle die Spin= nereien Englands und des Continents, wie viel Tonnen Kohlen die Essen aller Länder verbrauchen, wie viel

Meilen Eisenbahn auf der Welt seien, was jede gekostet, und tausend ähnliche Dinge mehr, über die er so glatt und ausführlich Auskunft ertheilte, als ob er alles aus einem unsichtbaren, ihm vorgehaltenen Buche ablese. Sein Gedächtniß war bewunderungswürdig und sein Gespräch ein unaufhörliches Probeablegen desselben. Er hatte aber auch die Alten so gut im Kopfe wie die zeitgenössischen Dichter. Als einmal die Rede auf Sophokles':

> „Vieles Gewaltige lebt und nichts
> Ist gewaltiger als der Mensch —".

kam, da wußte er die ganze Strophe und die Antistrophe dazu in solchem Flusse herzusagen, als ob die griechische Sprache seine gewöhnliche Umgangssprache sei, und das alles so natürlich, ohne jeden Prunk von Gelehrsamkeit! Wie das uns imponirte! Wie wir ihn darum beneideten!

Wir alle waren weltschmerzlich gestimmt und fanden die Zustände unerträglich, sahen aber nicht ein, wie es anders werden sollte; er dagegen nahm die Dinge leichter. Fröhlichkeit war der Grundton seines Charakters, er meinte, wir hätten am längsten gewartet, die Aenderung stehe bevor; die Censur, die Bücherverbote, die polizeiliche Bevormundung, das Spionenthum rechts und links, Metternich's Regime müsse demnächst ein Ende nehmen. Seltsame Zuversicht in jenen Tagen. Es war nirgends ein Anschein dazu da. Wir schüttelten oft den Kopf darüber. Es war kurz vor Weihnachten, als unser Freund zu uns trat und von uns auf unbestimmte Zeit Abschied nahm. Er reise nach Wien.

„Da dürften wir uns lange nicht sehen.“

„Im Gegentheil,“ war seine Antwort. „Ich bin überzeugt, daß Sie im Februar oder März nach Wien kommen.“

„Dazu ist keine Aussicht vorhanden. Was sollte
mich dazu auffordern?

„Große Ereignisse.“

„Welcher Gattung?“

„Ereignisse, wie wir sie Beide ersehnen. Politische
Katastrophen!“

„Sie scherzen! Die Welt ist still wie ein Kirchhof!“

„Wird's nicht bleiben.“

„Zudem dürfte ich gerade um diese Zeit aus bewußten Gründen nicht fortkönnen.“

„Bah, wenn Sie wirklich eingesponnen sein sollten,
so werden Sie um diese Zeit frei werden.“

„Sind Sie zufällig in den Besitz prophetischer Gabe
gelangt?“

Er lächelte mit seinem eigenthümlich angenehmen
Lächeln: „Auf Wiedersehen!“ und verließ uns.

II.

Die „Franzosen vor Nizza“. — Der große Künstlerball. — Eumir. —
Große Nachrichten.

Um diese Zeit, während eine unbestimmte Gewitter-
schwüle auf allen Gemüthern lag, ging die Oper eines
Freundes und Landsmannes über die Bretter des Prager

Theaters und erregte einen schwer zu beschreibenden En-
thusiasmus. Die Oper hieß: „Die Franzosen vor Nizza",
der Compositeur Friedrich Kittl. Das Werk, im Stile
Herold's oder Auber's, hatte eine Fülle der reizvollsten
Melodien, die im frischesten Glanze jugendlicher Erfindung funkelten. Besonders aber regte der zweite Act das
Gemüth auf und wirkte auf die Zuhörerschaft beinahe
wie ein bedeutendes Ereigniß. Situation und Musik
trafen mit gleicher Stärke zusammen und erzeugten einen
in seiner Art einzigen Eindruck. Doch um einen unge-
fähren Begriff von dieser Wirkung zu geben, muß ich
zuvörderst etwas von der Handlung der Oper, deren
Textbuch sagen. Dieses hatte keinen geringeren Verfasser,
als Richard Wagner. Dieser hatte sich das Libretto nach
Heinrich Königs Roman „Die hohe Braut" zurecht gelegt
und es, da ihm die Lust, dasselbe selbst zu componiren,
vergangen war, Friedrich Kittl überlassen.

Man befand sich beim Aufgehen des Vorhangs im
Jahre 1794, düsteren Andenkens. Die französische Revolutionsarmee steht vor Nizza und droht der dortigen Lehns-
herrschaft den Untergang. Zwei Liebende, einander höchst
ungleich an Rang, die hochgeborene Bianca, die, von ihren
stolzen Brüdern gezwungen, einem Baron zum Altare
folgen soll, und der Jäger Giuseppe, treten uns entgegen,
des Barons Schwester hat sich einem andern Lehnsmann,
Sormano, in Liebe ergeben und diesen heimlich geheiratet.
Der Bruder hat die Ehe gewaltsam getrennt, Sormano
von Haus und Hof verjagt und die Schwester in einen

Kerker geworfen, aus welchem ſie, dem Irrſinn verfallen,
entfloßen iſt. Als nun die Eiferſucht des Barons gegen
Giuſeppe erwacht, ſteht deſſen Freiheit und Leben auf dem
Spiel. Da rettet ihn Sormano und bringt ihn auf einer
einſamen Spitze der Seealpen in Sicherheit: er ſelbſt iſt
der Häuptling einer revolutionären Schaar, die es mit
den Franzoſen hält. Sie erwartet nur das Kanonen=
ſignal, um über ein in der Tiefe liegendes Fort, das den
Schlüſſel Nizza's bildet, herzufallen. Die Irrſinnige wird
indeß todt gefunden, Sormano ſchwört bei ihrer Leiche
den Ariſtokraten Rache und bringt in Giuſeppe, ſich den
Republikanern anzuſchließen. Dieſer ſträubt ſich lange.
Da tönt von der einen Seite des Thales die Muſik
herauf, die Bianca's Gang zur Kirche anzeigt, zugleich
aber werden die Trommeln der Revolutionsarmee ver=
nehmbar und tönen immer lauter herauf. Eine mächtige
Muſik dringt empor. Es iſt die Marſeillaiſe. Sein Gefühl
in feurigen Liedſtrophen ausſtrömend, eilt Giuſeppe mit
den Uebrigen in den Kampf.

Richard Wagner beſitzt das ſpecifiſche Talent, eine
ſtarke ſinnenfällige Wirkung dermaßen zu gipfeln, daß ſie
das Gemüth des Hörers mit unmittelbarer Gewalt fort=
reißt. Ein ſolches Meiſterſtück des Aufbaues iſt die An=
kunft des Schwans in „Lohengrin"; hier gab es etwas
Aehnliches. Zuerſt die Nacht, Sormano's Erzählung
ſeiner Leidensgeſchichte, die Ankunft der Leiche, Sormano's
Racheſchwur, nun der aufgehende Morgen in den Bergen,
die Gruppe der Republikaner, die vom Gipfel herab auf

die Bewegungen der Verbündeten lauscht, dazwischen die
Hochzeitsmusik von hüben, die Feldmusik von drüben —
die Marseillaise — dies alles gab ein an Gegensätzen
reiches, immer voller anschwellendes Ganze.

Kittl hatte es aus begreiflichen Gründen nicht gewagt,
hier nach Richard Wagner's Absicht die Marseillaise einzuführen, wohl aber ein schwungvolles Marschmotiv er-
funden. Ebenbürtig und mit starkem dramatischen Naturell trat zur Dichtung die Musik, alle Gemüther bezwin-
gend und fortreißend. Von der ersten Aufführung an
hatten der Marsch und Giuseppe's Strophen eine ungeheure Popularität, man hörte sie überall. Wo nur
Musiker aufspielten im musikliebenden Prag, verlangte
man Kittl's Marsch zu hören.

Aber es sollte noch anders kommen, die „Franzosen
vor Nizza" sollten für Prag eine Bedeutung erlangen,
wie die „Stumme von Portici" für Brüssel 1830. Der
Marsch sollte die Festmusik der Märzbewegung werden.

Einige Tage nach der ersten Aufführung dieser Oper,
am neunundzwanzigsten Februar, sollte der Künstlerverein
„Concordia" einen costümirten Ball abhalten. Er war
besonders durch die Bemühungen des Präsidenten dieses
Vereins, Ferdinand Mikowetz, zu Stande gekommen und
ganz Prag war auf das Fest gespannt, wie auf etwas
noch nicht Dagewesenes.

Ferdinand Mikowetz war ein weit über sechs Fuß
hoher jugendlicher Recke von einer Schulterbreite, die
gewöhnliche Mannesarme kaum umspannen konnten. Dem

starken wuchtigen Körperbau entsprach die blühende Ge=
sichtsfarbe, das rothblonde Haar, das blaue Augenpaar.
So sah er aus, wie aus der Germania des Tacitus
herausgetreten. Auch eine gewisse Schwerfälligkeit, körper=
lich wie geistig, stimmten zu diesem Bilde. Nachlässig in
Gang und Tracht kam er daher, mit unbeholfenen Bewe=
gungen setzte er sich nieder: erhob er sich, was nicht ohne
Schwierigkeit geschah, so war es, als ob er sich von einer
ihm lieb gewordenen Bärenhaut trenne. Aber dieser alte
Germane wollte nichts anderes als ein Czeche sein. Er
arbeitete in böhmischer Geschichtsforschung und Archäologie,
sammelte alle möglichen historischen Inschriften, wofern
sie böhmisch waren, und war nebenbei Dichter vaterlän-
discher Dramen. Mit diesen jedoch hatte es seine eigene
Bewandtniß. Er schrieb sie heimlich deutsch, wie denn
seine ganze Bildung eine deutsche war, und ließ sie dann
ins Böhmische übersetzen: er selbst wäre nicht im Stande
gewesen, eine correcte Uebersetzung davon zu liefern.

Der langerwartete Abend kam heran und das Co=
stümfest, für welches so viele Vorbereitungen getroffen
worden waren, ging in Scene. Das Theater, in einen
Redoutensaal verwandelt, war bis auf den letzten Galerie=
platz besetzt, Alles hatte sich herbeigedrängt, die mitwir=
kenden Maler, Architekten, Musiker, Schriftsteller in ihren
Costümen zu sehen. Man hatte alle Anzüge historisch
treu anfertigen lassen und die Porträtähnlichkeit bei der
Wahl nach Möglichkeit berücksichtigt. Da entrollte sich
nun ein ganzes Stück Literatur= und Kunstgeschichte. Hier

zogen, das Barett mit Pfauenfedern geschmückt, die zier-
lichen Gestalten der deutschen Minnesänger einher, Walther
von der Vogelweide, Wolfram von Eschenbach, Heinrich
von Osterdingen: zwischen sinnreich charakterisirten alle-
gorischen Gestalten, welche die Künste und deren verschiedene Richtungen darstellten, folgten die Meister alt-
deutscher Kunst. Die markig derbe Gestalt eines damaligen Theaterkritikers, Bernhard Gutt, als Peter Vischer
mit Hammer und Schurz trat unter ihnen besonders
hervor. Jetzt erschienen italienische Dichter, darunter ein
Dante, frappant ähnlich, was Gesichtsschnitt und Farbe
anbelangt, ein heiterer, lorbeergekrönter Ariost, hierauf
eine Schaar späterer Musiker, Dichter und Maler. Per-
golese und Gluck, Mozart und Beethoven, Voltaire und
Rousseau, Sebastian Bach, Lessing, Goethe und Schiller
wandelten, die meisten treffend charakterisirt, den Saal
entlang. Nun aber erschien Einer, der mächtiger als alle
die Aufmerksamkeit der staunenden Menge auf sich zog.
Es war der Präsident der „Concordia" Ferdinand Mikowetz. Sein Riesenkörper stak in einer enganliegenden
fleischfarbenen Scheide und hatte in Folge der hohen
Temperatur die Farbe eines zart gesottenen Seekrebses
angenommen. Um seine Stirne saß ein Kranz von Linden-
zweigen, seine Linke hielt ein seltsam geformtes Saiten-
instrument empor, um seine Schultern hing, von einer colos-
salen Stahl-Agraffe festgehalten, ein ungeheurer Wolfspelz.

„O weh, er ist fast in adamitischer Tracht!" flüsterte
alles im gelinden Schrecken. „Wen stellt er denn vor?"

„Den Lumir!"

„Wer ist Lumir?"

„Der Gott des slavischen Gesanges."

„Wohl heidnisch?"

„Wie könnte man darüber im Zweifel sein?"

„Aber was ist das? Riechen sie nichts?" gingen die flüsternden Stimmen weiter. „Sehen Sie nur — vor und um ihn flüchtet Alles!" Es war wirklich so. Der Wolfspelz, eigens für das Fest aus Polen bestellt und kaum einige Tage vor dem Feste ausgepackt, ein wahres Prachtstück, roch dämonisch, wie eine Menagerie von Wölfen! Den ganzen Tag über hatte sich Mikowetz — seinen näheren Freunden war es nicht unbekannt — bemüht, seine culturfeindliche Wildschur zu bändigen — umsonst! Er hatte sie mit Wachholderbeeren durchräuchern lassen, er hatte sie an die Luft gehängt, er hatte sie schließlich mit Kölner Wasser flaschenweis begossen — es half nichts. Der Pelz stank ruhig weiter und schlug jeden mit Schrecken, der die Nase in seine Nähe brachte.

Jetzt aber — es war wohl eine Wirkung der im Saale herrschenden Hitze — schien es, als ob alle in diesem mächtigen Felle condensirten Ammoniaksalze in Empörung losgebrochen seien. Vor und um dem slavischen Liedergott bildete sich eine Einöde. Nur der Hüne, der den Pelz trug, schien nicht von dem Geruche zu leiden und wandelte feierlich langsam, von dem Bewußtsein erfüllt, daß er den Sangesgott der Slaven darzustellen habe, majestätisch dahin.

Zu dreien Malen zogen die Künstler im Saale umher, zu dreien Malen wandelte Lumir in ihrer Mitte. Sein Wandeln ist dem Gedächtniß aller Nasen der Zeitgenossen und Theilnehmer am Feste als Phänomen eingeprägt geblieben. Zwei Orchester spielten im Saale. Wenn der „Künstlermarsch", den ein begabter Prager Componist Veit, für diese Veranlassung gedichtet hatte, verstummt war, fiel die auf der Galerie postirte Militärcapelle ein und spielte, von lautem Applaus des Publicums begrüßt, den Marsch der „Franzosen vor Nizza". Ich, am Zuge unbetheiligt, saß inzwischen in der Loge eines mir wohlgeneigten Banquiers, Herrn von Lämmel, sah auf das Treiben unten und auf den sich mächtig und farbig aufrollenden Zug herab und lauschte den Klängen der Musik. Da machte sich eine große Bewegung in der Loge des Statthalters auffällig bemerkbar. Mehrere Personen traten hastig ein und sprachen heftig zusammen.

„Es muß etwas Wichtiges in der Stadt vorgefallen sein!" sagte der Banquier nicht ohne eine gewisse Aengstlichkeit. Und sich an einen jungen Chemiker wendend, der neben ihm saß und in Sprache und Haltung noch den ehemaligen österreichischen Cavallerie-Officier erkennen ließ, bat er: „Herr von Görgey, wollten Sie nicht so freundlich sein, nachzufragen, was geschehen?" Zugleich flog die Thüre der Loge auf, der Procuraführer des Geschäfts stürzte mit aufgeregtem Gesicht herein. Die Post von Paris war eingetroffen und hatte zwei Briefe gebracht. Der erste lautete also:

„23. Februar. Abends fünf Uhr. Paris im Aufstande. Kämpfe im Quartier St. Eustache und am Carré St. Martin. Das Ministerium Guizot ist gestürzt."

Der zweite Brief war nur eine Nachschrift zum ersten. Er lautete lakonisch also: „Louis Philippe hat abdicirt. Keine Bourbons mehr! Eine republikanische Regierung ist gebildet."

Beim Lesen dieser Worte war mir, als habe mich die Hand eines Dämons in die Höhe gehoben und in der Luft umgedreht.

„Glück auf! Nun ist der Bann der Erstarrung von der Welt genommen!" rief es laut in mir. „Jetzt hat die Politik des Verneinens und der Abwehr ein Ende. Der dreißig Jahre lang erstarrt gebliebene Strom kommt in Bewegung. Endlich, endlich werden wir Einrichtungen erhalten, wie sie der Geist der Zeit verlangt." Ich bat um die Briefe, ich las und überlas sie. „Nein, es ist kein Satyripaß, es ist kein Fastnachtsscherz, es ist Wahrheit, das Langersehnte ist gekommen. Eine Bombe ist mitten in den Carneval geflogen, aber — o Menschen! — die Tänze unten gehen ununterbrochen ihren Gang weiter. Doch wie lange noch? Eine neue Zeit setzt sich nicht ohne Kampf und Blut durch. Gleichviel, von nun an ist es eine Lust, zu leben!"

So dachte ich. Nur wer da weiß, wie die bisherigen Zustände allen Lebensmuth zu rauben geeignet waren, wer da weiß, wie unerträglich und entwürdigend die Formen des Metternich'schen conservativen Regiments

gewesen, wird ermessen können, mit welchen Gefühlen
wir, die engeren Gesinnungsgenossen die neue Zeit be-
grüßten, welche Hoffnungen wir auf sie setzten! Während
sich die Pariser Nachrichten immer weiter verbreiteten,
die Menschen je nach ihrer Parteistellung und ihren Ansichten aufgeregt in Freude oder Sorge zusammentraten,
wie vom Schauer dessen, was kommen sollte, angehaucht,
spielte das Orchester ungestört weiter. Der Marsch der
Jakobiner von 1793 tönte drein in die Bewegung der
französischen Republik von 1848.

Wir aber, eine Trias von Freunden, begaben uns
jubelnd in die für's Nachtmahl hergerichteten Räume.
Als gäbe es keine Polizei mehr, toastirten wir auf die
Republik, die Volksfreiheit und eine Bewegung, von der
wir einen Anstoß auf die ganze übrige Welt und vor
allem andern die staatliche Einheit aller Deutschen er-
warteten.

Der Morgen tagte bereits, als wir den Heimweg
antraten.

III.

Bei einem Hochtory. — Fr. Palacky. — L. Rieger.

Welthistorische Ereignisse gleichen einer Kraft, welche
das ruhige Gleichgewicht einer flüssigen Masse stört: die
Fortpflanzung der Bewegung bis in die entferntesten

Theilchen derselben geht überraschend schnell vor sich und ist mitunter von fast komischer Wirkung. Ich hatte den großen Costümball kaum ausgeschlafen, als ein reich= gekleideter Bedienter bei mir eintrat und mir ein Billet überreichte, das mich in den schmeichelhaftesten Ausdrücken einlud, heute beim Grafen D .... den Thee zu trinken.

Es ist nun immer hübsch, wenn der Mensch von sich sagen kann, er habe einen Grafen kennen gelernt. Wenn man den ungeheuren Abgrund in Betracht zieht, welcher zwischen den Sprossen des wahren Adels und den Nachkommen der Hörigen gähnt, ein Abgrund, über welchen eigentlich weder Talent noch Kenntnisse, noch wirkliche Verdienste eine Brücke zu schlagen vermögen, so darf man immerhin darauf stolz sein, wenn ein höheres, blaublütiges Wesen die Bekanntschaft eines einfachen Erden= sohns zu machen wünscht.

Ich nahm die Einladung an.

Der Graf war aber auch eine stadtbekannte Persön lichkeit. Einem uralten Geschlechte entsprossen, Besitzer mehrerer großer Herrschaften und Güter, hätte er sich, wie die Uebrigen seines Standes, ganz von den bürgerlichen Menschenkindern isoliren können, aber er mochte das nicht, er war nun einmal, um mit Aristoteles zu sprechen, ein ζῶον πολιτικόν, ein politisches Geschöpf.

Mitglied des ständischen Landtages, einer Corpora tion, die damals zu gewissen Zeiten mit einem rothen Fracke bekleidet, in einem großen Saal zu erscheinen, dort die Anträge der Regierung zu vernehmen und diese

zu bejahen hatte, fühlte er den Beruf in sich, wenn jemals
in Oesterreich außer und über den Provincialvertretungs-
körpern sich eine centrale Körperschaft, sei es nun Haus
der Pairs oder Staatenhaus genannt, entwickeln sollte,
eine noch höhere politische Stellung zu erringen. Als
nun so merkwürdige, unerhörte Gewitterschläge von jenseits des Rheins herüberdröhnten, mit Erderschütterungen
Hand in Hand gehend, die den ganzen Bestand der alten
Gesellschaft in Frage stellten, hatte der Graf, als ein
Mann, der eine ganze Welt von Rettungsplänen in seinem
Kopfe trug, das Bedürfniß gefühlt, diese Rettungsgedanken
in einem größeren Kreise zum Vortrag und zur Debatte
zu bringen. Diesem Drange dankte ich die Einladung.
Schwarz befrackt, in gehörig feierlicher Stimmung betrat
ich die vornehmen Räume.

Ich sah hier zum ersten Male den böhmischen
Geschichtsschreiber Franz Palacky und den Doctor Ladislaus Rieger, zwei Männer, an Jahren ungleich, die
später in Böhmen eine so große Rolle spielen sollten.
Der erstere war eine hagere Gelehrtengestalt, dessen Gesicht
die gelbliche Farbe der Pergamente angenommen hatte,
mit denen er sich seit Jahren ausschließlich beschäftigte,
der letztere ein interessanter, ja schöner junger Mann von
gewinnendem Wesen, brünett, mit feurigen Augen. Ein
geistvoller Advocat, mit spitzer Feder, Doctor Pinkas,
einige Finanzmänner, deren Blick und Bildung über den
Comptoirtisch hinausreichten, vervollständigten den Kreis.
Auch Moritz Hartmann, vor Kurzem aus Leipzig in Prag

eingetroffen, war anwesend. Schließlich fehlte es nicht an
Statisten. Man sprach von der Flucht Louis Philipps, von
der Einsetzung der Republik, von Lamartine und Louis
Blanc. Es war klar, daß die Bewegung Frankreichs
nicht ohne Einfluß auf die Nachbarländer bleiben könne.

Der Graf begann seine Ideen zu entwickeln, und
wir erfuhren, wie viel Freiheit er uns gönne. Er war,
wenn der Ausdruck gestattet ist, ein liberaler Hochtory,
dessen Ideal England gewesen wäre, wenn es dort nicht
neben dem Haus der Lords auch ein Haus der Gemeinen
gäbe. Nur der Großgrundbesitz verlieh, seiner Auffassung
nach, dem Sterblichen politische Rechte. Er erklärte es
uns ganz deutlich, wie es sich damit verhalte. Was wir
„Staat“ nennen, ist ein gewisses Quantum von Quadrat
meilen Bodens; natürlich kann nur Derjenige Vertreter
des Staats sein, der ein paar Quadratmeilen — ja nicht
weniger — dieses Bodens besitzt. Daß das Volk, die
Menge der vielleicht schon demnächst dem Hunger preis
gegebenen Menschen, nicht regieren dürfe, war klar, aber
auch der sogenannte Mittelstand war hierzu keineswegs
berufen. Sollte der Besitz eines großen Hauses, einer
gut eingerichteten Fabrik, oder einer gefüllten, feuersicheren
Casse Jemanden befähigen, an der Gesetzgebung theil
zunehmen? Nimmermehr! Häuser, Fabriken und feuer
sichere Cassen sind nichts Ursprüngliches: Häuser brennen
ab, Fabriken salliren, Cassen schützen ihren Inhalt wohl
vor Feuer und Diebshänden, nicht aber vor Entwerthung,
nur der Boden, die Erde selbst, ist das Ewige, Funda

mentale, Unzerstörbare. Also: Wo kein Grundbesitz, keine
Sicherheit, somit keine Garantie guten Verhaltens, keine
ruhige Empfänglichkeit für das Große, Schöne, Bleibende.
Der Wohlstand wurzelt im großen Grundbesitz, alles
Uebrige ist Flugsand. Auch die Vaterlandsliebe ist nur
beim Grundbesitzer zu finden, denn dieser besitzt ja eben
Land, einen Theil des Vaterlandes. Kurz, der Grundbesitz war ihm der Acker aller großen Tugenden, in ihm
wurzelte die „Gabe der Gesetzgebung" und aller Einsicht
in das Wesen des Staatslebens.

So sprach der Graf; möge ihn Niemand für eng-
herzig oder egoistisch halten weil er uns eigentlich gar
nichts gönnte! Er konnte nicht anders. Sein Sinn ging
in's Hohe und Große. Aber welches Vertrauen er doch
zur Kraft der Wahrheit hatte! Und was traute er nicht
alles seiner Beredtsamkeit zu! Keiner von uns allen, an
die er seine Worte richtete, war ein Großgrundbesitzer,
uns allen mußte er für die Zukunft jede Wirksamkeit
absprechen und dennoch traute er es sich zu, uns zu
bekehren. Er war fest überzeugt, alle, die ihn gehört,
würden sagen: ja, wir sehen es ein, wir sind nicht
berufen, ein Parlament zu bilden, denn wenn wir auch
Bedürfnisse, Wünsche, Verstand, Ideen haben mögen, wir
haben keinen Grundbesitz. Und wenn dann an einem
der nächsten Tage das Volk draußen zusammenträte und
spräche: Ihr habt gesprochen, während alles schwieg,
Ihr habt über die Grundlagen eines vernünftigen Ver-
fassungsbaues nachgedacht und sie, so gut ihr konntet,

2*

entwickelt, wir wählen euch zu unseren Vertretern — wir müßten antworten: „Danke, danke, wir müssen Eure Wahl ablehnen! Was man Staat nennt, ist ein Quantum von Quadratmeilen und keine einzige davon ist unser Eigen!"

Der Graf hatte sich vom Ständehaus ein stetes Dociren in parlamentarisch-oratorischer Form angewöhnt, er trug in dieser Art, nur zeitweise von Aeußerungen des Bedenkens und kleinen Einwendungen unterbrochen, die Grundzüge seines Systems vor. Der schmetternde Ton, mit welchem er das Wort Grundbesitz! Grundbesitz! unseren Gemüthern einprägte, klingt mir noch immer in den Ohren!

Als der Vortrag des Grafen über die Befähigung zur Gesetzgebung zu Ende war, löste sich die Gesellschaft in Gruppen auf. Rieger's bedeutende Persönlichkeit machte auf mich den freundlichsten Eindruck. Palacky trat heran und sagte mir viel Schmeichelhaftes über meinen Ziska, es war kein ungewichtiges Lob, wenn dieser specielle Kenner sagte, daß ich die historische Seite der hussitischen Bewegung mit richtigem Instinct gezeichnet. Er habe das Gedicht daraufhin geprüft und könne sich dahin äußern, daß nirgendwo ein wesentlicher Verstoß gegen die Geschichte vorkomme. Er selbst war eben mit der Durcharbeitung der Hussitenzeit beschäftigt: es ist dieser Theil seines großen Geschichtswerkes zehn Jahre später erschienen. Ich hatte mich mit des alten Theobald „Geschichte des Hussitenkrieges" behelfen müssen.

Es verdient an dieser Stelle bemerkt zu werden, daß für Palacky und Rieger und alle ihre Freunde die

deutsche Sprache dazumal noch die natürliche Sprache
des Umgangs und des Verkehrs war. Der böhmische
Geschichtsforscher hatte seine Bücher deutsch concipirt,
deutsch geschrieben. Es läßt sich auch nicht behaupten,
daß, wenn sich diese Männer damals der deutschen Sprache
bedienten, dies eine Concession gewesen wäre, solchen
gegenüber, die, wie ich, des Böhmischen nicht mächtig
waren. Auch daheim, zwischen ihren vier Wänden, sprachen
diese Männer dazumal deutsch. Ich habe in späteren
Jahren Palacky öfter besucht: jedesmal, wenn ich an der
Thür seines Studirzimmers klopfte, scholl mir ein deut-
liches deutsches Herein! entgegen, der klarste Beweis, daß
der alte Herr keinen anderen, als einen deutsch redenden
Besuch erwartete. Ein an böhmische Rede Gewöhnter
hätte dale! gerufen.

Später allerdings wird das anders geworden sein ...
Nach dieser Abschweifung sei mir erlaubt, wieder zu
unserer Soirée zurückzukehren.

Es war um diese Zeit die sogenannte soziale Frage
stark an der Tagesordnung; auch auf diesem Terrain
hatte der Graf seine reformatorischen Pläne. Während
ein Fisch in einer vortrefflichen Majonaise servirt wurde,
entwickelte er uns den Plan einer eigenthümlichen Bank,
die keine geringere Wirkung haben sollte, als rasch nach
ihrer Einführung der Armuth auf der Welt ein Ende
zu machen. Ihre Wirkung war einem artesischen Brunnen
zu vergleichen, der in einer Wüste gegraben wird. Rings
herum bildet sich ein exotischer Pflanzenwuchs, durch

dessen Absterben entsteht ein üppiger Pflanzenboden, und ehe man sich's versieht, ist eine Oase da. Damit war allen Proletariern geholfen. Es wäre zu wünschen, daß Andere sich gemerkt hätten, wie diese Bank organisirt gewesen, ich erinnere mich nur, daß trotz allem Respects vor der Autorität des Vortragenden die größten Zweifel an ihrer Möglichkeit laut wurden. Nur einem Ein= zigen, einem quiescirten Großindustriellen, waren alle Absichten des Grafen klar. Er erkannte in dieser Bank die einzige Lösung der socialen Frage und erbot sich, wenn der Herr Graf Finanzminister geworden, ihr als Director vorzustehen. Dieses Gesuch wurde ihm gewährt.

Gelangweilt und den Kopf voll ganz anderer Gedanken, war ich während dieser Vorträge und indeß noch allerlei Zugaben zum Thee servirt wurden, in einer Ecke des Canapées sitzen geblieben, ich fühlte, daß mich die ganze Sache nichts anging. Ich war ja weder Grundbesitzer, noch Proletarier, mir konnte nicht geholfen werden. Ich sehnte mich nach einer Cigarre. Und, als habe mein Wunsch magnetische Gewalt, schritt der Graf, der eben zu Ende gesprochen, auf ein Stufengestell zu, von dem er ein unscheinbares Kästchen herabholte, nahm es unter den Arm und begann in feierlich streng oratorischer Form und, wie er es gewohnt war, in österreichischem Cavalier= deutsch folgendermaßen:

„Wir haben uns soeben, meine Herren, ziemlich ein= gehend mit den Prolettariern, beschäftigt" (der Graf hatte eine eigenthümliche Art, die Worte hervorzustoßen und die Consonanten, besonders die t's, s's und z zu verdoppeln, wenn nicht zu verdreifachen). Hier, meine Herren, erlaube ich mir nun, Ihnen eine Cigarre anzubieten, die von mancher Seite heftig angefeindet und mißachtet, unter einem ungerechten Drucke seufzt und als der Proletarier der österreichischen Cigarren bezeichnet werden kann. Meine Herren, ich rede von der Kreuzer-Cigarre und stehe keinen Augenblick an, das Vorurtheil, das auf ihr lastet, als ein ungerechtfertigtes zu bezeichnen. Meine Herren, die Kreuzer-Cigarre ist besser als ihr Ruf. Unsere Regierung, von der es nicht zu leugnen ist, daß sie sich ein offenes Auge wenigstens für die materiellen Bedürfnisse, Anliegen und Interessen ihrer Unterthanen zu bewahren gewußt hat, diese Regierung, sage ich, hat es nie außer Acht gelassen, uns in richtiger Erkenntniß der volkswirthschaftlichen Wichtigkeit des Gegenstandes, ein in der That brauchbares Rauchmaterial zu liefern. Meine Herren, ich behaupte keck, daß dieser Proletarier unserer Regie sich mit den besseren Producten aus den Fabriken der Hansestädte messen kann!

Reif sein ist Alles, sagt Hamlet, und von dieser Cigarre" — er nahm eine in die Hand, zeigte sie und ließ sie wieder fallen — „sage ich nur: sie muß abgelagert (er wollte sagen: abgelegen) sein. Meine Herren, es gilt die Rehabilitation eines ungerecht zurückgesetzten, echt österreichischen Productes — der Kreuzer-Cigarre! Greifen Sie zu!"

Dieser schöne, von oratorischer Wärme durchglühte
Erguß des Grafen war zu eindringlich, als daß nicht
Viele von uns eine eingewurzelte Abneigung überwunden
hätten. Selbst mehrere Cigarren-Feinschmecker machten
gute Miene und versorgten sich aus dem bescheidenen
Kästchen; wir thaten es umsomehr, als wir gewiß waren,
den Grafen uns nachfolgen zu sehen. Um so außer-
ordentlicher war es, als dieser nach beendigter Austheilung
mit größter Ruhe und wahrhaft souveräner Kaltblütigkeit
in die Brusttasche griff, ein Etui herauszog, es öffnete,
daraus eine Havannah, welche mit Recht den Namen einer
königlichen, einer Regalia, führte, nahm und diese mit
der vollendeten Ruhe eines Cavaliers an der nächsten
Wachskerze anzündete.

Diese kaltblütige That überraschte Alle, aber Niemand
äußerte eine Bemerkung. Von mir weiß ich nur, daß
ich mit nachdauernder Verwunderung diese Havannah
betrachtete, als ob etwas Ungewöhnliches an ihr sei, dann
aber den verruchten Glimmstengel, den ich dem unschein-
baren Kästchen entnommen, eiligst wegwarf.

Ein paar Wochen vergingen, bis ich der erneuerten
Einladung des Grafen, in seiner Soirée zu erscheinen,
wieder Folge leistete. Die Geschichte mit der Cigarre
ging mir nicht aus dem Kopfe. Heftigeren Gemüthes als
heutzutage, machte mich jene bewußte Cigarre so grimmig,
daß ich den Grafen gar nicht wieder sehen mochte. Wie
sehr war ich im Unrecht! War er nicht einer jener Landstände, die einen rothen Frack für unentbehrlich zur Gesetz-

gebung hielten? War es denn nicht nur im Sinne jener
„organischen Gliederung der Gesellschaft", die er immer
empfahl, gedacht, wenn er uns etwas Anderes zuwies,
als er selbst rauchte? Sollte er denn wirklich gar nichts
vor uns voraus haben? .....

Indeß waren die Ereignisse ungestüm vorwärts ge=
schritten. Als ich mich wieder bei dem Grafen sehen ließ,
fand ich diesen tief verstimmt. Er ließ die Berechtigung
einer Revolution nur insofern gelten, daß sie ihm und
seinen Standesgenossen zu einer lebenslänglichen Pairs=
würde verhelfen solle — doch nicht darüber hinaus. Er
sah die Dinge im trübsten Lichte und weissagte Anarchie.
Rings verlangte die Welt constituirende Versammlungen.
Was aber konnten Versammlungen leisten, bei deren
Wahl eben das Moment, das einzige zur Gesetz=
gebung befähigende, das Moment des Grundbesitzes,
nicht berücksichtigt werden sollte? Und nachdem er
nun noch über einen beliebten Gegenstand, die orga=
nische Gliederung der Stände im Staate, gesprochen und
insgesammt „patriotische Selbstgenügsamkeit" empfohlen
hatte, welche nichts Fremdes copirt, keinen Schwerpunkt
draußen sucht, weder fremden Beifall noch fremde Hilfe
beansprucht und ausschließlich auf der Basis eigenster In=
teressen steht, nahm er wieder das bewußte Kästchen un=
ter den Arm und begann: „Wir haben soeben, meine
Herren, von der patriotischen Selbstgenügsamkeit gespro=
chen. Diese patriotische Begnügsamkeit, meine Herren,
bethätigen wir nicht nur, wenn wir von Frankfurt nichts

wissen wollen, sondern auch, indem wir, hinwegsehend von überseeischen Producten, zu unserem einheimischen Rauchmaterial zurückgreifen u. s. w." Nun ging der Spruch zu Ehren der Kreuzercigarre in ruhigem Flusse weiter.

Indessen hatte der Streich mit der echten Havannah die Gemüther so aufgerüttelt, daß jetzt, wie ich sah, nur Wenige zugriffen. Palacky behauptete, daß er nicht rauche, Rieger, daß er etwas Halsweh habe, Herr v. Lämmel das Erstaunlichste: daß er selbst derlei Cigarren bei sich führe! Ich aber machte mich eines furchtbaren Vergehens schuldig, indem ich meine Cigarrentasche hervorziehend, mit einer frevelhaften Kühnheit erwiderte, daß sich meiner Meinung nach das Recht, eine gute Cigarre zu rauchen, nicht an den Grundbesitz knüpfe. „Ich mache es," sagte ich, „wie Sie, Herr Graf, und rauche etwas Importirtes."

Und da mir ein Blick auf die Pendeluhr eine vor= gerückte Stunde wies, nahm ich von der nahen Fensternische den Hut und wandelte fort, um nicht mehr zu erscheinen.

IV.

Stürmische Märztage.   Constituirung des „Nationalausschusses".
Beim Statthalter.

Der Sturm, der in Frankreich die Julimonarchie niedergerissen, war indessen über den Rhein gegangen. Die Rufe: deutsches Parlament, Centralgewalt, wurden immer

lauter und dringlicher. Auch in Prag steigerte sich die
Aufregung. Eine schwüle, dumpfe Luft lag über der
hundertthürmigen Stadt, es gährte in allen Kreisen.

Am elften März war der Aufruf zu einer Bürger=
versammlung im Wenzelsbade ergangen. Ihr nächster
Veranlasser war Peter Faster, seines Zeichens ein Gast=
wirth, ein wackerer Mann von geringem Talent, aber
kräftiger Art, einer von Jenen, die, wo es noththut,
vorangehen, während die Uebrigen unentschlossen zaudern.
Er trug im eigentlichen Sinne des Wortes seine Haut,
die allerdings kein feiner Saffian war, zu Markte: denn
eine solche Versammlung war zu jener Zeit höchst unge=
setzlich: Metternich saß ja noch fest am Ruder. Wirklich
fanden sich mehrere hundert Personen ein, einige energische
Redner entwickelten kurz die Sachlage. Man stellte ein
„Was wir wollen" auf: elf Artikel, elf Forderungen,
deren weitere Entwickelung einer demnächst einzuberufenden
Volksvertretung anheimgestellt werden sollte. Ein komi=
scher Zug darf dabei nicht in Vergessenheit kommen. Da
keine Druckerei sich mit der Publication dieser elf Punkte
befaßt hätte, mußte man ihre Verbreitung lediglich wie
in alter Zeit durch geschriebene Zettel erzielen. Da man
nun rasch viele Schreiber brauchte, eilte Dr. Johannes
Spielmann, ein Genosse unseres Kreises, in die Irren=
anstalt, wo er Secundärarzt war und ließ die Forderun=
gen durch seine Pflegebefohlenen copiren. So waren es
Narren, welche sich um die vernünftige Klärung der Köpfe
verdient machten.

Auch von Wien aus waren Reformen angekündigt, doch ohne daß man über den Umfang oder die Richtung derselben sich irgend eine klare Vorstellung hätte machen können. Da kamen die Nachrichten von den Vorgängen am denkwürdigen 13. März. An diesem Tage hatten die niederösterreichischen Landstände zusammentreten sollen. Da kam ein Zug heran von Studenten und Bürgern: die Stände sollten ein Gesuch um Preßfreiheit und Reformen aller Art dem Kaiser vortragen. Die Massenhaftigkeit des Zuges, der drohende Charakter desselben, dabei der blutige Conflict und die gefallenen Opfer waren von einer Wirkung, die mit der Sache selbst in gar keinem Verhältniß zu stehen schien. Darauf der Sturz Metternich's — Aufhebung der Censur — Verleihung einer Constitution — Volksvertretung: es regnete Wunder vom politischen Himmel, zahlreicher als Sternschnuppen in einer Septembernacht.

Gewöhnlich wird behauptet, die Revolution von 1848 sei etwas ganz Unverabredetes, Ungeplantes, etwas ganz Spontanes gewesen, ein Werk der Zufälligkeit, in Paris sowohl wie anderswo. War dies wirklich so? Freilich waren die Brandstoffe allenthalben angehäuft und lagen in allen Gemüthern, gab es aber nicht auch Personen, dazu ausersehen, die Lunte zur verabredeten Stunde anzulegen? Man erinnert sich vielleicht noch jenes Freundes, der kurz vor Weihnachten bei seiner Abreise nach Wien uns den Eintritt großer, das Völkergeschick umändernder Ereignisse versprochen hatte. Eben dieser, der junge Westphale Dr. Schütte, hatte die Sturmpetition vom 13. März organisirt und war ihr Führer gewesen! Hatte er vor uns gewußt, was in Paris geschehen würde? Gab es geheime Gesellschaften und war er Mitglied einer solchen? Hatte er den Posten in Wien wie ein zur Brückensprengung beorderter Soldat bezogen? Mir war es, als habe er, durch Eide gebunden, uns nicht in das Geheimniß seiner Verbindungen einweihen dürfen und es bei Andeutungen bewenden lassen.

Ich überlasse es den Forschern, hierüber etwas Licht zu verbreiten.

Ein Steinchen hatte die Lawine in's Rollen gebracht, nun ging es im Sturmlauf vorwärts. Die Nachrichten verbreiteten sich blitzschnell, der Altstädter Ring bedeckte sich mit Gruppen, die Menschenmenge wogte in den Straßen. Kein Soldat, kein Polizeimann ließ sich sehen, die Behörden, klug oder voll Furcht, ließen alles gewähren. Vorerst war alles Freude, Jubel. Es freute sich jeder, dem dereinst die unwürdigen Zustände unter Metternich die Schamröthe in's Gesicht getrieben; jeder, der von Hausdurchsuchungen, Denunciationen, Paßplackereien zu leiden gehabt. Es freuten sich Alle, welche glaubten, eine Volksvertretung werde künftig besser für die Bedürfnisse des Landes sorgen, als eine starre Bureaukratie es gethan. Die Studenten waren die glücklichsten von allen, denn sie glaubten sich als Commilitonen der Wiener einen Theil am Umschwunge beimessen zu dürfen. Sie hatten das Schlagwort: Lehr- und Lernfreiheit.

Fortan sollte ihnen der Besuch deutscher Universitäten gestattet sein, sie sollten ihre Verbindungen, ihre Mützen, ihren Comment haben. Sie beriefen eine Versammlung und verabredeten eine Todtenfeier für die in Wien Gefallenen. Der Bürgermeister erschien in ihrer Mitte und Uffo Horn, ein alter Studio und Poet, schwenkte in der ehrwürdigen Aula die alte Schwedenfahne der Prager Studenten von 1639. Es freuten sich die Wirthe, denn so viele Gäste hatten ihre Locale nie gesehen, bis tief in die Nacht hinein; es freuten sich die Buchhändler: es gab keine Censur mehr, und alle bisher verbotenen Bücher fanden rasch ihre Käufer. Neue Zeitungen entstanden über Nacht und wurden ohne Censur gedruckt, neue Politiker und Publicisten schossen plötzlich empor, wie junge Spargel.

Nun aber kam das Gefühl, daß alle diese Errungenschaften nur eben abgerungen seien und mit den Waffen in der Hand vertheidigt werden müßten. Es bildeten sich Legionen, man zog zu den Zeughäusern, viertausend Gewehre wurden vertheilt. Die Studenten traten zusammen, hielten Sitzungen über Sitzungen, Alles wollte Waffen haben und sich in Waffen üben: die jungen Leute exercierten von nun an Tag und Nacht in den weiten Höfen des Clementinums. Verwundert sahen die alten schwarzen, festungsartigen Mauern des Prager Jesuitencollegiums auf die Schaaren hinunter, die sich beim Schein der Fackeln militärisch übten.

Und wieder gab es unheimliche Tage, wo sich die Massen stumm drängten und ein besorgtes Flüstern durch

die Gruppen ging. Der Vorfrühling brachte seine eis=
kalten Stürme und der Himmel hing tief und schwer
herab und man sprach davon, daß sich große Militär=
massen in der Umgebung Prag's sammeln, so daß man=
cher Bauer achtzehn bis zwanzig Mann Einquartierung
im Hause habe. Und die Besitzenden munkelten vom
beutegierigen Proletariat und weissagten Uebles. Und
die Bürger, die Waffen trugen, schlossen die Stadtthore
und ließen nur die Seitenthüren offen für Fußgänger.
Die Studenten aber waren in einer Stimmung, daß sie
am liebsten gleich gegen feindliche Batterien geführt wer=
den wollten.

So kam das Ende des Monats heran und warme
Apriltage brachten wieder Sonnenschein und bessere Stim=
mung. Für den zehnten des Monats war abermals
eine Bürgerversammlung im Garten des Wenzelsbades
angekündigt, sie war von denselben Männern einberufen,
welche die erste veranstaltet hatten. Ich schlenderte, mich
nicht genau an die Eröffnungsstunde haltend, die eine
ziemlich frühe war, hinaus und traf die Verhandlungen
schon in vollem Gange. Eine Menge von Tausenden
stand Kopf an Kopf auf dem freien Platze vor dem Ge=
bäude. Vom Balcon desselben sprach Hawlitschek, der
tüchtigste Journalist und Volksschriftsteller, den die Böh=
men je gehabt. Besser als er traf keiner den populären
Ton, er besaß den trockenen, kaustischen Humor, den der
Böhme so sehr liebt; dabei ein wild aufloderndes Feuer.
Ich konnte, was er in feierlicher Rede entwickelte, bei

meiner mangelhaften Kenntniß der böhmischen Sprache nur halb und halb verstehen, so viel entnahm ich, daß eine Versammlung von Vertrauensmännern gewählt werden solle, um die im neuen Landtage vorkommenden Verfassungsgesetze zur Beschlußfassung vorzubereiten. Es müßte ein Centralorgan gebildet werden, um Ordnung zu schaffen und die Forderungen der Nation vorbereitend durchzuführen.

Die versammelte Menge war, wie die lauten Zurufe bezeugten, damit einverstanden.

Das Wenzelsbad ist ein Haus mit Bädern, welche von einer kühlen Felsenquelle gespeist werden; an schönen Sommertagen pflegen Gartenconcerte dort stattzufinden. Ich war den gewundenen Fußsteig entlang gegangen, hatte mich in eine Laube gesetzt, zog die Correcturbogen eines „Märzgedichts" aus der Tasche, das der geneigte Leser im zweiten Bande meiner gesammelten „Dichtungen" *) nachlesen möge, und ging an die Durchsicht desselben. Da hörte ich den Redner die Namen Jener nennen, die nach bester Ueberzeugung der bisherigen Leiter der Bewegung als Vertrauensmänner zu wählen seien. Es waren die Namen des seit dem 11. März bestehenden Bürger=Comité's und einige neue dabei. Unter diesen Namen hörte ich auch den meinigen. Der Zuruf der Menge gab dem Wahlantrag seine Sanction und so sah ich mich, der ich als Spaziergänger ins Wenzelsbad gekom=

*) Zwölfte Auflage. Berlin. Gebr. Paetel. 1884.

men war, plötzlich in ein Mitglied des böhmischen Na=
tionalausschusses verwandelt. Nun hieß es, hinüber auf
die Kleinseite! Es galt, den Statthalter, den Oberstburg=
grafen Graf Stadion von den Beschlüssen des Volkes in
Kenntniß zu setzen. Die Nachricht des Vorgefallenen
hatte sich indeß weiter und weiter verbreitet. Als wir
Gewählten aus dem Garten heraustraten, fanden wir in
den Straßen ein dichtes Gedränge. Bürgergarden schaar=
ten sich um uns und gaben uns das Geleit durch die
Stadt, diese fuhren, jene gingen: in einer Stunde hatten
wir uns im Statthaltereigebäude einzufinden.

Es war eine wunderliche Scene, als der Statthalter
vor uns trat.

Er war ein hochgewachsener Aristokrat in den mitt=
leren Jahren, eine elegante, fast geckenhafte Erscheinung
von englischem Zuschnitt. Er hatte seine Toilette gemacht,
auf seinem wohlgeformten Gesichtsvorsprung wiegte sich
ein Nasenklemmer am breiten schwarzen Bande. Es
freute ihn ungemein, uns zu sehen. Männer, die das
Vertrauen des Volks genießen, — ja, das wollte er be=
tonen — es freute ihn — es war nicht zu viel gesagt,
eher zu wenig — dieser Kreis — es war ein ehren=
werther Kreis tüchtiger Männer, bewährter Namen. Er
— einestheils im Dienste der Regierung stehend, anderer=
seits die Sache des Vaterlandes vor Augen —

Aber seinen rednerischen Erguß, der ihn, die Götter
wissen, wohin geführt hätte, schnitt in diesem Augenblick
Peter Faster mit barbarischer Derbheit ab.

„Herr Graf," sagte er barsch, wie wenn er zu einem seiner Bräutnechte rede, „wir sind nicht hierher gekommen, Phrasen zu dreschen. Wir haben lange genug Phrasen gehört. Die Zeit der Phrasen ist vorüber. Es ist Ihnen nicht zu verdenken, wenn Sie uns zum Teufel wünschen, aber wir sind nun einmal da. Es ist kurz so: wir sind vom Volke gewählt und haben den Auftrag übernommen, die Vorlagen für eine künftige, vom ganzen Lande gewählte Volksrepräsentation auszuarbeiten; denn es muß Alles schnell gehen. Ueberdies werden wir Maßregeln treffen, wie sie die Zeit erheischt."

Dem Grafen war bei dieser Anrede das Pince-nez wie schreckbetäubt von der Nase gefallen. In diesem Tone hatte ihn gewiß noch Niemand angefahren. Er antwortete, mühsam nach Fassung ringend, daß er Alles billige — das heißt, im Princip. Er habe selbst das Bedürfniß gefühlt — die schwere Verantwortlichkeit der Lage — mit Andern zu theilen. — Er würde die Thatsache über die Wahl nach Wien berichten — er lade uns ein, in den Conferenzsaal zu treten — um über unser Sitzungslocal zu berathen — einen Beschluß zu fassen....

Wir traten in ein größeres Zimmer und nahmen um einen großen, mit grünem Tuch ausgeschlagenen Tisch, auf dem viele Tintenfässer standen, Platz. Wir befanden uns im Synedrium der Statthaltereiräthe.

Der Graf, der an der Spitze des grünen Tisches Platz genommen hatte, war während der nun folgenden Debatte wie geistesabwesend. Er mochte sich seinen

Mangel an Fassung vorwerfen, er mochte an Auswege
denken. Was alles, während wir beriethen, ihm der
Zwicker zu thun gab, bleibt mir ewig unvergeßlich.
Bald sah er ihn mit staatsmännischem Ernste an, bald
zog er ein Foulard hervor, ihn zu reinigen, bald setzte
er ihn mit gedankenvoller Würde auf, bald ließ er ihn
wieder fallen. In seiner Verlegenheit hielt er ihn mehrmals geschlossen in die Nähe der Nase, eine nervöse
Erregung ließ ihn einen Druck auf die Feder thun, der
Nasenklemmer schnappte auf und versetzte ihm einen
heftigen Nasenstüber. Und über den erlebten kleinen
Schreck milde lächelnd blickte der Graf im Kreise umher.

Es wurde festgestellt, daß wir vor der Hand unsere
Sitzungen im Gewerbeverein abhalten und vor Allem
die Verhältnisse der Grundentlastung zur Behandlung
bringen sollten, da die Zustände der arbeitenden Land-
bevölkerung vor Allem Abhilfe forderten.

Noch einmal, als der Graf Renitenz zeigte, wandte
Faster das derbe Mittel gewaltsamer Einschüchterung an,
dann verließen wir das Statthaltereigebäude.

Als wir auf die Straße hinaustraten, sahen wir
alle Straßen und Plätze mit Menschen bedeckt. Zurufe
schollen uns entgegen, aus unzähligen Fenstern wurden
weiße Tüchlein geschwenkt, die Bürgerwehr fiel mit Kittl's
Marschmusik ein. Jetzt erst kam mir in den Sinn, daß
ich seit der Frühe nichts gegessen, daß es jetzt etwa fünf
Uhr Nachmittag sei und daß es gerathen wäre, nach
Hause zu gehen.

„Du gewöhnst Dir ein sonderbares Vagabunden=
leben an!“ meinte mein Vater. „Wir haben eine gute
halbe Stunde mit dem Mittagsmahl auf Dich gewartet.
Sero venientibus ossa.“

„Lieber Vater, in dieser Zeit ist die gewohnte
Tagesordnung nicht einzuhalten. Es war ein wichtiger
Tag für Böhmen: das Land hat eine Regierung erhalten,
die —“

„Ei, das wäre! Wer sind denn die —“

„Lieber kein unangenehmes Wort! Ich gehöre mit
dazu.“

„Du bist wohl nicht bei Sinnen?“

„Ich glaube doch.“

„Dann bedauere ich Dich um so mehr. Wenn Du
bei klaren Sinnen in eine verwegene Rotte —“

„Es sind die ruhigsten Leute, die geachtetsten Männer
dabei.“

„Zum Beispiel ein Bierwirth.“

„Cromwell war ein Bierbrauer.“

„Und Cleon ein Gerber. Und was für Narretheien
wollt Ihr anfangen?“

„Ordnung machen, eingreifen, wo die Regierung
nichts thut, oder ihren Versprechungen Entgegengesetztes,
Gesetze ausarbeiten —“

„Und hofft am Ende einen kleinen Convent von
1793 daraus zu gestalten?“

„Vielleicht.“

„Mit einer Guillotine etwa?“

„Ich will nicht behaupten, daß wir vom Volk auch das Recht über Tod und Leben bekommen haben. Alles hängt davon ab, ob das Volk hinter uns steht und wir die Fähigkeiten und Energie besitzen —"

„Du gehörst in's Tollhaus!"

Daß ein Mittagessen, mit solchen Zwischenreden gewürzt, trotz der neu erlangten Würde mir besonders hätte schmecken sollen, wäre zu viel verlangt gewesen. Und doch war meine Stellung keine ungewöhnliche. Die neue Zeit hatte nicht den Frieden gebracht, sondern das Schwert. Und von nun an sollten, wie es in der Schrift heißt, fünf in einem Hause uneins sein, „drei wider zwei, und zwei wider drei, der Vater wider den Sohn und der Sohn wider den Vater, die Tochter wider die Mutter und die Mutter wider die Schnur".

V.

Volksbewaffnung. — Der Kampf um die frankfurter Wahlen. — Im chemischen Laboratorium.

Der National-Ausschuß war zusammengetreten und hielt zuerst im Gewerbeverein auf der Altstadt, sodann im Cameral-Zahlamt auf der Kleinseite seine Sitzungen. Sie waren endlos. Der Himmel hatte den Mund mehrerer Mitglieder mit unendlicher Redegabe gesegnet, und was gab es, worüber nicht verhandelt worden wäre!

Vor Allem schienen die Ansprüche des Landvolfs auf Abstellung der Robot und Aufhebung der bäuerlichen Lasten dringend, denn Stürme drohten auf dem flachen Lande. Aber noch, ehe es zur Debatte kam, interpellirte der oder jener den Präsidenten, was man denn zur Durchführung der im Princip angenommenen Volks- bewaffnung zu thun gesonnen sei; ein zweiter hielt den Entwurf einer Communal-Verfassung für Stadt- und Landgemeinden für dringender als alles Uebrige; ein dritter verlor sich in einer Abhandlung über die Noth- wendigkeit verantwortlicher Minister. Es brach ein Schwall von Dingen über uns herein: die Sitzungen, die Morgens 8 Uhr begannen, waren noch bei dunkeln- dem Abend nicht zu Ende; und wenn sie vorüber, sollte noch in den einzelnen Sectionen gearbeitet werden.

Indessen organisirte die engere czechische Partei sich rasch und bildete eine Legion, welche sich altböhmisch costümirte und ein böhmisches Commando bei sich ein- führte. Ein kleines putziges Männchen mit einem wilden Gesicht, das ein riesiger Schnauzbart in zwei Hälften theilte, Baron Villani, war Chef dieser Schaar; auch unser Freund Lumir, dem Leser vom Maskenball her in Erinnerung, spielte dabei eine Rolle.

Man ging in Tracht und Bewaffnung auf die Vergangenheit zurück, der Morgenstern und der Dresch- flegel kamen in Verwendung. Wie eine Uhr, welche still gestanden, wenn man ihren Perpendikel in Bewegung setzt, wieder von da aus fortgeht, wo sie stehen geblieben,

so geht auch ein Volk, dessen Bildung still gestanden,
vom alten Punkte aus weiter. Es erscheint dann den
Nachbarn wie ein Volk von Kindern und thörichten
Jungen.

Die Sprachenfrage hatte uns bisher eigentlich noch
nicht gestört. Sie war nur insoweit ventilirt worden,
als man die Gleichstellung der beiden Landessprachen in
Schule und Amt verlangte, was billig erschien. Im
Uebrigen war der Spalt zwischen deutscher und slavischer
Nationalität bisher verdeckt und unausgesprochen ver-
blieben.

Aber so sollte es nicht lange dauern. Die Deutschen
sahen in Frankfurt Anstalten im Werden zum Aufbau
eines neuen deutschen Reiches und wollten diesem ange-
hören. Nicht am Erz- und Fichtelgebirge sollte die Grenze
ihrer Heimat sein. Nachdem sie so lange von der höheren
Cultur und Freiheit Deutschlands durch unerbittliche
Schranken getrennt gewesen, ersehnten sie doppelt den
Anschluß an Deutschland. Die Wechselwirkung mit Deutschland schien ihnen ein Bedürfniß. Die Böhmen dagegen
verhorrescirten die Unterordnung irgend eines österreichischen Staatstheils unter einer deutschen Centralgewalt
und hofften sogar, wenn Oesterreich sich aus dem abso-
lutistisch regierten Bundesstaat, der er stets gewesen, in
einen mehr centralisirten verwandle, die Suprematie in
diesem neuen Staate zu gewinnen.

Allen diesen Gedanken gab Palacky einen herben
und scharfen Ausdruck, als der Fünfziger-Ausschuß auf

den ſonderbaren Gedanken kam, ihn aufzufordern, der
Verſammlung deutſcher Verfaſſungsfreunde beizutreten,
welche ein deutſches Parlament vorbereiten wollten. Er
antwortete in verletzendem Tone, das Verlangen, daß
ſich das böhmiſche Volk mit dem deutſchen verbinde, ſei
eine jeder hiſtoriſchen Baſis ermangelnde Zumuthung.
Böhmen trete einer Verſammlung nicht bei, welche Projecte
in Ausführung bringen wollte, darauf berechnet, Oeſter-
reich zu ſchwächen, übrigens ſei eine Reorganiſation Deutſch-
lands auf dem eingeſchlagenen Wege unausführbar.

Dieſer Brief machte das größte Aufſehen und wurde
das Manifeſt einer Partei.

Es ſchien mir nöthig, daß aus Prag ſelbſt eine
deutſche Antwort auf dieſen Brief erfolge, und ſo unge-
ſchult meine Feder auch auf ſolchem Gebiete war, ich
hatte ſchon am andern Tage eine Antwort. Das „Con-
ſtitutionelle Blatt für Böhmen“, eine neugegründete
Zeitung im großen Stile, das Organ der Deutſchen,
erwies mir die Ehre, dieſe Replik an hervorragender
Stelle zu drucken. Ich hatte zu wenig hiſtoriſchen Sinn,
um daraus ein Argument holen zu wollen, daß Böhmen
dereinſt in einem Lehnsverband zum deutſchen Reiche
geſtanden, aber in der geographiſchen Lage Böhmens
ſah ich die ſtärkſte Nöthigung, mit Deutſchland zu pactiren.
Man ſehe ſich doch die Karte an, am beſten eine Sprachenkarte. Böhmen reicht bis in die Mitte von Deutſchland
hinein. Das deutſche Schleſien trennt es von dem ruſſi-
ſchen Polen, und das ganz mit deutſchen Städten und

Sprachinseln durchsetzte Mähren von Galizien und Slo-
vakei. Ein Land, durch das der directe Weg von
Berlin nach Wien führt, könne sich in keinen Gegensatz
zum deutschen Reiche stellen. Selbst die Gebirge, die es
umschließen, sind keine eigentliche Grenze, denn ihre
Abhänge sind weit hinein mit Deutschen bewohnt. Sympathien und Interessen knüpfen an Deutschland an.
Hier einen Separatismus fördern, heiße einen Racen-
kampf vorbereiten, die Czechen würden, von der Meinung
Europa's verlassen, allein dastehen und dem reactionären
Princip des slavischen Ostens anheimfallen.

Indeß spitzten sich die Meinungen auf beiden Seiten
zu, die Stellung der Parteien wurde kriegerisch. Die
Wahlen für Frankfurt waren ausgeschrieben worden, man
dachte in Wien, es stehe eine Kaiserkrone für Oesterreich
in Aussicht und gab den Kreisämtern die Ordre, die
Wahlen vollziehen zu lassen. Der Nationalausschuß
brachte die Sache zur Erörterung: eine übergroße Majorität verwarf jeden Gedanken an Frankfurt, Graf Stadion
mußte die von Wien aus erlassene Kundmachung unter-
drücken. Indeß begaben sich zwei Deputationen nach
Wien, eine deutsche, die Wahlen zu verlangen, eine
böhmische, die Wahlen untersagen zu lassen. Sie trafen
sich zur selben Stunde im Vorzimmer des Ministers
Pillersdorf und sagten sich gegenseitig die bittersten Dinge.
Die schließliche ministerielle Antwort konnte nicht unlau-
terer sein, als sie war: die Beschlüsse des deutschen Parlaments, hieß es, würden gewiß weder der Nationalität,

noch den Interessen der einzelnen Reiche der österrei=
chischen Monarchie nahetreten. Die österreichische Regie=
rung habe die Pflicht, diese Interessen zu schützen. Oester=
reich habe aber auch als Mitglied des Bundes die
bestehenden Verträge zu vollziehen. Es werde kein Staats=
bürger gezwungen, sich an den Wahlen zu betheiligen,
aber es dürften auch keinem die Mittel entzogen werden,
an den Frankfurter Verhandlungen theilzunehmen. In
dieser Form, die dem gesunden Menschenverstande Hohn
sprach und die Wahlen zur völligen Bedeutungslosigkeit
herabdrückte, ging der Erlaß des Ministers an die Kreis=
ämter. Die meisten deutschen Bezirke wählten ohne Ver=
zug, aber wenige Tage darauf kam an jedes Kreisamt
ein Packet Schriften, die den Wahlmännern vorgelesen
werden sollten: es waren die Acten des Nationalaus=
schusses, in welchen vor dem Anschluß an Deutschland
wie vor dem Pact mit dem Teufel gewarnt und das
Abschicken von Deputirten nach Frankfurt Landesverrath
genannt wurde. Aus diesen Papieren die die Statt=
halterei dem unschuldigen Landvolk zusandte, sollte es
erfahren, an welchem Abgrunde es stehe. Indeß wurde
deutschen Redacteuren gedroht, das Volk werde ihre
Pressen zerstören, wenn sie Artikel für den Anschluß
brächten. Die Folgen wurden bald sichtbar. Selbst
deutsche Kreise wurden irre und verzögerten die Wahl.
Anonyme Briefe liefen aus Prag an alle deutschen Wahl=
comité's ein: sie wurden von „deutscher Seite" beschworen,
harmlose Menschen nicht zu Landesverräthern zu machen.

Andere anonyme Circulare riethen zu einem „ehrenvollen
Rückzug" und Rücknahme der Wahlen, weil durch letztere
nothwendig Krieg und Anarchie in's Land kommen müsse.
Halbczechische Städte, wie Pilsen, hatten es auf eine
große Demonstration gegen die Wahlen abgesehen: sie
ließen diese zuerst in aller Formalität vom Kreisamt
ausschreiben und sorgten nun dafür, daß Niemand bei
den Wahlen erschien. Das war ein großer Triumph
und alle czechischen Journale rieben sich darob die Hände.

Ich war nach den letzterwähnten Vorgängen aus
dem Nationalausschuß ausgetreten. Nun hatte ich Ruhe.
Ich saß am Abend des vorletzten April auf meinem
Zimmer, als drei Herren bei mir eintraten. Es waren
zwei Abgeordnete des Frankfurter Vorparlaments, die
Herren Kanzler von Wächter und Dr. Schilling: ein
Badearzt aus Franzensbad begleitete sie. Die beiden
Herren wünschten Auskunft über den Stand der Dinge
in Böhmen. Sie kamen aus einem ruhigen Lande und
wollten mir kaum Glauben schenken, als ich die Dinge
in dunklen Farben malte. So bereiteten wir uns vor,
in den Convictsaal zu gehen, wo das Prager Comité für
die Frankfurter Wahlen eine Sitzung halten sollte.

Am Knopfloch des Franzensbaders fiel mir ein vio=
lettes Bändchen auf. Man sah damals österreichische und
böhmische Bänder, deutsche und slavische Tricoloren, aber
ein solches Band von sanfter Veilchenfarbe hatte ich noch
nie gesehen, ich fragte nach dessen Bedeutung. Der Bade=
arzt antwortete nicht ohne Würde: „Der Egerkreis sendet

demnächst eine Adresse an den Kaiser, worin die Tren=
nung des Egerlandes von den übrigen böhmischen Landen
verlangt wird. Der Bezirk erscheint nicht in den böh=
mischen Landesbüchern als Kreis angeführt. Das gibt uns
ein volles Recht, unsere Selbständigkeit zu verlangen,
mit Anschluß an den deutschen Bund. Dies Violett ist
die Landesfarbe des Egerkreises."

Bald darauf traten wir in den Convictsaal. Die
ohnehin düstern Räume boten heute ein noch finstereres
Aussehen: das kundigere Auge erkannte leicht, daß in
diese Versammlung der Teutschgesinnten eine mindestens
gleiche Anzahl Czechen eingedrungen sei. Grimm und
Hohn lag auf ihren Gesichtern. In einer der mittleren
Bankreihen saß Hawlitschek, von einer entschlossenen Garde
umgeben. Und kaum hatte der Frankfurter Delegat sich
in seiner Ansprache zu einer heißspornigen Aeußerung
hinreißen lassen, als der Spectakel losging. Hunderte
von Pfeifen gellten bald aus dieser, bald aus jener Ecke,
bald aus der Höhe, bald aus dem Hintergrunde, einzelne
knüttelbewaffnete Gesellen sprangen auf die Bänke und
verlangten die Beendigung der Debatte. In weniger als
drei Minuten bot der ganze Saal das Bild eines wüsten
Handgemenges.

Am anderen Tag waren die Frankfurter Abgesand=
ten abgereist, bestürzt, fassungslos darüber, die Dinge so
viel schlimmer angetroffen zu haben, als sie sich gedacht.
Sie gestanden, daß sich in Bezug auf die böhmischen
Kreise nichts machen ließe und daß auch die halbdeutschen

übel genug daran seien. Sie klagten uns nicht mehr
der Halbheit oder der Schwäche an.

Indeß verwandelte sich Prag immer mehr und mehr.
Die stehen gebliebene Uhr, welche auf eine längst vergangene Stunde wies, wurde jetzt gewaltsam zurück-
gerichtet, so daß ein durchreisender Fremder sich gar nicht
mehr zurecht gefunden und auf jedem Schritte endlos
hätte erstaunen müssen. Wer durch die von Menschen
wogenden Straßen wanderte, hörte kaum mehr ein deutsches Wort. Elegante Damen in feinster Toilette, die
sich vom Lakai das Gebetbuch nachtragen ließen, rade-
brechten jetzt böhmisch und hatten doch diese Sprache ihr
ganzes Leben lang nur mit ihren Köchinnen gesprochen,
welche ihrestheils, so oft sie ihren Putz anlegten, deutsch
zu radebrechen versucht hatten. Männer der gebildeten
Classen politisirten böhmisch und doch war diese Sprache,
welche so lange geschlafen hatte, wirklich nicht für gelehrte Erörterungen geschaffen. Czechische Proclamationen
waren an der Ecke zu lesen, czechische Schilder wurden
über den Kaufgewölben aufgehängt. Und welches Aussehen hatten die Leute! Man hätte sich nach Venedig
versetzt glauben können, und zwar in das Venedig der
allerbesten Zeit, in den venetianischen Carneval mit
schrankenloser Maskenfreiheit. Da zogen Männer in
weißen, rothbeschnürten Röcken, ein rothes Kreuz als
Abzeichen am Arm, einen silbernen Löwen auf der
Brust, und schwitzten geduldig unter grauen Lammfell-
mützen.

Kreuz, Lammfellmütze und Schleppsäbel kennzeichneten sie als Mitglieder der „Swornost": dort wieder,
noch fabelhafter anzusehen, wandelten Repräsentanten
ferner, außer aller Verbindung mit der Culturwelt
stehender, aber, wie man es damals nannte, „stammver-
wandter" Länder. Die einen trugen die Tracht der
Drahtbinder, jedoch weiß und bunt verziert, die anderen
Röcke von schwarzem Sammt und weite Pumphosen:
das Streben nach dem Absonderlichen und Anti-europäi-
schen hatte colossale Dimensionen angenommen. Eine
wahrhaft bedauernswerthe Figur spielte Peter Faster, den
sein plötzliches Berühmtgewordensein schier um den Verstand gebracht hatte; er ging in einem Herzogsmantel
von violettem Sammt mit einem Hermelinkragen umher.

Es war in diesen Tagen allgemeiner Maskerade,
wo Prag einem Theater ähnlich sah, das von Statisten
wimmelt: da saß Dr. Löhner, der später ein hervorra-
gendes Mitglied des Wiener Reichstages werden sollte,
eben vom Lande angekommen, im Weinhause und gab,
als sein ehemaliger Studiengenosse, Dr. Trojan, eintrat,
kein Zeichen, daß er diesen erkenne. Trojan war in
der That seltsam costümirt. Er trug den polnischen
Camara genannten Rock, Pumphosen und hohe Stiefel,
einen rothen Gurt um den Leib; eine schwarze Pudel-
mütze hatte er eben abgenommen.

„Was ist das? Kennst Du mich wirklich nicht mehr
oder stellst Du Dich nur so?" fragte er endlich, an seinen
Collegen herantretend.

„Du bist's!" rief Löhner, den Erstaunten mit un=
nachahmlicher Wahrheit spielend. „Jetzt an der Stimme
erkenne ich Dich. Ich glaubte, es komme ein Türke
daher. Sieht der Mensch aus, als wenn er aus Turke=
stan käme, und er kömmt blos aus Chrudim!"

Und während nun die Czechen behaupteten, der
Anschluß an Deutschland gefährde die Souveränetät des
Kaisers von Oesterreich, für dessen Machtstellung sie jetzt
die zärtlichste Sorge empfanden, gingen sie selber an die
Vorbereitung eines sogenannten slavischen Vorparlaments.
Zwei Aristokraten mit deutschen Namen, ein Graf Mathias
Thun und ein Herr von Neuperg leiteten die darauf
bezüglichen Vorarbeiten.

Eins noch machte Prag in diesen Tagen häßlich
und unheimlich. Ein recht mittelalterlicher Judenhaß
organisirte fast täglich kleinere oder größere Raubzüge
gegen die harmlosen Bewohner der Judenstadt. Meine
Erinnerung bewahrt als eines der unheimlichsten und
widrigsten Bilder eine Judenhetze, der ich am ersten Tage
des „Wonnemonats" beiwohnte. Man denke sich die krum=
men, engen, elenden Gassen des Prager Ghetto mit den
schwarzen schmalen Häusern, die Nacht ist beinahe ange=
brochen, ein eisiger Wind geht stoßweise und peitscht den
feinen, aber durchdringenden Regen. Eine wilde Menge
staut sich brüllend in der Gasse, es sind meist Buben
und betrunkene Kerle, leider sind auch Weiber darunter.
Der Pöbel ist in zwei Häuser eingebrochen, die Fenster
sind aufgerissen, Möbel und Eigenthum wird in die

Gasse hinuntergeworfen und die Menge johlt. Ein Schein
von einer schräg gegenüber brennenden Straßenlaterne
beleuchtet das Bild. Einer der Plünderer hat sich auf's
Fenster gesetzt und reißt seine Witze, die der Pöbel beju=
belt. Jetzt schwimmen Millionen Flocken durch die Luft,
als gäb's ein Schneegestöber, der Kerl hat Betten auf=
geschnitten, die Flammen wirbeln und tanzen. Was das
für ein Spaß ist! Das Gelächter und Gebrüll der Menge
durchtönt ein herzzerschneidendes Jammergeschrei. Ist es
nur das Jammern um die verlorene Habe? Ist's mehr?
Wird auch zum Spaß ein Bischen gemordet? Doch schon
gibt's wieder neuen Ulk! Ein Mensch wird aus der
Mitte des Getümmels wie ein Kreisel herausgewirbelt.
Er wollte sich mit einer gestohlenen Gans unter dem
Rocke still davon machen und jetzt fallen seine Kameraden
mit Knütteln über ihn her. Noch immer das gleichmäßige
Wehen der Flocken, das künstliche Schneegestöber, bald aus
einem Fenster, bald aus dem anderen, das Gebrüll in der
Gasse, das Geschrei im Hause und die Erwartung, bald
den rothen Hahn auf dem Dache zu sehen. Ziehst Du Dich
aus dem Getümmel zurück? Versuchst Du es? Jetzt aus
dieser, jetzt aus jener Seitengasse stürzt Einer, den man
verhöhnt und neckt, bis er zu laufen angefangen hat,
herbei, seine Verfolger hinter ihm, und sucht sich im Gewirr
zu salviren. Wo ist er? Man drängt, man stößt sich, ein
Unrechter wird beschuldigt und wehrt sich seiner Haut. —
Da vernimmt man Trommelwirbel — es kommt näher
— Militär rückt heran — werden sie schießen?

Mein Widerwille gegen die vor wenigen Monaten noch so wohnliche Stadt hatte den höchsten Grad erreicht. Was, dachte ich mir, der Croat, der Slovacke, der Russe, der Montenegriner sollen Euch näher stehen, als der Deutsche, mit dem Ihr seit Jahrhunderten verschwägert gewesen, dessen Bildung die Eurige geworden, dessen Sprache die Euerer Cultur ist? Ihr habt die alten Bande zerrissen und die Verwilderung ist da.

Mit den Gefühlen eines Menschen, der dort, wo er eine herrliche Saat gehofft, nur wildes Unkraut aufschießen sieht, blickte ich umher.

Indeß waren die Wahlen für das deutsche Parlament in den deutschen Kreisen vollzogen worden. Die Deputirten, etwa zehn an der Zahl, waren abgereist und mit eigenthümlicher Besorgniß blickte ihnen die deutschgesinnte Bevölkerung nach. In welcher Eigenschaft eigentlich gingen sie ab? Sie waren von einer Minorität im Lande gewählt und wurden von der herrschenden, ungleich zahlreicheren Partei laut verleugnet und verketzert! Würden sie vom Parlamente selbst nur als eine berichtende Körperschaft angesehen werden? Wahrlich, sie konnten von den Schwierigkeiten berichten, mit denen sie zu kämpfen gehabt, berichten von der Zweideutigkeit der Regierung, dem Terrorismus, von der Verrätherei im eigenen Lager. Wie man aus einer überrumpelten Stadt noch Boten um Rettung ausschickt, so waren sie gegangen!

Kurz vor meiner Abreise hatte mich eines Morgens der Zufall in das chemische Laboratorium Professor

Redtenbachers geführt, wo ich einen Freund aufſuchen
wollte. Ich traf ihn nicht, doch wohl einen anderen Bekannten.

Ein Windofen brannte im Saale, auf den Tiſchen
rings umher ſtanden Retorten, Kolben, Tiegel, Trichter,
Spirituslampen, Flaſchen mit Ingredienzien aller Art.
Eine Tafel war mit Ziffern bedeckt, ein junger Mann
mit einem intereſſanten Kopf, das blonde Haar kurz
geſchnitten, hantirte mit aufgekrempelten Aermeln vor dem
Feuer, unbekümmert um Alles, was draußen vorging.

Dieſer Pharmacent war Arthur Goergey, vor drei
Jahren noch Offizier bei den Palatinalhuſaren, jetzt
Chemiker.

Wir ſprachen noch miteinander über die wirren,
unſtät dahintreibenden Ereigniſſe. Er meinte, daß er ſich
hier ruhig mit den „Fettſäuren im Kokosnußöl“ be-
ſchäftige und der Welt ihren Gang laſſe.

Das, worauf er wartete, erſchien noch nicht in ſeinen
Retorten.

VI.

Das „Slaviſche Vorparlament“. — Bakunin. Eiſenach.

Gegen den Mai zu war der Aufenthalt in Prag
geradezu unleidlich geworden. Die Stadt, ſonſt ſo ſchön
in ihrem traulichen Frieden, war mit Sturmeseile der

Verwilderung entgegengeschritten. Die asiatischen Uniformen, in welche sich alle Welt geworfen, waren wie ein Stück vom Osten herbeigeschwemmter Barbarei. Was man auf der Gasse hörte, versetzte weit aus Deutschland heraus. Die rohesten Spottlieder auf den deutschen Bund, das deutsche Parlament, die Deutschen im Allgemeinen waren an der Tagesordnung. Es war, als ob aller Schlamm, der in der Tiefe gelagert gewesen, plötzlich in die Höhe getrieben worden wäre. Dieser Charakter des Fremdartigen, des Verrückten und Scheußlichen verstärkte sich fortwährend, je vollzähliger die Abgeordneten zum „slavischen Vor-Parlamente" einrückten. Man begegnete nun auf Schritt und Tritt den wundersamsten Trachten. Asien war da, ein Volk, das sich untereinander nicht verstand. Slovaken und Croaten, Serben, Dalmaten, Montenegriner, echte und falsche, überboten alles, was ihrerseits die einheimische Phantasie an Anzügen und Trachten, richtiger gesagt Verkleidungen ersunden hatte.

Am 1. Juni war der Congreß eröffnet worden. In der Teynkirche wurde die Messe von einem griechischen Popen gelesen: es war schon Sitte geworden, jeder national-czechischen Feier einen religiösen Beisatz, am liebsten einen russischen, zu geben. Ein zahlreicher und höchst wunderlicher Zug begab sich in die Hauptkirche der Altstadt. Man nannte und zeigte mir unter Anderen den Wladyken von Montenegro, der von einem großen Gefolge begleitet, feierlich einherschritt, den Serben Vuk

4*

Stephanowitsch, den Polen Libelt, der in Krakau eine
große Rolle gespielt hatte, und manchen anderen berühm=
ten Slaven, dessen ich mich jetzt nicht mehr entsinne.
Von der Teynkirche begab sich der Zug auf die Sophien=
insel, von der slavischen Studentenverbindung und der sla=
vischen Bürgergarde, der Swornost, begleitet. Auf dem Wege
wurde das „Polen ist noch nicht verloren" gesungen.

Mittags trat ich in den großen Speisesaal des blauen
Sterns, jenes Gasthauses, das im Sommer 1866 den
König von Preußen und seine Generale beherbergen und
davon eine Art historischer Berühmtheit erhalten sollte.
Ein Mann von athletischen Formen, der soeben eine
Rede an seine Gesinnungsgenossen improvisirt hatte, ging
schweißbedeckt einem der Speisetische zu und klopfte mir
auf die Schulter. Ich erkannte den Russen Bakunin,
den ich vor zwei Jahren in Paris flüchtig kennen ge=
lernt hatte.

„Hai, mein Herr Daitscher," redete er mich an,
„noch hier in Prag? Hier wird werden bald unangenehm
für Daitsche. Hier wird sein Brennpunkt für slavische
Bewegung. Wir sind hier als Vertreter des Siebzig=
Millionen Volks. Hier werden wir bald nicht mehr
brauchen können Daitsche —"

„Aber die deutsche Sprache werden Sie brauchen
können," entgegnete ich, „denn die Vertreter des Siebzig=
Millionen Volks, die sich in ihren Verhandlungen unter
einander nicht verstehen, müssen sich der deutschen Sprache
bedienen, um einander verständlich zu werden."

„Mein Herr, dieser Coup trifft nicht!" erwiderte Batunin. „Wenn würden zusammenkommen Vertreter der germanischen Stämme: Daitsche, Vlamen, Holländer, Dänen würden sie zusammen sogar sprechen müssen französisch."

Ich entgegnete nichts. Ich war in den Saal getreten, um zu Mittag zu essen und dann eiligst auf die Post zu gehen. Eine halbe Stunde später saß ich im Wagen und fuhr zur Stadt hinaus mit dem Gefühl Eines, der sein Elternhaus überschwemmt sieht von fremden Gesellen, die voraussichtlich das Unterste zu oberst kehren und manchen Schaden anrichten werden.

Meine Reise führte mich zuvörderst in das romantische Waldgebirge des nordöstlichen Deutsch-Böhmens, nach Niedergrund und Schönlinde, wo ich eine Zeitlang bei Freunden verweilte. Ein leichtes Wägelchen brachte mich nach Löbau, von da ging es auf der Eisenbahn weiter.

In Leipzig besuchte ich Arnold Ruge. Der blonde Sohn der Insel Rügen, gleich energisch im Denken wie im Wollen, hatte kürzlich eine täglich erscheinende Zeitung, die „Reform", gegründet, ich gehörte zu deren Mitarbeitern, das brachte uns rasch zusammen. Ruge stand eben auf dem Punkte, nach Frankfurt abzugehen: Frankfurt war auch mein Ziel, so wurde denn für den anderen Tag gemeinsame Fahrt verabredet. Ich war glücklich, die Reise in solcher Gesellschaft machen zu dürfen.

Eben schritten wir mit einander durch das Gewühl von Menschen, das ein schöner Pfingstmontagsmorgen den Bahnhöfen zuführt, auch Jakob Kaufmann, den ich

zuletzt in Brüssel gesehen, hatte sich uns angeschlossen,
als ein alter Bekannter auf mich zutrat. Es war Dr.
Schütte, der Wiener Sturmvogel, den ich seit December
vorigen Jahres nicht mehr gesehen hatte. Er hatte eben
sein Billet an der Casse gelöst und stand wieder vor
mir, elegant gekleidet, mit dem buschigen Haar, dem wohl-
gepflegten Schnurrbärtchen, auf dem schwarzen zottigen
Filzhut ein rothes Bändchen. „Wohin des Wegs?" —
„Nach Frankfurt." — „Schön: das ist auch mein Ziel.
Doch machen wir, meine ich, in Eisenach Halt. Die
Studenten wollen ein großartiges Pfingstfest auf der
Wartburg feiern." — „Ich bin gern dabei." Und da
sitzen wir nun im Coupé, Schütte erzählt seine Wiener
Erlebnisse, während Stadt um Stadt an uns vorüber-
fliegt; Ruge horcht zu mit nachdenklicher Miene.

Ich wußte wohl, daß der Sturmvogel, seit er Prag
verlassen, ein gar bewegtes Leben geführt habe. Jede
Woche beinahe brachte uns von ihm weitere Kunde. Er
war in Wien Volksredner und Agitator geworden, wozu
er wahrlich trefflich befähigt. Seine öffentlichen Reden
im Odeon, im Universitätsgebäude, im Club der „Volks-
freunde" übten den merkwürdigsten Zauber auf die Menge.
Keiner der Wiener Literaten, Professoren, keiner der Wort-
führer im literar-politischen Leseverein vermochte, es ihm
in oratorischer Kunst gleich zu thun. Ein herrliches Organ, schöne Gestalt, imponirende Ruhe begünstigten ihn
wie kaum Einen. Er konnte donnern wie der olympische
Jupiter und das alles so glatt in wohlstilisirten Sätzen,

wenngleich in einem für österreichische Ohren sehr fremd
artig klingenden Dialecte, der kein Sch kannte, nur ein
säuselndes Sk.

Doch das dauerte nicht lange. Es mochte um den
20. April herum sein, als durch Prag die Kunde lief,
Schütte sei, von Polizeicommissären escortirt, durch=
gekommen, ohne daß es ihm gestattet worden sei, sich auf=
zuhalten oder nur mit einem seiner Freunde zu sprechen.
Und so war's auch. Er war Tags zuvor in seinem Gast=
hof überfallen, nach dem Criminalhof geführt und in
einen Wagen gesetzt worden, um sodann eiligst über die
Grenze geschafft zu werden.

Darüber entstand große Aufregung, besonders in
Studentenkreisen. Zeitungen mit schwarzen Rändern
brachten vorn an der Spitze: „Dr. Schütte gewaltsam
aus Wien geschafft." Es war in der That ein Stückchen,
das an Sedlnitzky's Zeiten erinnerte. Man schickte eine
Deputation zum volksthümlichen Minister Pillerstorff.
Die Antwort, die dieser ihr ertheilte, war des ältesten
Staatsmannes würdig. „Niemand," sagte er, „beklagt
aufrichtiger als ich den Abgang dieses talentvollen jungen
Gelehrten. Wir handelten nur in seinem Interesse. Er war
nur durch die schleunigste Entfernung vor gewaltsamen
Angriffen der entrüsteten Bürger zu schützen."

Von allen diesen kleinen Ereignissen wurde im Coupé
geplaudert: indessen legten wir rasch den Weg zurück.
Endlich kommen wir in's Thüringer Waldgebiet, nähern
uns dem speciell deutschen Zauberkreise.

Die Sonne war im Sinken, als wir in Eiſenach ankamen. Hier das bunteſte Gewühl auf dem Platze, denn an zwölfhundert Studenten ſind in das kleine Städtchen eingezogen. Die Mützen und Bänder der Landsmannſchaften, die Kittel der Turner geben ein buntes Bild. Hier ſind Jenenſer in Hemdärmeln mit rothen Mützen, dort Freiſchärler, aus Schleswig-Holſtein heimgekehrt: Ruge vertheilt unter ſie Probeblätter ſeiner „Reform". Wiener Studenten — im Ganzen ſechsundzwanzig — ſind in Wallenſteinhüten und mit Schleppſäbeln zu ſehen. Welche romantiſche Burſche! Sie haben ohne kleinliche Frachtgeldbedenken ihre Fahne mitgebracht und werden überall mit Hurrah empfangen. Denn ſie ſind ja ſchon im Feuer geſtanden was allen übrigen, die Schleswig-Holſteiner ausgenommen, noch nicht zu Theil geworden iſt. Auch altes Burſchencoſtüm iſt zu ſehen. Schöne Geſtalten, junge Geſichter: Alles ſteht in Gruppen zuſammen. Lieder erklingen, vor allem das Gaudeamus. Der Vers: ubi sunt, qui ante nos? hat eine eigene Wirkung auf's Gemüth am Fuße der Wartburg, aus deren Fenſtern verſchollene Generationen herabſehen.

An dem Fenſter eines Hauſes zunächſt dem „Rautenkranze" erſcheint oft eine blaſſe Frau mit zwei Knaben und blickt ernſt hinab auf die Gruppen, die ſich auf dem Markt bilden. Es iſt — die durch die Februarrevolution vertriebene Schwiegertochter Louis Philipp's, die Herzogin von Orleans mit ihren beiden Söhnen, dem Grafen von Paris und dem Herzog von Chartres.

Schlecht berathen, unangemeldet irren Schütte und ich lange in der überfüllten Stadt von Haus zu Haus und suchen vergeblich Unterkunft. Es ist spät, wir sind müde. Endlich kommen wir in einer ebenerdigen Stube der Schneiderherberge unter.

Noch sehe ich das niedrige Zimmer mit dem rothen Ziegelboden vor mir, in welchem ein grün angestrichenes Tischlein, zwei Stühle und zwei Betten mit bunten Ueberzügen das einzige Mobiliar sind. Wir legen uns nieder, ach, wie hart ist der Strohsack, wie kurz sind die Betten! Einmal um's andere stoßen wir den Kopf gegen die Bettpfosten, so oft wir auch versuchen, das dünne Kissen, so gut es geht, unterzuschieben. Da liegen wir nun und schwatzen, da es noch dazu eine ungewöhnlich helle Mondnacht war, Stunde um Stunde.

„Ich muß leider gestehen, daß ich unsere Sache schon für so gut wie verloren halte," sagte Schütte. „Wenn die Kleinstaaterei, die uns zum Spotte der Welt macht, ausgetilgt, wenn aus Deutschland ein Reich werden sollte, wenn, was deutsch ist an österreichischen Besitzungen, dem übrigen Deutschland zugeführt werden sollte, hätte es im März geschehen müssen. Ja, im März! Da war alles begeistert, man kannte nur ein Ziel, hatte nur einen Wunsch, einen Glauben: das ganze Deutschland soll es sein! Es bedurfte nur einiger Männer von gehöriger Energie und alle Fürsten wären auf der Flucht gewesen. Die Flamme hätte sich nach allen Seiten verbreitet. Unsere Vorbereitungen waren mangelhaft,

unsere Leute unter ihrer Aufgabe. Die Ueberrumpelung
der Gewalthaber war keine genugsam plötzliche, und nun
sammeln sie bereits wieder ihre Kräfte. Die Begeisterung
ist ein vergängliches Moment: es ist denkbar, daß sie
wieder aufflammt, doch — ich weiß es nicht. Ich meines-
theils rede noch wie sonst, agitire, schüre das Feuer nach
Kräften, habe die Hand Tag und Nacht am Blasebalg —
aber — die Massen sind schon nicht mehr recht im Fluß —
wie soll der Guß aus der Form gehen?"

„Und Sie erwarten nichts von Frankfurt?"

„Gar nichts. Schon vorüber. Das Parlament ver-
zettelt die Zeit. Hält Pfingstferien, du lieber Gott!
während jeder Tag zu nutzen wäre. Es sollte eine starke
revolutionäre Centralmacht schaffen, ein Parlamentsheer
aufstellen, für tüchtige Geldmittel sorgen — und es debattirt
über Grundrechte, während es vielleicht nicht tausend
Gulden im Säckel hat. Es ist eigentlich eine Academie
der staatsrechtlichen und politischen Wissenschaften — aber
eine höchst verderbliche, da sie die Hoffnungen eines großen
Theils der Nation absorbirt und auf eine falsche Fährte
führt.

„Nun beabsichtigt es die Wahl eines Oberhauptes.
Wen aber wird es wählen? Einen Fürsten. Der wird
aber doch nur die Interessen seiner Standesgenossen vertreten und dafür sorgen, daß alles beim Alten bleibe.
Teutschland aber bedarf eines bewaffneten Reformators,
der kein Bedenken und keine Rücksicht kennt, wo es die
Wiederaufrichtung des Vaterlandes gilt. Wo ist er?

Aller Herzen rufen nach ihm, wir bereiten ihm die Wege. Aber wo ist er?"

„Ja wohl, wo ist er? So kann man rufen, aber nur ein Narr wartet auf Antwort."

„So ist es. . . . Nun, und was sagen Sie zu Böhmen? Sie kommen ja von dort."

„Was ich zu Böhmen sage? Ja, dort bereitet sich die schönste panslavistische Revolution vor. Alle Köpfe sind erhitzt, alle Fäuste gegen Teutschland, gegen Teutschland gekehrt . . . ."

„Und daß es so ist, dazu hat auch der Verfasser des Ziska mit beigetragen. Wer hat in der Asche gewühlt, die noch heiß war?" . . .

„Sie mögen Recht haben! Ich wollte, ich hätte das Buch nie geschrieben. Ja, wenn der Sämann immer wüßte, was er säet" . . . .

„Es steht schlimm dort. Es ist eine wilde Eroberungs= lust in dies Volk gefahren. Schon wird die Ausweisung der fremden Eindringlinge offen gepredigt. Täuschen Sie sich nicht. Die Kluft zwischen Teutschen und Czechen wird allmälig eine unausfüllbare werden, sie ist es eigent= lich jetzt schon. Und immer werden die Teutschen in Böhmen im Nachtheil bleiben, da die Zahl der Czechen sie überwiegt. Wo drei gegen Einen stehen, ist der Aus= gang des Kampfes schon entschieden."

„Und doch darf Böhmen nicht czechisch werden! Böhmen wieder böhmisch? Einen solchen Rückgang gibt es nicht. So rollt man das Rad der Geschichte nicht

zurück. Sehen wir uns nur einmal eine Sprachenkarte an.
Böhmen liegt mitten in Deutschland. Es ist eine sla=
vische Enclave mitten in Deutschland, eine zweite größere
Lausitz! Der gerade Weg von Berlin nach Wien, ja von
München nach Dresden führt durch Böhmen."

„Und was das für eine Cultur gäbe, wenn die
Czechen, die dreihundert Jahre todt waren, wieder oben
auftämen!" ruft Schütte. „Die Deutschen vertrieben,
eine auf wenige Millionen beschränkte, der übrigen Welt
unverständliche Sprache zur herrschenden erhoben, keine
Literatur, keine Wissenschaft: das roheste Plebejerthum
wäre in Permanenz erklärt!"

„Sie haben fürchterlich Recht. Doch wird die öster=
reichische Regierung, wie wir sie kennen, dieser slavischen
Bewegung nie ernstlich entgegentreten. Sie wird nur
ihren äußersten Ausschreitungen wehren. Nach wie vor
wird sie sich der Czechen bedienen, um sich einen Wall
gegen das Deutschthum zu machen, von dem sie über=
flutet zu werden fürchtet."

„Darin stimme ich Ihnen vollständig bei."

„In seiner bisherigen Buntscheckigkeit kann Oester=
reich nicht fortbestehen: es wird slavisch zu werden
suchen."

„Bin ganz Ihrer Meinung."

„Da kann wahrlich nur die Frankfurter Reichsver=
sammlung helfen! Sollte wirklich Deutschland nichts ver=
mögen? Sollte es die Deutschböhmen aufgeben wollen?
Reichshilfe! Reichshilfe! Anschluß an Deutschland!"

„Sie rufen vergeblich! Das Parlament hat keine
Executive und besteht zumeist aus alten Weibern und
Schlafmützen . . . Doch hören Sie, nun wollen auch
wir die Schlafmütze über die Ohren ziehen — es ist
spät geworden — gute Nacht! . . ."

So sprachen wir, jeder von seinem Bette aus,
sprachen noch lange weiter in der ebenerdigen Stube der
Schneiderherberge zu Eisenach. Ein greller schmaler
Streifen Morgenroth blickte bereits durch die Fenster,
als wir endlich einschliefen.

VII.

Das Studentenfest auf der Wartburg. — Der Sturmvogel.

Am Morgen des nächsten Tages begaben wir uns
in den mit Fahnen, Schlägern und studentischen Abzeichen
reich decorirten Saal der „Erholung". Phrasenhafte und
unfruchtbare Adressen wurden verlesen, nun kamen Debatten über Corpsfragen und den Begriff der akademischen
Freiheit.

Ach, welche Verwirrung reißt jedesmal ein, wo das
Wort Freiheit genannt wird! Ein Moment — und die
beiden großen Parteien der damaligen Studentenwelt
platzten gegen einander los. Die „Reformisten" wollten
den Unterschied zwischen Studenten und den übrigen
Staatsbürgern ausgeglichen wissen, die Landsmannschaften

wollten ihn verstärken. Hier Abschaffung der Studenten-
privilegien, dort Erneuerung und Verstärkung derselben.
Die Delegirten der Reformpartei wollten die akademische
Gerichtsbarkeit abgeschafft haben und verlangten absolute
Lehr- und Lernfreiheit, die Delegirten der Corps dagegen
verlangten die Rückkehr zur alten Zeit, da ein Senioren-
convent höchste Instanz war und den „Verruf" gegen
Philister und gegen Studenten zu schleudern Macht hatte.
Es gab ein Chaos von Meinungen und diesem zu entfliehen, zumal der Tag wunderschön war und grüner
Wald durch die Fenster hereinblickte, war es für Nicht-
studenten das Beste, sich still davon zu machen. Schütte
und ich stehlen uns fort und wandern zuerst auf die
Wartburg, uns die Lutherstube anzusehen, die dem Refor-
mator während seiner freiwilligen Gefangenschaft angehört,
sodann auf den Wats-, eigentlich Wuotansberg, um die
Stelle zu grüßen, wo das Wartburgfest von 1817 stattgefunden.

Ich weiß noch, wie auf dem Wege dahin mich der
Anblick eines Ackermannes am Pfluge sonderbar berührte.
Ein Mensch, der, völlig unbekümmert um das Treiben
der Zeit, ruhig seine Feldarbeit bestellte, ohne auch nur
den Kopf nach uns zu wenden, war mir eine merkwürdige Erscheinung. Es war mir nämlich damals, als ob
alle und jede Arbeit liegen bleiben müsse, bis die große
politische Arbeit verrichtet sei.

Als wir heimkehrten, vernahmen wir, daß die Verhandlungen im Saale der Erholung völlig ohne Resultat

geblieben seien. Man hatte Resolutionen fassen und diese
der Frankfurter Versammlung vorlegen wollen. Nichts
dergleichen war zu Stande gekommen.

Das war demüthigend, indeß ging Nachmittags ein
Zug von mindestens tausend Studenten lustig zur Wartburg
hinauf, wo ein großer Commers abgehalten werden sollte.
Bunte Trachten, zahlreiche Fahnen: die ganze Procession
zum mons sacer deutscher Nation hatte etwas unendlich
Ergreifendes. Verschiedene Musikchöre spielten. Wenn
sie schwiegen, ertönten Lieder: eine feste Burg, das Gaudeamus. Im Schloßhof angekommen, lagerte sich alles auf
der niedrigen Mauerumfriedung. Andere hatten die Bänke
des für nicht allzu viele reichenden Wirthschaftsraums
erobert. Fässer kühlen Biers wurden entspundet, es wurde
mit vollen Gläsern angeklungen. Dabei sprachen Arnold
Ruge und Julius Fröbel. Auch Schütte trat auf und
sprach fließend, vortrefflich, wiewohl nicht zu seinem eigentlichen Publicum. Er hatte, der Besitzer des wunderbarsten
Gedächtnisses, mein in Prag geschriebenes „Märzlied",
Gott weiß durch welchen mnemotechnischen Proceß, behalten. Kaum sah er mit seinem Falkenauge, daß ich mich
seiner improvisirten Rednerbühne nähere, als er, mich
seltsam anlächelnd, seine oratorischen Brücken schlug, um
seine Rede mit meinen Strophen zu beschließen. Nie habe
ich Verse von mir besser vortragen hören.

Tolle Possen hatten den Abend beschlossen. In einer
Rüstung von Pappendeckel und Goldpapier, eine groteske
Krone auf dem Kopfe war der „deutsche Kaiser" auf=

getreten inmitten seiner wunderlich ausstaffirten sieben Kurfürsten und hatte eine Ansprache an den deutschen Reichstag in Knüttelversen gehalten. Da aber brachen Republikaner ein und verjagten Kaiser und Fürsten. Ein wirres Durcheinander folgte. Als die Sterne am sommerlichen Himmel hervortraten, ging der Zug in die Stadt zurück. Nun wurde an fünfzig Orten flott getafelt. Aus den Fenstern des Hauses, das die Herzogin von Orleans bewohnte, glänzte das Licht angezündeter Kronleuchter. Man meinte, daß die da oben doch noch zu übermüthig seien und ließ unter den hellen Fenstern die Republik leben . . . . .

Spät kam ich in meine Herberge zurück.

Als ich am andern Morgen mit Ruge in den Postwagen steigen wollte, flog der Sturmvogel Schütte wieder auf uns zu.

„Wissen Sie es schon?" rief er ganz aufgeregt, „Prag ist in vollem Aufstande, brennt an mehreren Punkten. Alle Posten sind ausgeblieben. Reisende aus Böhmen haben in Pilsen starken Kanonendonner gehört."

„So tritt denn doch Fürst Windischgrätz für die deutsche Sache ein?" fragte Ruge.

„Verwechseln Sie nicht die deutsche Sache mit der alten schwarz-gelben," erwiderte ich. „Fürst Windischgrätz ist der Mann, von dem das geflügelte Wort herrührt: „der Mensch fängt eigentlich erst beim Baron an". Dies Wort hat ihn allgemein bekannt gemacht und er hat stets darnach gelebt. Er würde ebenso pflichtgetreu das deutsche

Wien bombardiren, wie das czechisch gewordene Prag.
Ein treuer Diener seines Herrn .... Wir werden noch
viel von ihm vernehmen."

„Bakunin ist in Prag," murmelte Ruge. „Wo
Bakunin ist, wird Ernst gemacht!"

Damit stiegen wir in den Wagen.

VIII.

Frankfurt. — Die Paulskirche und ihre Parteien.

Am 16. Juni traf ich in Frankfurt ein.

Das schönste Sommerwetter stand über der Ebene
zwischen Taunus und Rhein; die sonst nichts weniger
als geräuschvolle Mainstadt hatte ein lebendiges Aussehen
gewonnen, das ihre, wenigstens damals, vorstechend orientalische Physiognomie weniger stark als sonst hervor-
treten ließ.

Eine städtische Feierlichkeit hatte die Bürgergarde
zusammenberufen, sie stellte sich in langen Colonnen auf
dem Roßmarkt auf und wurde von den regierenden
Bürgermeistern und dem Generalstabe inspicirt. Nun
defilirte sie an ihnen in langsamem Paradeschritt vorüber.
Peinliche Pflichterfüllung lag auf den Gesichtern der
grotesk uniformirten Mannschaft ausgedrückt und in den
Schaaren der versammelten Zuschauer fehlte es nicht an
Witzen und Spöttereien.

Ich kam am Alleeplatz vorbei. Dort hatte vor zwei Jahren Goethe sein Standbild erhalten. Man behauptete, Frankfurt's großer Sohn habe früher dem Schauspielhause zugewendet gestanden; aus Abscheu vor der Komödie, die sie dort spielten, habe er sich umgewendet. In der That zeigt das Standbild dem nahen (alten) Theater den Rücken.

In dieser „freien Stadt" waren jedenfalls die beim Bundestage accreditirten Gesandten, Attachés und Secretäre die freiesten Leute gewesen und hatten mehr Rechte genossen, als die Bürger selbst. Rasch war Alles zur Seite gesprungen, wenn der Wagen einer dieser Herren über das Pflaster rasselte. Nun war der Bundestag schwer bedroht, die Gesandtenequipagen rollten nicht mehr zum Thurn und Taxis'schen Palais in der Eschenheimer Straße. Dafür war die Stadt weit lebendiger geworden.

Auf den Trottoirs drängten sich Spaziergänger und blieben mit Vorliebe vor den Schaufenstern der Buchhandlungen stehen. Alle Schaufenster derselben waren voll politischer Broschüren, Pamphlete, poetischer Ergüsse, Porträts von Abgeordneten. Da standen denn die Gruppen, studirten die verschiedenen Gesichter und machten ihre Commentare zu den Persönlichkeiten. Zahllose Caricaturbilder, hier von conservativem, dort von radicalem Gesichtspunkte gezeichnet, gaben Anlaß zur Erheiterung oder Aerger.

Der Demokraten-Congreß, der eben in Frankfurt tagte, hatte mehrere Tausend neuer Gäste von nah und fern herbeigeführt, die ihre Parteigesinnung schon von Weitem sichtbar durch Tracht und Abzeichen kundgaben. Der Vollbart, der schattende Schlapphut, das rothe Bändchen im Knopfloch kennzeichneten die Delegirten der Arbeiter- und Turnvereine. Alles strömte dem „Deutschen Hause" zu, in dessen ebenerdigem Saale die Verhandlungen stattfanden. Julius Fröbel und Bayrhofer, Friedrich Kapp und Ludwig Bamberger bildeten das Bureau. Ich ließ die Blicke über die Versammlung schweifen, während mir ein Freund die berühmten Persönlichkeiten nannte. Da saß Ferdinand Freiligrath als Abgeordneter des Düsseldorfer Volksclubs, Otto Lüning als Delegirter des Volksvereins aus Bielefeld, dort Gottfried Kinkel, Zitz aus Mainz, Ludwig Feuerbach aus Bruckberg. Nach einer brillanten Rede Hermann Kriege's aus Newyork hatte man eine Pause eintreten lassen. Ich saß im Hofe unter Hunderten bei einem Glase Bier, als plötzlich von vielen Seiten zugleich ein lautes Halloh erscholl. Ein Zufall hatte — ich begreife heute noch nicht wie — eine Persönlichkeit herbeigeführt, die in directem Gegensatze zu den Anwesenden stand. „Vivat der Erfinder des deutschen Kaisers!" rief eine dröhnende Stimme und hundert Stimmen fielen höhnend ein.

Eine hochgewachsene, aber vorwärts geneigte Gestalt mit einem echten Professorskopf, auf dem ein herber Ernst ausgeprägt war, schritt, durch diese Rufe aufgescheucht und geängstigt, rasch quer über den Hof dem Thorweg zu.

Es war Dahlmann. Einen Kaiser wünschten sich damals nur Gelehrte und solche, die auf dynastische Zwecke lossteuerten. Der Romantiker auf dem Thron der Hohenzollern hatte die monarchische Idee nicht populär gemacht, allerdings dies auch nicht beabsichtigt.

Die Paulskirche hatte einige Tage hindurch Ferien gehalten, nun begann sie wieder ihre Thätigkeit. Ach, die Paulskirche! Mit welcher Verehrung hatten wir in der ersten Zeit aus der Ferne nach ihr ausgeblickt. Unser ganzes Herz war an sie verpfändet. Sie war das Haus des deutschen Volkes, das Haus, aus dessen Schoß die deutsche Einheit hervorgehen sollte. Es schien groß= artig, den lieben Gott auf eine Zeit lang zu delogiren und an die Stelle des Predigtstuhls die Rednerbühne zu stellen. Es würde, meinten wir, in diesem Hause zum Bruche mit einer schnöden Vergangenheit kommen, eine neue Aera darin proclamirt werden, eine neue Gestal= tung Europa's daraus hervorgehen. Nun, dieser Glaube war dahin. Es zeigte sich bereits, daß die Versammlung nicht gesonnen sei, der theoretisch proclamirten Souve= ränetät eine reale Unterlage zu geben.

Es handelte sich nun, spät genug, um die Schaffung einer Executivgewalt, denn ohne Arm und Hand, das sah sie ein, war die Versammlung nichts.

Die Linke verlangte einen aus dem Parlamente ge= wählten, ihr verantwortlichen Vollziehungsausschuß, sie erklärte die Nationalversammlung für souverän. Dies leugnete die Rechte. Ihr war das Parlament nur ein

debattirender Körper, der Vorlagen für die Regierungen
auszuarbeiten habe, die diese dann nach Belieben anneh=
men oder ablehnen könnten. Das hieß: die Regierungen
sind souverän — und es war auf diesem Standpunkt
eigentlich nicht einzusehen, warum der alte Bundestag
nicht weiter wirthschaften sollte?

Seltsam unklarer Ansicht waren die Centren. Das
rechte Centrum war vorläufig von der Kaiserfrage abge=
gangen. Als am 18. Juni ein Herr Braun aus Cöslin
die Uebertragung der provisorischen Centralgewalt an
Preußen beantragte, erscholl von allen Seiten ein so
mächtiges Gelächter, daß schließlich der Antragsteller selbst
mitlachen mußte. Das rechte Centrum schlug jetzt ein Provi=
sorium von Dreien vor. Die Regierungen sollten diese
Drei vorschlagen, die National-Versammlung sie annehmen,
das nannte das rechte Centrum: gemeinschaftlich schaffen.
Das linke Centrum dagegen stellte die beinahe mystisch
zu nennende These auf: in der Versammlung seien Na=
tionen und Regierungen zugleich gegenwärtig. Die Ver=
sammlung sei souverän, sie dürfe die Centralgewalt aus
ihrer eigenen Machtfülle schaffen, die Regierungen würden
sie annehmen.

Aus dieser Ansicht ist Heinrich v. Gagern's „kühner
Griff" hervorgegangen.

Eine Zeit, die, wie die unsrige, gewohnt ist, Alles
nach dem Erfolg zu messen, ist geneigt, das Parlament
von 1848 geringschätzig abzufertigen, weil es absolut
nichts geschaffen, höchstens einen Samen ausgestreut hat,

der lange genug vergraben ruhen mußte, um dann wenig=
stens theilweise wieder anzugehen. Dennoch ist die
Frankfurter Versammlung eine in ihrer Art einzige Er=
scheinung gewesen. So stürmisch auch seitdem unsere
Geschichte war, so wundersame Erscheinungen auftauchten
und die Aufmerksamkeit herausgefordert haben — die
Frankfurter Versammlung ist denkwürdig geblieben und
wird ihren Platz in der Geschichte behalten. Zum
ersten Mal, seitdem überhaupt ein Deutschland existirt,
saßen hier Vertreter aller Stämme beisammen und hatten
die Mission übernommen, aus denselben ein Ganzes zu
machen, ein Deutschland zu schaffen. Alle Stände waren
in dieser Versammlung vertreten, der Adelige saß neben
dem Bürgerlichen, der arme Schlucker neben dem Millionär;
Junker, Soldaten, Diplomaten, Literaten und Advocaten
bunt durcheinander gewürfelt. Alles, was Deutschland
an populären Namen hatte, war da. Die Literatur —
das Wort im weitesten Sinne genommen — war die
Trägerin der Einheitsidee gewesen, sie hatte das Viel=
gestaltige als Eines, als eine Nation gefaßt, die Literatur
und Wissenschaft hatten die zahlreichsten Vertreter in die
Versammlung geschickt und diese sollten nun für die
ideelle Einheit die staatliche Form finden. Sie wählten
die unrechten Mittel, sie arbeiteten mit einer unsicheren
und ungeschickten Hand, sie täuschten sich über die Reise,
die Hingebung und Energie der Massen, und sahen zu
spät, daß sie es mit einem in sich unklaren, nicht gehörig
vorbereiteten, an einer verrotteten Vergangenheit kleben=

den Volke zu thun hatten, das erst langsam seine Schule durchzumachen hatte.

Uebrigens läßt sich nur von der kleineren Hälfte der Versammlung Gutes sagen. Wohl umschloß die Paulskirche ausgezeichnete und charaktervolle Persönlichkeiten, das Beste, was das damalige Deutschland an Männern besaß, aber es waren auch genug Leute da, das Werk der Guten zu hindern und alle auf dessen Durchführung zielenden Anstrengungen zu vereiteln. Wollte die Linke das Parlament zu einer wirklichen Macht gestalten, so fanden sich wieder Stimmen genug, um alle auf diesen Zweck hinauslaufenden Anträge zu beseitigen. War somit die Paulskirche einerseits wirklich ein Parlament, so war sie andererseits eine Akademie, in welcher mehr als vierzig vermeintlich Unsterbliche sich wollten reden hören, und auch ein Museum, in dem an gräulichen Caricaturen und vertrockneten Mumien kein Mangel war.

Aber auch die Linke hatte sich eines allzu großen Werkes, eigentlich eines undurchführbaren unterfangen. Preußen und Oesterreich waren der Neugestaltung principiell zuwider, die Linke vermaß sich des Gedankens, die Großstaaten zu zerschlagen, in kleinere aufzulösen und das Ganze durch eine Föderation zu verbinden. Sie kam dadurch mit den Staatsangehörigen selbst, welche Großstaat bleiben wollten, in Widerspruch. Vieles, was die Linke in Betreff der großen politischen Gestaltung wollte, hat die Zeit realisirt. Es hat sich ein deutscher

Nationalstaat gebildet, der auch Schleswig-Holstein umfaßt, Italien ist von der Fremdherrschaft frei. Anderes
ist zur Hälfte durchgeführt. Dahin gehört der Dualismus
in Oesterreich, die Personalunion mit Ungarn: jene feste
und unmittelbare Hereinziehung Deutsch-Oesterreichs steht
aus, oder ist auch für die Folgezeit in Frage. Noch
andere Gedanken der Linken, z. B. die Errichtung eines
Polenreiches, um Rußland nicht unmittelbar auf dem
Leib zu haben, ist von den Staatsmännern völlig aufgegeben worden — ob mit Recht, steht dahin. Im
Großen und Ganzen, kann man sagen, bestand das Parlament aus zwei großen Fractionen: aus der der Männer,
welche ganz und wirklich in der Paulskirche waren, d. h.
in ihr, innerhalb der Paulskirche, den Schwerpunkt politischer Thätigkeit sahen und fanden, und aus der Fraction
der Männer, die nur zum Schein darin waren, d. h.
den Schwerpunkt der Thätigkeit draußen, in den Hof-
burgen und Cabineten sahen und demgemäß den Plan
verfolgten, bis diese Cabinete wieder zu Kräften gekommen, durch Verschleppung der Geschäfte und durch Nieder-
schlagen aller vitalen Anträge die Hoffnungen, die das
deutsche Volk auf das Parlament gesetzt, allmälig zu
reduciren und schließlich zu vereiteln. Die Politik dieser
letzteren war die siegreiche.

Wenn es nun gestattet ist, von der Versammlung
selbst ein Bild zu geben, wie es sich dem in dem unteren
Zuhörerraum Eintretenden darbot, so will ich mich auf
die äußersten Umrisse beschränken. Man konnte die mit

einer Kuppel überwölbte von etwa zwanzig Säulen
getragene Rotunde mit einem Blicke überschauen. Alle
Gegenstände, die an die frühere Bestimmung der Kirche
erinnern konnten, Kanzel, Altar, Bilder waren verschwun=
den und durch Rednerbühne, Präsidentenstuhl und Dra=
pirungen ersetzt. Der einzige bildliche Schmuck des
Raumes war ein riesiges Frescobild der Germania mit
der Aufschrift, die sich tief in's Gedächtniß jedes Be=
schauers grub:

„Des Vaterlandes Größe, des Vaterlandes Glück,
O schafft sie, o bringt sie dem Volke zurück!“

Oben lief eine Galerie, die nicht selten unter der
Last fremder und einheimischer Gäste den Einsturz zu
drohen schien.

Blickte man über den Saal, dessen Sitzraum nicht
amphitheatralisch war, so hatte man alle Schattirungen
der öffentlichen Meinungen verkörpert vor sich. Rechts
hatten sich alle schwarzweißen und schwarzgelben Freunde
des absoluten Systems, alle Particularisten zusammen=
gefunden, welche eine unvorbereitete, überrumpelte, miß=
leitete Wählerschaft in's Parlament geschickt. Treue
Anhänger des Bestehenden oder vielmehr Bestandenen,
Schranzen, die darum keine anderen geworden, weil sie
ihre Uniformen zu Hause gelassen, Repräsentanten des
Junkerthums à la Lichnowsky, Diplomaten, Kirchen=
fürsten, ehemalige Liberale, die jetzt nach den Plätzen
derer verlangten, die sie einst bekämpft, saßen hier com-

pact bei einander. Jesuiten von der langen und kurzen
Robe: von Ketteler, Phillips, Lassaulx mit dem bier-
aufgedunsenen, finnenbesetzten Gesicht, Reichensperger, von
Diepenbrock, Buß richteten sich häuslich neben den protestantischen Jesuiten ein. Die imponirendste Erscheinung
auf dieser Seite und eigentlich der General dieses aus
den verschiedensten Elementen bestehenden Hausens war
Herr von Radowitz: ein Gesicht von gelblicher, fast
spanischer Färbung mit einer feinen, oft verächtlich
gerümpften Nase, die meist zusammengekniffenen Lippen
von einem kurzen Schnurrbart leicht beschattet, mit fremdartigen Augen, die den Beschauer zu verwirren verstanden, in Haltung und Erscheinung wie ein italienischer
oder spanischer Cardinal. Bei ihm dominirte der Kopf
— auch physisch. Niemand hat ihn je lachen gesehen;
auch der Schalk und Hofnarr der Partei, der Thersites
Detmold, hat ihm nie ein Lächeln entlocken können.

Und Detmold konnte doch so gute Witze machen!
Wer hätte nicht über seine natürlich satirisch gemeinte,
aber in sehr ernstem Tone vorgetragene Interpellation
an das Reichsministerium von der leeren Tasche gelacht:
„Angesichts des täglich steigenden Goldgewinnes in
Californien frage ich: welche Vorkehrungen das Reichsministerium getroffen hat, um der zu befürchtenden
Entwerthung des Goldes in der Reichscasse vorzu-
beugen?"

Zu den ehrwürdigen Trümmern ihrer selbst, die
auch nicht im Saale fehlten, gehörte eine urgroteske

Gestalt in altdeutschem Rock, über den ein großer Hemde
kragen, wie ihn damals nur kleine Jungen zu tragen
pflegten, schmutzig herabhing. Eine Turnerweste von
grauem Zwillich, hinter einem Barte von fabelhafter
Länge, ein schwarzes Mützchen auf der zurückweichenden
Stirne vervollständigte den Anzug. Das war der Vater
Jahn, der besser gethan hätte, zu Freiburg an der Unstrut
zu verbleiben.

Ueber die Männer des rechten Centrums (Casino-
partei), vorwiegend Professoren, die sich um Dahlmann
schaarten, lauter Männer, die in der Ueberzeugung lebten,
eine „tiefere Einsicht in das Wesen des Staates" gepachtet
zu haben, und mit dieser Einsicht so schöne Erfolge erzielen sollten — können wir rasch hinweggehen, wiewohl
sich auch hier Männer von größerer wissenschaftlicher
Bedeutung fanden: ein Droysen, ein Waitz, ein Mitter-
maier, ein Gervinus, ein Friedrich von Raumer, endlich
auch Bassermann und der ehemalige Demokratenverfolger
Mathy, von dem wir erst durch G. Freytags Buch erfahren sollten, daß er ein großer Charakter gewesen.

Hier saß auch Jakob Grimm, wiewohl seine Gesinnungen weiter links gingen.

Im linken Centrum (Württemberger Hof) wurden
dem Ankömmling vornehmlich zwei Männer, zwei hin-
reißende Redner gezeigt, der ehrliche, enthusiastische
Raveaux aus Köln und der — gewandte Giskra. Auch
Vater Arndt, ein Greis von quecksilberner Lebendigkeit,
war hier zu sehen.

Die eigentliche Linke, stark aus Rheinpreußen, Sachsen, Schwaben, Thüringen, Deutsch-Oesterreich, sehr schwach aus dem deutschen Osten und Norden beschickt, zählte etwa hundert und dreißig Mitglieder. Hier saßen zwei edle, herrliche Dichter, dem Vaterlande theuer, die zu sehen jeder junge Mensch gerne Meilen weit gegangen wäre: Ludwig Uhland und Anastasius Grün. Hier saß ein unvergleichlicher Meister deutschen Stils und feinster Satyre, J. Ph. Fallmerayer. Hier der blondlockige Venedey, der zur Verzweiflung seiner Freunde in jeder Frage reden mußte. Hier saß, als Führer seiner Partei, ein Mann von unvergeßlichem Namen, breit, fest, wohl=genährt, in den Dreißigern, ein Kopf mit mächtigem Bart, leichthin an den des Sokrates erinnernd: Robert Blum.

Seine Bedeutung wird Keiner unterschätzen, der ihn gehört. Ein mächtiges Organ, das alle Affecte des Mannes auszudrücken wußte, und eine Organisation von unerschütterlicher Ruhe traten in ihm bei einem wunder= bar klaren Verstande von fast intuitiver Schärfe in Dienst, um das Muster eines Volksredners zu bilden. Klar, allgemein verständlich, im besten Sinne populär, die Rede mit den einfachsten, aber anschaulichsten Bildern schmückend, wußte er so recht eigentlich zum Herzen zu sprechen, konnte niederdonnernd fortreißen; Alles gruppirte sich ihm einfach und wie von selbst, und man sah es heraufziehen, wie ein großes Gewitter mit unwidersteh= licher, elementarer Gewalt. Nie soll es seinen Feinden gelingen, bei uns, die ihn gehört und gekannt haben, sein Bild zu verkleinern. Von ihm gilt das Wort:

„Es war ein Mann, nehmt alles nur in allem:
Wir werden nimmer seines Gleichen sehn.“

Die äußersten Plätze der Linken nahm die Partei des Donnerbergs ein: Arnold Ruge, Karl Vogt, Zitz, Wesendonck, Heubner, Temme, Schlöffel, Friedrich Kapp, Schaffrath, Ludwig Simon, Titus von Bamberg, Adolf von Trützschler, J. N. Berger. Es waren Feuerköpfe und Männer des Princips; die Reinheit der Gesinnung, die Treue der Ueberzeugung hat später fast jeder von ihnen schmerzlich erprobt. Eigentlich eine tragische Schaar: Verfolgt, ihrer Aemter verlustig, abgeurtheilt, in Festungen gesteckt, standrechtlich erschossen, dem Mangel preisgegeben, über Meer gezogen — so stuft sich das Schicksal jedes Einzelnen ab. Das deutsche Volk wird ihre Namen nicht vergessen.

IX.

Stürmische Debatten. — Abende mit Ludwig Feuerbach.

Ich hatte es für meine bescheidenen Bedürfnisse bald wohnlich genug eingerichtet. Der Besitzer eines größeren Quartiers in der Schützenstraße hatte sich auf die Parlamentszeit hin auf den Gebrauch weniger Zimmer beschränkt und die übrigen an Fremde abgegeben. So wohnte ich denn unter einem Dache mit J. Venedey, Moritz Hartmann, Josef Rank, von Rochau; doch wie es dem bescheidenen Journalisten ziemte, nicht auf demselben Flur, sondern in der Mansarde.

Das Parlament debattirte die Grundrechte. Es war ein Unglück, daß es sich so sehr in diese Debatte vertiefte, ein rascher Aufbau ließ sich nun gar nicht mehr erwarten. Selbst den Besten lag — leider — daran, sich sprechen zu hören.

Die Linke wollte dem Bassermann Eins versetzen, der von der Rechten wollte eine Rede halten, daß selbst die auf den Bänken der Opposition sagen sollten: ja, der kann sprechen! Und wie der gebildete Mensch gern die Katastrophe verschiebt, so verschob man das Handeln und lieferte einander Wortschlachten. Hamlet, der das Schwert hätte ziehen sollen, verlor sich in tief sinnigen und geistreichen Erörterungen.

Wie verderblich war dieser Geist und doch wie schwer für den Draußenstehenden, sich seinem Zauber zu entziehen! Wie interessant, über so viele Fragen die Gedanken der ausgezeichnetsten Männer, der größten Autoritäten im Für und Wider zu vernehmen! Es schien Erziehung im höchsten Sinne des Wortes.

Kostbare, zum Schaffen nöthige Zeit ging verloren, aber die Grundsätze neuer Staatsverfassung prägten sich Tausenden von Köpfen ein. Man war, wenn man die Debatten des Parlaments gelesen hatte, in die politische Schule gegangen.

Auf die Tagesordnung kam der Paragraph der deutschen Grundrechte: „Alle Deutschen sind gleich vor dem Gesetze, Standesprivilegien finden nicht statt.“ In dieser abstracten Form hatte der Satz alle Aussicht auf Annahme, aber die Minoritätsanträge gingen weiter: die einen auf förmliche Abschaffung aller Adelsvorrechte, die anderen auf Abschaffung des Adels und der Ordenstitel. Abschaffung des Adels — welche gewaltige, der Zeit vorgreifende Frage! Der Adel ist ein Stand, dessen Mitglied man durch die Geburt geworden und dessen unleugbare Vorrechte, ganz abgesehen vom eigenen Verdienste, auf Kinder und Kindeskinder übergehen. Er soll eine edlere Menschenclasse vorstellen, die im berechtigten Besitze größeren Ansehens, größeren Besitzes, größerer Macht ist und dem gegenüber steht die moderne Forderung, daß Talent und Verdienst vor dem Stande zur Geltung gelangen, daß der Staat seine Wohlthaten allen Bürgern ohne Unterschied zukommen lasse und keinem Theile gestattet sei, sich die übrigen dienstbar zu machen. Was dem einen kleinen Theile als natürliche Grundlage der Gesellschaft erscheint, ist dem anderen ein Trümmerwerk der Vergangenheit, das wegzuräumen ist. In den Augen des einen kleineren Theiles begeht der Staat, der den Adel aufhebt, einen unverzeihlichen Eingriff in erworbene Rechte: in den Augen der anderen gibt er nur Allen das, was bisher Wenige hatten. Aber den Einfluß mächtiger Familienverbindungen brechen nur Katastrophen, nicht Ansprüche friedlich waltender Versammlungen. Was konnte man sich da für Erfolg versprechen?

Den Antrag auf Abschaffung der Orden und Titel hatte Jakob Grimm gestellt, er wird ihn vertreten. Wen hätte es da nicht in die Sitzung gedrängt? Aus dem Mittelpunkte seines speciellen, ihm eigenthümlichen Gedankenkreises entwickelte der große Germanist seinen Standpunkt. Er sei der Ueberzeugung, daß der Adel als bevorrechteter Stand aufhören müsse. Man könne nicht verkennen, daß er in Deutschland seine historischen Verdienste gehabt. Er sei, von den Minnesängern an, die zur Mehrzahl adeligem Stamme angehört, auch auf dem Felde der Literatur thätig gewesen, in den letzten Jahrhunderten aber habe sich das Verhältniß geändert. Fast alle großen Geister unserer Nation seien bürgerlichen Familien entsprossen. Nun entwickelte Grimm die grammatikalische Bedeutung des Wörtchens „von". Es sei ganz widersinnig vor Namen, die keine Ortsnamen seien. Grafen und Barone seien eben Herren einer Landschaft, eines Orts, einer Burg, aber einen Herrn von Goethe, einen Herrn von Schiller zu construiren sei Unsinn, weil es nie einen Ort Goethe oder Schiller gegeben habe. Was vor der Grammatik nicht bestehen könne, sei auch im Leben nicht haltbar. Orden und Ordenszeichen, fuhr er fort, seien keine eines wahren Verdienstes würdige Auszeichnungen, übrigens hätten sie durch Mißbrauch allen und jeden Werth verloren. Deutschland habe mehr Orden hervorgebracht als das ganze übrige Europa, und zwar zu einer Zeit, wo es weniger Verdienste gegeben, als irgendwann und irgendwo. Er hoffe, die Fürsten würden die Selbstverleugnung haben, diese byzantinischen und chinesischen Zierrathen nicht mehr an Civilisten zu vertheilen, für das Heer mögen sie bleiben, da sie in den Augen des Soldaten etwas seien. Orden seien die Livréezeichen der Fürsten, Zeichen ihrer Huld, Belohnungen für einem vergänglichen System erwiesene Dienste.

So Jakob Grimm. Natürlich hat sein Antrag ebensowenig Aussicht auf Annahme, wie die Anträge der Minorität, die auf förmliche Abschaffung des Adels gehen. Man erhitzt sich, es überstürzen sich die Gegner. Fürst Lichnowsky, die Hände nicht mehr in den Hosentaschen, erinnert, daß die französische Revolution den Adel abzuschaffen gedacht, später habe man die kostbaren Ueberbleibsel desselben mit der Laterne zusammengesucht, um ihn mit neuen Ehren zu schmücken. In die Bank zurückkehrend, sagt er, vielen Umstehenden vernehmlich, zu seinem Freunde General von Auerswald, den er ein paar Monate später in ein so tragisches Schicksal hinabziehen sollte: „Da hab' ich dem Gesindel meine Meinung gesagt." Das Wort wird verbreitet, die Aufregung wächst maßlos. Rösler von Oels verlangt die Abschaffung des Adels aus Gründen der Gerechtigkeit. Er sagt:

Es werde dem Volke die Schmach angethan, daß der zum Zuchthaus verurtheilte Adelige zum Bürger degradirt werde: er verlange, falls dieses Gesetz beibehalten werde, im Namen der Gerechtigkeit, daß man den Bürgerlichen, der im Zuchthaus war, zum Adeligen mache. Nun fallen alle Minoritätsanträge, auch der Jakob Grimm's, daß künftighin keine Adelsverleihungen mehr stattfinden sollen. Karl Vogt bringt den persifflirenden Antrag ein: es solle künftighin jedem Deutschen freistehen, seinem Namen beliebige Adelsbezeichnungen, als Baron, Graf, vorzusetzen. Schallendes Gelächter auf der Linken, der Antrag selbst sinkt in den Orcus.

So ungefähr die Debatte über den Adel. Wer mir sagen könnte, wie viele Jahre, vielleicht Jahrhunderte, die Linke hier der Zeit voraus war? Wachsender Reichthum und wachsende Bildung der anderen Classen, Aenderungen des Staatswesens und der Heeresverfassung haben seitdem wenig oder nichts verändert. Das Adelsinstitut ist unerschüttert das geblieben, was es früher war: die mächtigste Assecuranz-Gesellschaft aller in ihr Hereingeborenen.

Diese Assecuranz sorgt nach wie vor für das Gelangen zu den besten Militär- und Hofstellen, sorgt für unentgeltliche Erziehung in unzähligen Instituten und sogar für passende Heiraten. Es wird noch lange so fortgehen. Damals, 1848, galt der Adel als ein Trümmerwerk der Vergangenheit, heute hat der „Erzeugungstrieb" der Gesellschaft ihn sogar wieder gekräftigt, allerdings mit sonderbaren Elementen. Was geschah? Ein neuer Lebensdrang durchzog zwanzig Jahre später die alternde Welt und aus dem durch die Sonne der Gnade befruchteten Schlamme - stieg, gleichsam als Caricatur der alten Ritterschaft — eine ganze Schaar geharnischter Geldbarone und jüdischer Ritter empor. Die Natur

gefällt sich in seltsamen Schöpfungen. Welche Thoren
saßen doch damals auf den Bänken der Linken! . . . .

Endlich war die provisorische Centralgewalt geschaffen
worden. Gagern hatte seinen „kühnen Griff" gethan,
Erzherzog Johann von Oesterreich war zum Reichsverweser gewählt worden, und zwar zum unverantwortlichen;
der Zusatzparagraph: die provisorische Centralgewalt hat
die Beschlüsse der Nationalversammlung zu verkünden und
zu vollziehen – war gefallen. Uebrigens besagte die
Wahl, wie sympathisch das neue Deutschland dem vermeintlich neuen Oesterreich entgegenkommen wollte. Ja,
Deutschland warf die Seilenden hinüber, eine fliegende
Brücke zu errichten. Wir Oesterreicher faßten das Seil
mit vor Freude zitternder Hand und suchten es fest zu
binden. Daß es gelinge, war uns eine höchste Lebens-
frage, denn alles österreichische Slaventhum loderte bereits
auf und drohte mit Krieg. Verschlossen stand die Regierung bei Seite, scheinbar jeden Augenblick bereit, das
Seil zu zerschneiden, wofern es nicht ihren speciellen
Zwecken zu Statten komme.

Es waren aufgeregte Tage bis zu jenem 11. Juli,
da der Reichsverweser in Frankfurt einzog.

Während dieses ersten Monats meines Frankfurter
Aufenthaltes pflegte ich allabendlich in ein kleines Bier-
haus unweit von der Ecke der Allerheiligengasse meine
Schritte zu lenken. Es hieß „Zum Pfau". Hier, zu
bestimmter Stunde der sinkenden Dämmerung, immer in
gleicher Ecke wußte ich einen Mann zu finden, für den

6*

ich ſeit Jahren die tiefſte Verehrung im Herzen trug:
Ludwig Feuerbach.

Der große deutſche Philoſoph mußte wie jeder brave
deutſche Mann das germaniſche Getränk zu ſchätzen, das
die Geiſter mäßig aber nicht ſtürmiſch anregt und ſie
zur Beſchaulichkeit ſtimmt. Er ſaß gern in der Wirths-
ſtube, aber ſie mußte von rechtſchaffen deutſchem und
demokratiſchem Charakter ſein, einfach, mit niederer Balken-
decke und gedämpftem Licht. Das Bier mußte Bairiſch
ſein und friſch vom Faß im Steinkrügel daherkommen.
Er liebte dabei keine große Geſellſchaft, aber ebenſo
wenig völlige Einſamkeit. Ein Feind alles Lärms, hatte
er es doch gern, wenn aus dem Nebenzimmer ein Lied
erklang. Von der Zeit an, da er für mich eine Sympathie gefaßt hatte, die ich heute noch als die größte
Ehre empfinde, die mir im Leben zu Theil geworden,
drang er darauf, daß ich täglich im „Pfau“ erſcheine.
Strengen Geſichts, das Kinn mit dem langen blonden Barte
über das Krügel geneigt, pflegte er mir dann zuzunicken
und lächelnd zu fragen: „Was macht Abſalon?“ Worauf
ich dann regelmäßig antwortete: „Ei, der hänget ſchon!“
und mich an ſeiner Seite am eichenen Tiſche niederließ.

Dieſe ſtereotyp gewordene Begrüßungsformel bedarf
einer Erklärung, ich muß aber dazu etwas ausholen.
Die Sache verhielt ſich folgendermaßen:

Das deutſche Bewegungsjahr hatte, ſo viele Dichter
es auch angeregt, kein eigentlich volksthümliches Lied
geboren. Die alten Lieder aus der Burſchenſchaftsperiode

paßten nicht mehr auf die neuen Verhältnisse: von Freilig
rath's und Herwegh's Gedichten hatte keines größere
Popularität erlangt. Um so verbreiteter waren ein paar
Strophen, die ein völlig unberühmter Mann, er hieß
Wilhelm Sauerwein, einem deutschen Flüchtling in den
Mund gelegt hatte; man hörte sie in Süddeutschland
allenthalben, wo radical gesinnte Leute beisammen saßen;
die Melodie war ein Gassenhauer, aber gut sangbar.
Das „Lied vom deutschen Flüchtling" — es sei hiemit
der Vergessenheit entrissen — lautete:

> Wenn die Fürsten fragen,
> Was macht Absalon?
> Soll man ihnen sagen:
> Ei, der hänget schon!
> Aber nicht am Baume,
> Aber nicht am Strick,
> Sondern an dem Traume
> Deutscher Republik.
>
> Wollen sie gar wissen
> Wie's dem Flüchtling geht,
> Sprecht, der ist zerrissen
> Wo Ihr ihn beseht!
> Nichts blieb ihm auf Erden
> Als Verzweiflungsstreich,
> Und Soldat zu werden
> Für ein freies Reich!
>
> Fragen sie gerühret:
> Will er Amnestie?
> Sprecht, wie sich's gebühret:
> Er hat steife Knie!

Gebt nur Eure großen
Purpurmäntel her,
Das gibt rothe Hosen'
Für das Freiheitsheer.

Die zweite Zeile dieses Liedes war es, die Feuer=
bach, vielleicht mit Bezug auf meinen damaligen Haar=
wuchs, vielleicht mit Bezug auf meine persönliche Lage
auf mich anwendete: worauf ich ihm ebenso regelmäßig
die vierte Zeile entgegenbrachte. Und unmittelbar nach
dem Wechsel dieser Begrüßungsformel waren wir im
eifrigen Gespräche. O, hätte ich mir doch über diese
Gespräche Aufzeichnungen gemacht! Sonst war ich gewohnt,
es zu thun: jetzt, in gar aufgeregter Zeit, versäumte ich
es. Ich weiß nur noch, daß er gern von Daumer er=
zählte und dessen Uebersetzungen des Hafis pries, daß
die Erwähnung Nürnbergs ihn zu Excursen über alt=
deutsche Kunst und die Nennung der Universitätsstadt
Erlangen zu Excursen über den Pietismus führte. Der
Aufenthalt im stark jüdisch gefärbten Frankfurt, der Stadt
Amschel Rothschilds und Ludwig Börne's brachte Feuer=
bach wiederholt auf das Thema der Judenfrage: ich sah,
daß er so wenig wie einst Voltaire Judenfreund war.
Auf allen möglichen Gebieten sprach er lichtbringende,
wahrhaft befreiende Worte. Mein Gott, dachte ich bei
mir, warum steift sich dieser Mann, dessen Geist Alles
umfaßt, darauf, immer Kritik der Religionen zu schreiben!

An Abenden, die nicht durch Clubsitzungen in Beschlag
genommen waren, kamen Professor Kapp (aus Heidel=

berg), Arnold Ruge, Karl Nauwerk. Ruge besonders war
von sprudelnder Verve, die Fragen, die eben im Parlamente
debattirt wurden und die übrigen politischen Vorgänge
regten ihn heftig auf. Dann ward Feuerbach stiller und
stiller und verstummte endlich ganz. Wenn dann Ruge'n,
wie dies öfter geschah, Ausdrücke wie „Idee und Substanz",
„An sich und für sich" entschlüpften, schüttelte sich Feuerbach vor Lachen und sagte: „Mensch, Du steckst trotz
alledem noch stark im Scholasticismus! Diese Phraseologie
sollte schon abgethan sein! Laß ruh'n den Hegel!"

Es war mir äußerst interessant, aus Feuerbach's
gelegentlichen Aeußerungen einen Schluß zu ziehen auf
seine Lebensphilosophie, die in seinen Büchern vor lauter
Theogenie und Unsterblichkeitsuntersuchungen so gut wie
nicht zur Sprache kommt. Er war vom Pessimismus wie
vom Optimismus gleich weit entfernt, Voraussetzung alles
Lebens war ihm eine Mischung von Einstimmung und
Widerstreit. Die Zeit nahm er hin mit ihren Ausschreitungen und Unannehmlichkeiten: „wenn man daran ist,
den Stall des Augias auszumisten," sagte er, „kann
es nicht nach Veilchen duften". Affecte und Leidenschaften
nahm er in Schutz, da sie ebenso die Beglücker, wie
die Störer des Lebens seien. Liebe und Ehre, ihm
keine Illusionen wie bei Schopenhauer, machten bei ihm
das Glück des Lebens aus und gaben demselben festen
Werth.

Feuerbach war ein Republikaner und keiner von
den gelinden. Vor dem „rothen Gespenst" hatte er

keine Furcht. Wäre die Revolution eine wirklich starke
gewesen, er wäre mitgegangen und hätte, wie ich glaube,
auch vor terroristischen Maßnahmen nicht zurückgeschreckt.
Er war einer „vom Berge". Wie es nun einmal stand,
wußte er, daß diese Bewegung seine Ideale nicht realisiren
werde und verhielt sich rein als Zuhörer und Beobachter.
Er sagte damals schon den traurigsten Ausgang voraus.
„Die Märzrevolution," hat er später einmal geschrieben
und damit die Summe seiner Frankfurter Erfahrungen
gezogen, „die Märzrevolution war noch ein, wenn auch
illegitimes Kind des christlichen Glaubens. Die Constitutionellen glaubten, daß der Herr nur zu sprechen brauchte:
es sei Freiheit, es sei Recht! so ist auch schon Recht und
Freiheit und die Republikaner glaubten, daß man eine
Republik nur zu wollen brauche, um sie auch schon in's
Leben zu rufen, glaubten also an die Schöpfung, scilicet
einer Republik aus Nichts. Jene versetzten die christlichen Wortwunder, diese die christlichen Thatwunder auf
das Gebiet der Politik . . ."

Feuerbach blieb in Frankfurt bis Mitte August.
Während wir im „Pfau" saßen, saß Arthur Schopenhauer
nach eingenommenem seinem Diner im englischen Hofe,
ein alter Mann, glatt rasirt, unter jungen Officieren
und Aristokraten, die er wegen ihrer reactionären Gesinnung hochverehrte und die schlechte Witze über ihn machten.
Merkwürdig ist es mir heute, daß ich damals, während
so vieler Abende, Feuerbach nie Schopenhauer's erwähnen
gehört habe, der doch bereits seine Lehre mit allen

Consequenzen in seinen Büchern niedergelegt hatte und nur einige Häuser fern saß. Ich glaube, Feuerbach hat ihn nie gesehen und sich, wenigstens damals, um dessen Philosophie nicht gekümmert. Feuerbach lehrte eine Philosophie, die einen ganz concreten unmittelbaren Antheil am Leben, dessen Wünschen und Bedürfnissen hatte; was konnte ihm der aus Indien nach Deutschland importirte, der erneuerte Buddhismus sein?

Ich habe den außerordentlichen Mann seitdem nur zweimal wiedergesehen, im Sommer 1867, wo ich ihn auf dem Rechenberge bei Nürnberg besuchte, und zu München im September 1869, wo wir das Bild seines Neffen, „das Gastmahl des Plato" betrachten gingen, als schon der tiefe Schatten der Krankheit auf ihm lastete. An der Ecke der Allerheiligengasse in Frankfurt, wo ehedem der „Pfau" gestanden, bin ich jedoch seitdem nie vorübergegangen, ohne jener tiefanregenden Abende vom Juni, Juli und August 1848 zu gedenken.

X.

Die Septembertage.

Indessen fuhr das Parlament fort, sein eigenes Werk zu untergraben. Die italienische Frage trat heran, es kam zur Debatte über die Radetzky'schen Siege. Alles was liberal war, empfand, daß die Italiener um ein

Gleiches wie die Deutschen kämpften, jene noch auf dem Schlachtfelde, diese bereits in einer constituirenden Versammlung. Die Rechte dagegen freute sich der österreichischen Waffenthaten, die gleichzeitig von Lyrikern wie Herrn von Dingelstedt dithyrambisch gefeiert wurden. Es wurde eindringlich betont, die Freiheit könne keinem Volke geschenkt werden, die müsse es sich immer selbst erringen, so auch hier das kleine Piemont die Freiheit gegen den großen Feind, der ihm im Nacken saß! Herr von Radowitz bestieg mit hohepriesterlicher Feierlichkeit den Katheder und vindicirte dem deutschen Reiche den Mincio als militärisch-unentbehrliche Grenze. Das deutsche Reich, belehrte er uns, könne auch auf Venezien nie verzichten, denn ohne Venedig sei Triest unhaltbar. Peschiera und Mantua waren auch unumgänglich nöthig, denn lasse man diese Posten frei, so werde Oberitalien dem Einflusse Frankreichs, Unteritalien dem Englands anheimfallen. Daß Italien, eigentlich das Königreich Sardinien, sich bis zur Selbständigkeit kräftigen könne, wurde nicht angenommen.

Herr von Radowitz sparte seine Beredtsamkeit immer nur für die wichtigsten Fragen auf. Seine Taktik bestand darin, zu Civilisten als Militär zu sprechen und sie mit kriegerischen Fremdwörtern zu verblüffen. Er war in jedem Satze General. Enceinte, Debouchés, staffelförmige Aufstellung u. s. w., rhetorisch aneinander gereiht; er wußte wie das imponirte!

Das im Alleinbesitze tieferer Einsicht stehende rechte
Centrum war mitfortgerissen und bekehrt. Ernst stieg
dann Herr von Radowitz von der Tribüne, die leicht zum
Himmel gekehrten Augen schienen zu sagen: „Ich danke
Dir, Herr, daß Du sie so thöricht geschaffen, auf daß
sie ein Werkzeug in meiner Hand seien!"

Die Gutheißung des berüchtigten Waffenstillstandes
von Malmö, in welchem die mäßigsten Ansprüche der
deutschen Nation schnöde geopfert wurden, war ein weiterer
Schritt des Parlaments nach abwärts. Jetzt war es
genug, jetzt hätte die Linke in corpore austreten sollen.
Aber wer unternimmt es, ein so gewaltig gewordenes
Werk als undurchführbar aufzugeben?

Die Folge dieses letzten Actes waren die Frankfurter
Septembertage. So lange die Debatten wegen Malmö
dauerten, waren die Tribünen zum Brechen voll gewesen,
Hunderte hatten fortwährend vor den Thüren der Paulskirche gestanden. Als nun 258 Parlamentarier dem Be-
schlusse beigestimmt, ging der Lärm los. Man katzen-
musizirte, tumultuirte, rumorte, man wollte eine Volks-
demonstration in Scene setzen und es ging weiter. Nachdem die — übrigens nichts weniger als stürmische —
Versammlung auf der Pfingstweide stattgefunden, wandte
sich der Frankfurter Senat, Demonstrationen befürchtend,
an das Reichsministerium.

Dieses telegraphirte nach Mainz und in der Nacht
waren zwei Bataillone Preußen und Oesterreicher da. Das
war Oel in's Feuer gegossen. Allerlei böses Volk kam

in Bewegung. Gegen elf Uhr Vormittag des 18. hatten
Trupps von Gaſſenjungen und Bummlern ſtehen geblie=
bene Marktbuden zerſchlagen und thürmten ſie in einigen
kleinen Gäßchen am Römerberg und in der Nähe der
Paulskirche auf, wo einige Compagnien Soldaten über
die Ruhe der Berathung wachten. Es wäre unſinnig,
dieſen Haufen Gerümpel als „Barrikaden“ bezeichnen zu
wollen, für die man ſie ſpäter ausgegeben hat; ruhig,
Gewehr bei Fuß, ſah das Militär zu, wie gerade vor
ſeinen Augen dieſe Verzäunungen aufgeführt wurden. Nun
aber erinnerte ſich irgend ein verwegener Burſche, daß
ein Kaufmann Flersheim in ſeinem Magazin eine An=
zahl Schießprügel habe, die für die Polen von 1831
beſtimmt geweſen. Geſindel, von einigen ſogenannten Tur=
nern angeführt, holte ſie ab, der und jener hatte auch
Pulver für ein paar Kreuzer gekauft, man probirte, ob
man auch damit ſchießen könne?

Ein paar ſolcher Kerle mit alten Schießprügeln
hatten ſich hinter einem dieſer Plankenzäune aufgeſtellt,
über die ich klettern mußte, um in mein gewohntes Speiſe=
haus zu gehen. „Dein Gewehr iſt aber recht roſtig!“
ſagte der Eine. „Thut nichts,“ erwiederte der Andere,
„der Hahn iſt in Ordnung. Ein rother Hund beißt
auch.“

In dieſer gemüthlichen Weiſe entwickelte ſich ein
Putſch, den eine halbe Compagnie Bürgerwehr – aller=
dings keine Frankfurter Bürgerwehr — zur rechten Zeit
ausgeſandt, hätte hintanhalten können.

Warum sah das Militär zu? Weil es keine Ordre
zum Einschreiten hatte. Und warum erhielt es keine?
Vielleicht — weil ein Putsch sehr erwünscht war. Man
konnte damit schrecken und einschüchtern, den Belagerungs=
zustand einführen, die Volksversammlungen auf fünf Mei=
len in der Runde verbieten . . .

Indeß war doch am Eingang der Allerheiligengasse,
schräg von der Constablerwache eine größere Barrikade
errichtet worden: ein paar umgestürzte Leiterwagen, Bal=
ken, allerlei Bretterwerk, dahinter etwas Erde und Steine
vom aufgerissenen Straßenpflaster, das waren ihre Be=
standtheile. Besetzt war sie von etwa zwanzig Mann, die
wirklich Waffen und Munition hatten. Wer waren diese
Leute? Niemand kannte sie. Sie forderten die Passan=
ten auf, zu ihnen zu treten, ohne Theilnehmer zu finden.
Auch ein paar Fenster in den daneben gelegenen Häusern
hatten die sogenannten „Insurgenten" besetzt und schossen
auf das in der Zeil aufgestellte Militär, das, weil die
von Darmstadt her beorderte Artillerie noch nicht da war,
gelegentlich zurückschoß, wenn sich ein Kopf mit einem
Heckerhut hinter der Barrikade sehen ließ.

Die Sache hatte schon mehrere Opfer gekostet, da
begab sich eine Deputation der Linken zum Reichsverweser.
Sie wollte sich für Wiederkehr der Ruhe verbürgen,
wenn das Militär, namentlich die in Frankfurt mißliebi=
gen Preußen sich zurückzögen. Der Reichsverweser schickte
die Deputation zum Kriegsminister Peucker, der eine
Rückbewegung aus Gründen des militärischen Point

d'honneur für unstatthaft hielt, darauf ging sie zum
österreichischen General, der mit sich sprechen ließ.

Ein „Waffenstillstand" wurde zugegeben und mit
weißen Tüchern winkend, zogen die von der Linken der
Barrikade entgegen, nicht ohne Gefahr getroffen zu
werden, denn dort schoß Einer oder der Andere aus
einem Fenster heraus, dort schossen Soldaten zurück. Die
Abgeordneten erschöpften sich in Bitten und Mahnungen,
die Barrikade zu räumen.

Während dieser Zeit relativer Waffenruhe ging ich
noch mit andern langsam die Häuser der Zeil entlang,
als ein etwa zehnjähriger Junge in einem anständigen
Röcklein, eine Mütze auf dem Kopfe, langsam an uns
vorüberstreifte. Er hielt einen kleinen dreieckigen Lappen
schwarzen Tuches in der Hand, ließ ihn wie ein Fähn-
chen flattern und rief in kurzen Pausen mit monotoner
Stimme: „Vom Lichnowsky! Vom Lichnowsky!"

Niemand verstand den Jungen und Niemand fragte
ihn, was er damit sagen wolle.

Ich dachte mir nichts dabei und die Umstehenden
ebensowenig. Erst mehrere Stunden später verstand ich den
Knaben. „Wissen Sie, was geschehen?" hieß es. „Lichnowsky und Auerswald haben um die Stadt reiten
wollen, sind dem Pöbel in die Hand gefallen und jämmer-
lich umgekommen."

Ich gestehe, daß diese Nachricht zuerst gar keinen
Eindruck auf mich machte. Während es mir gesagt wurde,
rasselten eben die Kanonen der Darmstädter Artillerie

herau und sollten bald gegen diese Steinhaufen und um
gestürzten Karren spielen.

Wir lassen Lichnowsky von einem seiner Standes-
und politischen Gesinnungsgenossen beurtheilen:

„Wenn man," sagt Freiherr A. von Sternberg in
seinen „Erinnerungsblättern", „zur Gräfin Hahn kam,
fand man immer den unerträglichen Flegel vor, den
Fürsten Lichnowsky. Dieser sich herumtreibende Fürst
war damals noch zu keiner Bedeutung gelangt, obgleich
er auf alle Weise strebte, in die Mäuler der Leute zu
kommen. Zunächst wußte er dazu kein geeigneteres Mittel,
als auf solche Weise unverschämt und tolldreist frech überall
aufzutreten, daß Männer kaum durch ein anderes Organ
mit ihm zu verkehren wußten, als die Degenspitze, Frauen
kein anderes Mittel kannten, ihn fern zu halten, als
durch verschlossene Thüren und abweisende Diener, die
er jedoch über den Haufen rannte und eindrang. Frech
und zügellos in jedem Worte, war er es ebenso in jeder
Miene und Bewegung. Alles, was vornehme und nicht
vornehme Laster heißt, hatte er seinem jungen Körper
zugemuthet und war dennoch leidlich davongekommen.
Nicht so gut war es seinem Beutel gegangen, der war
fast bis auf das letzte Goldstück geleert, bis die bekannte
befreiende Gottheit auftrat." (Sternberg meint damit
die alte Herzogin von Sagan.)

So zeichnet Einer, der ihn genau gekannt, diesen
tecken Burschen, bei dem man mit Staunen fragen muß,
wie er in diese Versammlung gekommen? Die Hände in

den Hosentaschen — nach Washington Irving eine Gewohnheit Jener, die nichts im Kopfe haben — war er
fortwährend im Parlament, wie in einem beliebigen
öffentlichen Local, unruhig hin= und hergelaufen, die
Langeweile, die ihm die Verhandlungen verursachten, mit
Ostentation zur Schau tragend. Das Zeug, das er
schwatzte, mußten fortwährende Provocationen würzen, daß
man davon Notiz nahm. Und in der That hatte der
Umstand, daß er Alles, was er zu sagen hatte, in eine
insultirende Form zu bringen wußte, ihm zu einer gewissen
Berühmtheit verholfen.

Nichts sollte selbstverständlicher erscheinen, als daß
Jemand, der sich einer Popularität des Hasses erfreute,
wie Fürst Lichnowsky, an Tagen des Sturmes, wo auch
die trüben, schmutzigen Grundwellen in Bewegung kommen,
daheim bliebe. Allein das war nicht nach Lichnowsky's
Sinn. Ihn juckte das Fell, eben da sich und seine Courage
zu zeigen. Leider riß er damit einen wackern Mann in's
Verderben. Nachdem er im „Englischen Hof" dinirt — sein
Platz war schräg gegenüber von dem Schopenhauer's, des
täglichen Gastes an dieser Table d'hôte — ging er nach
seiner Wohnung im Hause „Zum Mozart", ließ satteln
und holte seinen Freund, General von Auerswald, zu
einem Ritte ab. Sie wollten kundschaften, ob Zuzüge von
außen kämen. Als die beiden Reiter an die Promenaden=
gebüsche des Friedberger Thores kamen, stießen sie auf
Trupps von Bummlern und knitteltragendes Gesindel,
Abschaum der Vorstädte, wie jede große Stadt ihn hat.

Ha, der Lichnowsky zu Pferde! Und Halloh! Hussah! Steinwürfe und blinde Schüsse hinterdrein. Die Reiter, aufgeschreckt, glauben ihre Flucht nicht nach der Stadt wenden zu sollen, eben so wenig auch in's Freie. Sie suchen Zuflucht im Garten des Kunstgärtners Schmidt. Wohlmeinende Leute ermahnen sie eifrig, zu Pferde zu bleiben und rathen weiter zu reiten, da die Pöbelhaufen zu nahe sind; aber die Zwei steigen ab, treiben die ledigen Pferde durch Gertenhiebe zum Davonlaufen an und gelangen in's Haus. Lichnowsky verbirgt sich im Keller, Auerswald auf dem Boden. Aber die Verfolger sind hinterher, der wüthende Pöbel dringt ein. Gärtner Schmidt leugnet muthig mit eigener Lebensgefahr die Anwesenheit der Flüchtlinge, doch umsonst, man durchstöbert das Haus. Zuerst wird Herr von Auerswald aus seinem Versteck gezogen und auf die Straße gezerrt. Er bittet, sein Leben seiner Kinder wegen zu schonen. Niemand kennt ihn, Niemand hat etwas gegen ihn, aber er ist Lichnowsky's Begleiter.

Eine Dirne reizt das Gesindel zum Mord auf und Auerswald sinkt, von zwei Schüssen in Kopf und Rückgrat getroffen. Nun wird auch Lichnowsky hervorgeschleppt. Er findet einen Vertheidiger in einem gewissen Pilot, der dem Volkshaufen eindringlich die Nutzlosigkeit des Mordes vorhält und es als vortheilhaft empfiehlt, Lichnowsky als Geisel zu behalten. Daraufhin wird Lichnowsky gegen Bornheim geführt. Der Bornheimer Arzt, Dr. Hodes, kommt des Wegs und hört, was geschehen. Einer aus dem Haufen hat den Hut des Getödteten mitgenommen, Hodes sieht ihn an, liest eine eingeklebte Karte, durch ihn erfahren erst die Leute, wen sie getödtet.

Hodes gibt ihnen Recht, Lichnowsky als Geisel behalten zu wollen; er denkt, Zeit gewonnen, Alles gewonnen. Die Rotte setzt sich wieder in Marsch. Da fällt es Einem ein, daß er zum Andenken an diesen Tag einen Rockzipfel Lichnowsky's haben will. Lichnowsky, welcher glaubt, es gehe jetzt über ihn her, entwindet dem Nächststehenden sein Gewehr und schlägt den, der seinen Rock gefaßt hat, nieder. Unmittelbar darauf erhält er einen Kolbenschlag über den Kopf. Taumelnd will er entkommen, Hodes, der mitgegangen, stellt sich, den Mord abzuwehren, vor ihm auf. Umsonst, ein Schuß fällt. In den Unterleib getroffen, sinkt der Fürst. Herannahende preußische Soldaten verscheuchten die Mörder. Der tödtlich Verwundete wird in die Bethmann'sche Villa gebracht.

Dies die Schreckensscene, die sich vor dem „Friedberger Thor" zugetragen. Kam der Knabe im anständigen Röcklein, der mir und Tausenden begegnet war, von der Bornheimer Haide und hatte er in der entsetzlichen Scene mitgewirkt? Oder hatte er den Lappen, den Zipfel von Lichnowsky's Rocke, aus zweiter, dritter Hand?

Der bewilligte „Waffenstillstand" war indeß dem Militär zu Gute gekommen. Man hatte Zeit gewonnen,

die Artillerie fuhr vor und warf Shrapnels gegen die
Barrikade am Eingang der Allerheiligengasse, die sofort
von ihren Kämpfern verlassen wurde. Nun donnerten
die Zwölfpfünder gegen die Steinhaufen und die um=
gestürzten Karren, von Zeit zu Zeit beleuchtete ein Blitz
die ganze Straße. Mit ein paar Schüssen war alles weg
gefegt.

Abends — und der Abend kömmt früh im Septem=
ber - war die Zeit militärisch besetzt. Die Fenster
waren beleuchtet, vor den halbgeöffneten Thüren standen
Leute mit ängstlichen Gesichtern und unterhielten sich
flüsternd.

Die Blutlachen waren mit Sand bestreut wor=
den, man sah sie nicht mehr. Alle Viertelstunden kam
neues Militär an, ein ganzer Strom wurde herbei=
geleitet, ein Strohfeuer auszulöschen. Die breite Straße
sah nun halb wie ein Feldlager, halb wie ein Marstall
aus. Die darmstädtischen Kanoniere standen neben ihren
Geschützen, die Husaren und Dragoner neben ihren Pferden,
Infanterie lagerte sich auf aufgeschütteter Streu bei den
zusammengestellten Gewehren.

Vom Roßmarkt her, wo ein czechisches Regiment,
aus Mainz herübergekommen, sein Nachtessen kochte,
tönten lustige Lieder herüber.

Dies war der Frankfurter Septemberputsch, kein
Attentat auf die Reichsversammlung, wie gefabelt worden,
kein Kampf um irgend ein Object, von einem Plan,
einer Idee geleitet, sondern eine Rauferei im größeren

7*

Style, die ein Einschreiten zur rechten Zeit hätte verhin=
dern können.

So über die Maßen kindisch und verrückt war die
Sache, daß man sich fragte, ob Narren oder Agents
provocateurs die Hände dabei im Spiele gehabt? Daß
aber Lichnowsky und Auerswald dabei umgekommen,
war das große Unglück· des Tages. Die Parteiwuth
griff nach Allem, was sich ihr bot. Sie hätte gern die
Abgeordneten der Linken für diesen rohen, blutigen
Straßenauflauf verantwortlich gemacht, sie wäre gern bis
zur scheußlichsten Verdächtigung gegangen. Die Verdäch=
tigung war zu dumm: die giftigen Anklagen zerplatzten
wie Blasen, mit einem übelriechenden Gase gefüllt, und
spritzten auf die zurück, die sie geschleudert hatten.

Das Haus des Kunstgärtners Schmidt, in welchem
Auerswald und Lichnowsky aufgegriffen und vor welchem
Auerswald getödtet wurde, stand 1848, von einem großen
Garten umgeben, in der äußeren Stadt, d. h. vor den
ehemaligen Festungswerken. Seitdem wurden diese zu
Promenaden umgeschaffen und das alte Schmidt'sche Haus
befindet sich jetzt an der Stelle, welche von der Gauß=
straße, dem Mauerweg, Bäckerweg und der Elkenbachstraße
umgeben ist.

Das Haus ist heute noch vollständig und unver=
ändert, wie es damals war, erhalten; aber der das
Haus umfassende Garten hat inzwischen vielfache Ver=
änderungen erfahren und sein Areal ist größtentheils
zu Neubauten verwendet worden. Herr Schmidt, ein

siebenundsiebzigjähriger Greis, ist noch am Leben. Der Platz, wo Lichnowsky umgekommen, läßt sich nicht mehr bestimmen. Dieser Theil der Bornheimer Haide ist jetzt mit Häusern verbaut.

XI.

Die Deputation nach Wien. — Düsterer November. — Abreise.

Das Jahr neigte sich seinem Ende zu. Der Herbst= wind entführte das vergilbende Laub und lichtete die Baumkronen in den Alleen; auch unsere Hoffnungen waren gelichtet, es war kaum noch etwas davon übrig. Ferne wie ein Traum lag die Zeit der Zuversicht hinter uns. Es waren Tage ohne Sonnenschein, höchstens dann und wann von einem unheimlichen Roth erhellt. Es ging Alles nur so fort, weil es eben im Gange war, doch ohne Freude und Muth.

Das Parlament fühlte sich immer mehr gedrängt, bezüglich Oesterreichs in's Klare zu kommen. Es auf= geben, hieß, wie damals die Sachen standen, die Deut= schen Oesterreichs den Slaven anheimgeben. Aber wie sollte sich Oesterreich an Deutschland anschließen?

Mit seinem ganzen Ländercomplex? Das war undenkbar. Mit seinen deutschen und halbdeutschen Pro= vinzen? Das hieß einen Großstaat spalten wollen, der durchaus nicht gesonnen war, sich spalten zu lassen.

In Oesterreich reisten indessen die militärischen Maßnahmen heran, mit welchen die Hofpartei die ihrer Ansicht nach gefährdete Staatseinheit zu retten unternommen hatte. Die Hauptschwierigkeit für sie lag in Ungarn. Ungarn sollte gebändigt werden: man benutzte hierzu die ungarisch-croatische Verwickelung.

Man hatte beschlossen, die militärischen Kräfte außerhalb Wiens zu concentriren; so entzog man sie dem demoralisirenden Einfluß der Volksmassen und konnte sie schließlich mit dem als Retter ausersehenen Banus Jellacic verwenden. Alle Welt weiß, wie die Wiener Demokratie sich diesem Ausmarsch widersetzen wollte und was die Folge war: der allerdings mit Blut befleckte 6. October.

Wir erhielten in Frankfurt die Nachricht dieser Vorgänge am 10. Verworrene Gerüchte kreuzten sich und erzeugten eine ungeheure Unruhe. Wir wußten, daß gewaltige Armeecorps an Wien heranzögen, und daß sich die Stadt in Vertheidigungszustand setze.

Der Antrag J. N. Berger's (desselben J. N. Berger, der — o Wechsel der Dinge! — im Herbst 1867 einen österreichischen Ministerposten erhalten sollte): die Nationalversammlung möge aussprechen, die Stadt Wien habe sich um das deutsche Vaterland verdient gemacht, war gefallen.

Da beschlossen denn die beiden Fractionen der Linken, der deutsche Hof und der Donnersberg vereinigt, eine Adresse; eine Deputation sollte sie überbringen. Der deutsche Hof hatte Robert Blum, der Donnersberg J.

Fröbel abgeordnet, Moritz Hartmann und ein Vierter, Trampusch *), schlossen sich den Beiden an.

Es war am dreizehnten um zwei Uhr, als wir, eine ganz kleine Schaar engerer Freunde die vier Abreisenden in den Hof des Thurn und Taxischen Postgebäudes begleiteten, wo der bekannte rothe Postwagen stand. Man hatte über den Stand der Dinge in Wien noch die unklarsten Begriffe. Noch saß der Reichstag dort beisammen und bot „mit Hilfe der Minister" alles auf, den Rückzug des croatischen Heeres durchzusetzen, vielleicht war noch eine friedliche Lösung der Wirren zu erwarten, vielleicht, so dachten wir, könne Wien ohne blutigen Zusammenstoß aus der Krise hervorgehen ... Und so stieg der Eine nach dem Andern in den unwirthlichen Kasten. Noch wurde gefragt, ob jeder für die Nacht warme Sachen habe, und es hieß, man sei wohl versorgt, darauf wünschte Alles glückliche Reise und der Postillon schnalzte und setzte die Gäule in Trab. Und man sah dem rothen Kasten nach, bis er um die Ecke war.

Es war ein ernster Abschied gewesen, dennoch sagte uns keine innere Stimme, daß wir den verehrten Mann, der uns Zurückbleibenden der Reihe nach die Hand geschüttelt, nie wieder sehen sollten. Er hatte einmal, als auf seinen Wuchs, den kurzen, dicken Hals und die breite, gewölbte Brust, die Sprache kam, scherzhaft geäußert: „ja, schlecht zu köpfen, gut zu erschießen!" An dieses

*) Dieser harmloseste aller Sterblichen kam, dieser Reise wegen zu 3 Jahren schweren Kerkers verurtheilt, auf den Spielberg.

Wort haben wir oft zurückdenken müssen. Blum's Grund-
satz: „Reden und Handeln in Einklang bringen," der
Sturmathem jener Tage, die Umgebung mit ihren auf-
gewühlten Leidenschaften sollten ihn in Wien von Tag
zu Tag aufhalten und — ihn schließlich als Opfer fordern.

Als General Auersperg — ich glaube in der Nacht
des 12. — seine feste Stellung am Belvedere in aller
Stille aufgab, um sich mit Jellacic zu vereinigen, was
in solcher Eile geschah, daß eine Fahne vergessen wurde,
war in der Frühe die gräßlich verstümmelte Leiche eines
Technikers gefunden worden, mit dem die Croaten ihr
Spiel getrieben. Die Finger waren abgehackt, die Stumpfe
am Feuer versengt, der Mund von darin angezündeten
Patronen zerrissen, große Stücke Fleisch von den Glied-
maßen abgehackt.

Bei diesem Anblick erfaßte selbst die Gleichgiltigsten
die Wuth, es wußte fortan jeder, was von dem Einrücken dieser Horden zu erwarten stand. Es symbolisirte
so zu sagen diese Mißhandlung des deutschen Legionärs
die Lage der Dinge. Indeß zankte sich die Rechte im
Parlamente noch immer mit der Rednern herum, die auf
der Pfingstweide ein etwas lauteres Wort gesprochen:
sie erlitt die Niederlage, bewiesen zu sehen, daß nicht ein
Schatten von Schuld am Septemberputsche an den be-
schuldigten Parlamentsmitgliedern hafte!

Wien war cernirt worden, es erhielt die Aufforderung sich auf Gnade und Ungnade zu unterwerfen.
Windischgrätz verlangte die Auslieferung Bems, Pulzky's,

Schütte's und noch einiger „Individuen, die er später be=
zeichnen würde", — forderte Geiseln, es war als höre man
einen Tilly vor Magdeburg. Die Stadt, die sich dieser Be=
dingungen weigerte, wurde bombardirt, mit Brandraketen
überschüttet und schließlich mit Sturm genommen.

Wien hatte der Aufforderung gegenüber, sich Win=
dischgrätz und Jellacic zu unterwerfen, den Kampf ge=
wagt und war gefallen, die fieberhafte Spannung, in der
die Welt lebte, war gebrochen, aber die Art, wie die
gesetzliche Ordnung wieder eingeführt worden, war eine
solche, daß sich die schlimmsten Conservativen ihres Sieges
nicht freuten. Wenn man es noch nicht gewußt, so
wußte man es jetzt, was es heißt, die halbbarbarischen
südslavischen Stämme aufrufen. Schaudernd sah man in
einen Abgrund. Von diesen Tagen an war über Deutsch=
land ein Grauen gekommen, das, so kurzen Gedächtnisses
die Menschen auch sonst sind, nicht entschwand. Und
eines war ganz todt seit diesem Tage: die österreichische
Kaiseridee, die Idee der Hegemonie Oesterreichs in Deutsch=
land und was damit zusammenhing. Das war gründlich,
für immer, bis ans Ende der Zeiten abgethan.

Nun kam noch die Nachricht von Robert Blums
Erschießung. Ein General Oesterreichs, jenes Oester=
reichs, das über hundert Abgeordnete im Parlamente
zählte, hatte, ehe er einen seiner populärsten Führer er=
schießen ließ, nicht daran gedacht, mit dem Parlamente zu
verhandeln. Der Versammlung war durch diese Tödtung
eines ihrer Mitglieder die schwerste Verletzung widerfahren.

Man drängte, mit Bezug darauf einen Beschluß zu fassen. Allen erschien es dringlich, allen, außer der Partei Vincke-Radowitz.

Ein furchtbares Ferment — so groß war die Popularität des Mannes — war in die Bewegung hineingeworfen worden.

Schließlich wurde doch das Reichsministerium aufgefordert, die an der Verhaftung und Tödtung Robert Blums mittelbar oder unmittelbar Schuldigen zur Verantwortung und Strafe zu ziehen. Allerdings, wie es stand, eine groteske Idee, daß Herr von Schmerling den Fürsten Windischgrätz zur Verantwortung ziehen solle!

Um fünf Uhr an Parlamentstagen, um Ein Uhr an Sonntagen pflegten sich die Abgeordneten des Donnersberges zum Mittagstisch im „grünen Baum", einem Wirthshaus in einem Gäßchen unfern des Mains, zu versammeln. Ich war der tägliche Genosse dieses geselligen Kreises geworden, zu dessen bemerkenswerthesten Mitgliedern Franz Raveaux aus Köln, Karl Vogt, Lud. Simon von Trier, der Geschichtsschreiber Zimmermann aus Stuttgart, Vater Schlöffel, J. N. Berger, Hugo Wesendonk, Rösler von Oels und Adolf v. Trützschler zählten. Hatte, wie dies in früherer Zeit öfter der Fall gewesen, die Linke einen guten Tag gehabt, so war dies gesellige Mahl, bei dem man von Arbeit und bösem Wortkampf ausruhte, ein Fest. Da wurde auch das „Parlamentslied" gedichtet, zu welchem jeder ein Strophe oder mindestens einen Vers beitrug. Es wurde bald nachher auf den Straßen nach der Melodie des Liedes vom „deutschen Flüchtling" gesungen.

Seit Wochen und Wochen war Alles ernst und schweigsam, unser Mahl kurz, wir waren in schwerer, tiefer Trauer. Und nun — wer malt die Empfindungen der Anwesenden, als am 17. November, zur gewohnten Stunde Julius Fröbel, der Todtgeglaubte, in unsere Mitte trat! Er kam direct vom Postwagen, der ihn nach Frankfurt gebracht, in den grünen Baum, wo er um diese Zeit seine Freunde versammelt wußte. O, daß dieser Mann später ein Schmerling'scher Journalist werden sollte! Damals stand er vor uns wie Schiller's Roller, der recta via vom Galgen kam, die dunklen Augen seines schönen, von einem schwarzen Barte tiefbeschatteten Römerkopfes funkelten seltsam. . . . Diese Augen hatten den Tod schon nahe gesehen. Sie hatten das Todesurtheil gelesen, die Verurtheilung zum Galgen, die „Begnadigung" zu Pulver und Blei . . . sie hatten Opfer um Opfer zum Tode führen sehen. Er brachte Robert Blums letzte Grüße. Ruhig, beinahe kalt — nur die Augen leuchteten — erzählte er die Geschichte seiner schließlichen „Pardonirung". Eben so ruhig, ernst, schmucklos, fast wie eine fremde Begebenheit, sollte er sie am anderen Tage im Parlamente vortragen.

Und jetzt — wunderbar — nach dem Falle Wiens schier unglaublich, machte die österreichische Regierung wieder Anstalten, die Wahlen für Frankfurt zu vervollständigen! Sie wollte Leute — ihre Leute im Parla-

mente haben. Nichtvollzogene Wahlen wurden neu ausgeschrieben. Welche Persönlichkeiten gedachte die Wiener
Regierung in das hohe Haus des deutschen Volkes zu
schicken! Mitte November war gar ein untergeordneter
Detectiv der Prager Polizei als Candidat für einen
Wahlbezirk Böhmens aufgetreten, glücklicher Weise kam die
Wahl dieses „Stadthauptmannschaftsbeamten“, wie er sich
nannte, nicht zu Stande! Aber wer stand vor mir, eines
Morgens plötzlich, als ich im Begriffe war, in die
reformirte Kirche — denn dahin war die Nationalversammlung jetzt übersiedelt — zu treten? Lang, hager,
barok wie der Ritter von la Mancha, mit Augenbrauen,
so buschig wie ich deren noch bei keinem anderen Sterblichen gesehen, pflanzte sich der Kreuzercigarrengraf, dessen
ich zu Anfang dieser Skizzen ausführlich gedacht, leib-
haftig vor mir auf. Weiß Gott, welcher Wahlbezirk ihn
hergesandt!

Provocatorisch, wie es in seiner Art lag, war
er mit einem Sprunge in der Politik. Seinen Stock
mit leidenschaftlicher Heftigkeit in die Erde bohrend,
rief er: „Gewiß schwärmen Sie für die Ungarn! I
sag: die Ungarn müssen zertretten werden, zertretten,
zertretten, und wenn es unseren letzten Kreitzer und
unseren letzten Soldaten kosten sollt!“

Die Zeit war schon da, wo solche Gestalten den
Ton angaben und das sollte von da ab Jahre und Jahre
dauern. Die sogenannten „Gemäßigten“ begannen zu
wüthen in Worten und Thaten.

Wenn man im Herbst, nach einem Regenfalle, um die Stunde, wann es zu dunkeln beginnt, die Wege eines Parks hinwandelt, sieht man erstaunt ein Heer von großen und kleinen Kröten und fragt sich: woher so plötzlich die unheimliche Brut?

Auch persönlich Bedrohendes trat nun an mich heran. Ein Brief aus der Heimat brachte mir eine böse Kunde. „Du hast," schrieb mir mein alter treuer Schulfreund, Johannes Spielmann, „in den Octobertagen ein Gedicht drucken lassen, dessen Tragweite Du wohl kaum recht bedacht hast. Doch deshalb von mir keine Vorwürfe! ... Es lag von Seiten der hiesigen Behörden sicherlich keine Veranlassung vor, eines Gedichtes wegen, das bei uns gar nicht bekannt geworden ist, und gewiß keinen nachweisbaren Schaden angerichtet hat, gegen Dich vorzugehen, zumal als es, da in Wien erschienen, in die Amtswirksamkeit des Staatsanwaltes in Wien fällt. Dennoch hat ein edler Streber, unser neuer Staatsanwalt, sich dieser Improvisation bemächtigt und, wie ich aus sicherer Quelle erfahren, am 29. October eine Klage gegen Dich beim hohen Preßgericht (d. h. dem Kriegsgericht auf dem Hradschin) eingereicht. Wenn man die von ihm gestellte Motivirung acceptirt, wird gegen Dich vorgegangen: 1. wegen Schmähung des Landesfürsten mit der Absicht gegen ihn Abneigung zu erwecken, 2. wegen Aufforderung zum Aufruhr, 3. wegen Aufforderung zur Unterjochung des Vaterlandes durch einen äußeren Feind (hier deutsche Reichsarmee), 4. wegen Aufforderung zu gewaltsamer

Veränderung des österreichischen Kaiserstaates — denn alles dies hat der Mann aus Deinen Versen herausgelesen — Du kannst zwanzig Jahre schweren Kerkers davontragen! ... Ich würde Dir anrathen, einen Boden zu verlassen, wo u. s. w."

Ich war über diese Mittheilung tief bestürzt. Freund Spielmann war kein Mann der blassen Furcht, im Gegentheil. Er war, wie sein Brief zeigte, über die Einzelheiten der Anklage genau unterrichtet und sein Rath nicht ohne guten Grund. War ich noch sicher in Frankfurt? Würde die dortige Polizei mich schützen? Wer damals ausgeliefert wurde, der war gut aufgehoben, und wer einmal auf dem Hradschin oder in den Kasematten von Königgrätz saß, der saß auf lange Zeit. . . . .

Ja, ich hatte ein Gedicht an die Octoberkämpfer in Wien gerichtet, es war in einem halb belletristischen, halb politischen Blatte ohne besondern Einfluß erschienen, was war da mehr? In dieser Zeit dichtete Alles. Die Poeten der Rechten hatten fort und fort die Militärmacht aufgefordert, aus eigener Machtvollkommenheit „Ordnung" zu schaffen, mit Kartätschen gegen Parlament und Volk vorzugehen. Grillparzer hatte sein berühmtes Gedicht: „In Deinem (Radetzky's) Lager ist Oesterreich" geschrieben, Herr von Dingelstedt in Stuttgart war noch viel weiter gegangen; die „echt constitutionellen" Regierungen hatten keinem von Beiden ein Haar gekrümmt. Sollte nicht auch ein Poet der Linken seine Gesinnungen lyrisch äußern dürfen? Doch — jetzt waren andere Zeiten gekommen. . . .

Und noch Eines trat hinzu, den Stachel zu schärfen: der Staatsanwalt, der so gegen mich vorging, nicht etwa in einem Conflict der Pflichten, nein, ohne Drang und Nöthigung, dieser Mann, der über die Sphäre seiner eigentlichen Amtswirkung hinausging, um mich zu verderben, war mein Freund, wir duzten uns, kein Zerwürfniß hatte zwischen uns stattgefunden, wir waren in bester Freundschaft geschieden.....

Eine tiefe Trauer ergriff mich über das Erbärmliche und Niederträchtige in der Menschennatur und drückte mich zu Boden.

Aengstliche und trauervolle Briefe meiner Mutter, die durch Spielmann von der Gefährlichkeit der Sache unterrichtet worden war, mehrten meine innere Zerrissenheit und hielten mich in der tiefsten Verstimmung fest.

Um diese Zeit machte mir ein Frankfurter Verleger den Vorschlag, nach Paris zu reisen und ein Buch über die sociale Bewegung im republikanischen Frankreich zu schreiben. Ich nahm das Anerbieten an. Es war jetzt auch für den Kurzsichtigen klar geworden, daß Frankfurt nicht der Ort sei, wo etwas geschaffen werden würde. Die „Grundrechte" waren fertig ausgearbeitet, hatten aber keine Existenz. Alles war da — aber nur auf dem Papiere. Es waren Leute gekommen, die einen Thurm hatten bauen wollen, eine Burg mit festen Wällen, wie solche einem großen Volke geziemt. Ein Theil der Meister hatte gemeint, es sei vor Allem nöthig, ein Heer von Arbeitern in Dienst zu nehmen und einen gewaltigen

Schatz zu ſchaffen, dies Arbeiterheer zu beſolden. Man
müſſe altes, unnützes Gemäuer abreißen und Felſen
ſprengen, um feſte Fundamente und gute Keller zu
gewinnen. Der andere Theil hattte gegen alles dies
Einſprache erhoben und ſah die Rechte der alten Beſitzer
überall gefährdet. Darüber waren ſie in Streit und
Fehde gerathen und alles war in unnützen Reden verlaufen, und der Ort, wo dies geſchehen, hieß jetzt Babel.
Nun war die Arbeitszeit verſäumt, eine Schneedecke war
über alles Land gebreitet, Weihnachten kam heran. Trüben
in der Ferne ruhten die Schlachten, nur da und dort
knallte es, wenn ſie Einen ſtandrechtlich erſchoſſen. Die
Aufſtände in Böhmen, Krakau, der Lombardei, in Ungarn,
in Wien, in Mailand waren niedergeſchlagen. Welche
Stille jetzt, Weihnachten, das Chriſtfeſt naht! Predigt
den, der als Chriſt erſtanden iſt und die Welt erlöſet hat!

XII.

Neujahrsnacht in Köln.   Friedrich Freiligrath und Karl Marx.

In der Nacht, die das erſte Jahr der Revolution
zu Grabe trug und das zweite hervorrief aus dem Schooße
der Zeiten, in der Neujahrsnacht auf 1849 ſaß ich abermals in Köln, auf dem Wege nach Frankreich. Von
nah und fern, von den vielen Kirchen und Thürmen
tönten die Glocken durch die Nacht, erſchollen die Lieder

verspäteter Zecher, von Freudenschüssen und Jauchzen
unterbrochen, ich saß allein auf meinem Zimmer, warf
Holz in den Ofen und bereitete mich vor, den Rest der
Nacht zu durchwachen, bis zur Stunde, da mich der erste
Frühtrain nach Brüssel führen sollte.

Es thut wohl, einen Ort zu verlassen, wo man
mit einer Periode seines Lebens zum Abschluß gekommen.
Hat man irgendwo einen Lebensabschnitt durchgemacht
mit Hoffnungen, Plänen und Gedanken und sind die
Gedankenreihen abgespielt, die Pläne abgebrochen, die
Hoffnungen vertagt oder gescheitert, da thut man auch
wohl daran, sein Zelt abzubrechen von der Stelle, wo
dies alles geschehen und wie der Nomade des Orients
die neue Weide aufzusuchen. Nur ein Schwacher gefällt
sich darin, auf dem Kirchhofe seiner Täuschungen zu
wohnen und melancholisch herumzugehen im Herbstlaub,
das er einst grün gesehen.

Kaum zwei Tage war ich auf der Reise und schon
lag Frankfurt, wo ich acht Monate lang gelebt, hinter
mir wie ein unkenntlicher Traum. Fern und fremd,
wie die Herrlichkeit Karls des Großen oder die Tafel
runde des Königs Artus. Die schönen Attitüden des
Herrn von Gagern, die Glocke Gabriel Riesser's, der
Rechtsboden des Herrn von Vincke, die „historische"
Physiognomie des Ritters Anton von Schmerling, die
Wunder der Geschäftsordnung, das Einbringen und Zurück=
ziehen der Anträge, all' das Abstimmen mit weißen
Zetteln und blauen Zetteln, das ganze Thun und Lassen

jener großen Knaben lag hinter mir, fremd, sinnlos und gleichgiltig. Dem furchtbaren Ernste der Zeit gegenüber die Bemühung der Professoren uns ein deutsches Kaiser= thum auf theoretischem Wege zu schaffen! Ein Kyffhäuser= kaiserthum mit neuer Civilliste als Erledigung auf die große Frage der Zeit, die schließlich keine andere ist, als die Frage nach dem irdischen Glück! Nein, es that wohl, aus den sinnbethörenden Kreisen herauszukommen, wo man sich in solchem Spuk gefiel . . . .

Mögen sie weiter wirthschaften, dachte ich, diese Doctoren und Professoren, bis die Fürsten oder das Volk sie mit einem Fußtritt verabschieden von der Tribüne, die sie zu einem langweiligen Katheder gemacht. Was sie auch thun, es kommt doch dabei nichts heraus; laßt sie schwatzen, wie jene griechischen Sophisten, die nicht von ihren Bänken weichen wollten, als die neuen Völker, die Barbaren schon draußen standen, ganz nahe vor den Mauern und Thoren. Laßt sie weiter schwatzen, die sich feig nach oben, feig nach unten erwiesen und nun zwischen der Bekämpfung der „Anarchie von oben" und der „Anarchie von unten" sitzen bleiben, von den Fürsten verhöhnt, von den Völkern mißachtet. Laßt sie weiter schwatzen, sie sind der Ausdruck der alten thatlosen, vor= märzlichen Zeit in der ganzen Ohnmacht ihres Wesens, sie sind der Ausdruck der alten Welt in ihrer letzten Abnutzung. Das neue Jahr wird uns bringen, was das alte uns versagt hat, ich höre sein wildes Athmen schon im Schnauben des Windes, das über den Rhein daherkommt, ich sehe den weißen Schimmer seines Gewandes schon in jenem seltsamen Schimmer, der sich ausdehnt über die ruhende Stadt und die unermeßliche Gegend. Sei gegrüßt, neues Jahr.

So dachte ich, so sprach ich zu mir selbst in Köln, am Fenster in der einsamen Stube. Ich hatte den Sylvesterabend mit Karl Marx und Freiligrath bei einem gastlichen Engländer, Mister Keene von der „Daily News", zugebracht und die Anregung des Gesprächs zitterte noch in mir nach. Wir hatten mit dem Glase in der Hand der Wiener gedacht und der Ungarn.

Freiligrath war, als ich ihn besuchte, eben vom Schreibtisch aufgestanden, an dem er sein „Sylvesterlied an Ungarn" gedichtet. Auch auf manche kühne Zukunftslosung hatten wir angeklungen und so war ich unentmuthigt darüber, daß das Jahr 1848 mit der Unterdrückung der Revolution ringsum und an allen Orten schloß. Wir hielten diese Unterdrückung vorerst noch für eine scheinbare. Und doch, die Macht der Thatsachen ist groß, man lehnt sich vergeblich gegen dieselben auf. Mir war, als erscheine die Wahrheit nur auf der Erde, um nicht durchzudringen, das Recht nur, um zu unterliegen. Es war mir, als erschiene das Feuer der Leidenschaft und der Begeisterung nur darum, um zu beleuchten, wie starr und unbeweglich die Massen sind, es war mir, als würden die Revolutionen nur gemacht, um die an's Ruder zu bringen, die sich verkrochen hatten, indeß die Andern ihr Leben wagten.

8*

Ein drittes Mal war Deutschland mit seinen Fürsten in Verhandlung getreten, ein drittes Mal war es getäuscht worden. Im Jahre dreizehn hatten die Fürsten für die Befreiung vom Drucke Napoleons freie Verfassungen versprochen. Das Volk traute den Zusagen, erhob sich und machte der Fremdherrschaft ein Ende. Aber kaum war der Sieg errungen, da waren die Versprechungen vergessen, und die Männer, die am lautesten und besten gesprochen, wanderten in den Kerker.

1830 war es nicht anders gewesen. Noch einmal erschraken die Fürsten und einige wurden gezwungen, ihren Völkern Verfassungen zu geben: es waren Scheinverfassungen. Zur Gründung einer kräftigen und fortschrittlichen Centralgewalt kam es nicht. Es war ein Schritt vorwärts geschehen, aber stand er im Verhältniß zu den berechtigten Forderungen einer so großen Nation?

Nun knüpfte sich 1848 daran. Was war es gewesen, dieses Jahr? Ein ungeheueres Ringen, mit Blut, Aschenhaufen, Verarmung, drei Schritte vorwärts gethan, um zwei zurück zu thun, nur damit die schönrednerische Opposition der alten Ständekammern an's Ruder käme. Die staatliche Einigung Deutschlands war nicht gelungen, Deutschösterreich von Slaven bedroht und in Gefahr für Deutschland ganz verloren zu gehen. Vom Parlamente in Frankfurt, das eine rein declamatorische Anstalt geworden, war nichts mehr zu erwarten. Der Septemberaufstand hatte ihm den letzten Athem ausgeblasen. Zwei „Errungenschaften", wie man damals sagte,

hielten sich noch: die Freiheit der Presse und das Versammlungsrecht. Aber wie lange würden sie noch bestehen?
Offenbar nur so lange, als das Volk den Thronen gegenüber eine drohende Haltung einnahm.

Was also sollte, konnte noch werden? Noch war
Ungarn nicht völlig besiegt, in Italien bereiteten sich,
unsern Nachrichten zufolge, große Veränderungen vor.
Vielleicht war das Einschlummern der Welt doch nicht
zu erwarten, vielleicht das Gegentheil! Aber der Begriff
der Revolution mußte tiefer gefaßt werden, es mußten
neue und gewaltigere Kräfte herangezogen werden. „Vorwärts" und „durch!" mußte Losung sein. Kam noch
einmal die Welt in's Glühen, so konnte vielleicht Deutschland aus der zerbrochenen Form hervorgehen, ein Ganzes
an Macht und Größe . . . .

1848 hatte keinem der Sechsunddreißig die Souveränetät genommen. Nun war 1849 da. Vielleicht
würde nach dem Jahre der Putsche das Jahr der deutschen
Revolution kommen . . . .

XIII.

Paris während der Republik. — Wiedersehen mit Heinrich Heine.

Es war kaum Sechs Morgens, als wir im Bahnhofe abgesetzt wurden. Der Morgen dämmerte kaum
und ein feuchter, stickender, übelriechender Nebel hüllte

die Stadt in undurchdringliche Schleier. Einzelne Pikets
Soldaten lagen im Bahnhof, die Wachtfeuer qualmten
und beleuchteten bärtige Gesichter unter grauen wollenen
Kapuzen. Kein Laut nah oder fern, kein Ton, kein
Licht kam aus dem Häusermeer herauf, das in der Tiefe
unabsehbar ausgebreitet lag.

Eine abscheuliche Nacht lag hinter mir. Wir waren
langsam in die weiten Schneefelder hineingefahren, von
Zeit zu Zeit aufgeschreckt durch das Festsitzen der Loco=
motive im Schnee oder das Versagen der Räder auf dem
Glatteis. Die Zahl der Reisenden, die schläfrig und
verdrießlich aus den Coupés hervorkrochen, war unge=
wöhnlich klein und bestand meist aus belgischen Kauf=
leuten. Sie stiegen in die erwartenden Omnibus, ich
nahm mein Gepäck in die Hand, trug es in ein Cabriolet
und befahl dem Kutscher, ins Quartier Latin zu fahren.
Ich hatte in der mehr als bescheidenen Wohnung, die
ich zuletzt vor zwei Jahren innegehabt, meine Ankunft
bereits angekündigt.

Nun war ich wieder in Paris. Wie würde ich es
bei Tage wiederfinden, dies Paris, das ich als schöne
und heitere Stadt verlassen hatte? Die Februarrevolution,
die fast ohne Kampf und Blutvergießen in die Welt
getreten, war ja bald verwildert und hatte zu den furcht=
baren Proletariatskämpfen des Juni 1848 geführt.

Das Terrain, auf dem ich mich befand, mußte mich
daran erinnern. Dort, die Anhöhe zwischen der Barrière
Poissonière und der Barrière Rochechouart war eines

der blutigsten Schlachtfelder des Juni gewesen. Wer
hatte nicht vom Kampf im Clos St. Lazare gelesen!
Es liegt in der Nähe. Auf der runden Place Lafayette,
zu der wir jetzt kamen, erhebt sich malerisch die Kirche
Vincent de Paul, ich sah sie in unbestimmten Umrissen
durch den Frühnebel schimmern. Abermals ein Schlacht=
feld: die Kirche war am 23. Juni des vorigen Jahres
eine Citadelle der Insurrection geworden. Stundenlang
arbeiteten die Kanonen gegen die haushohen Barrikaden,
die sie von allen Seiten umschlossen, ein Theil der Bürger=
garde dieses Stadttheils war zum Proletariat über=
gegangen und focht mit erbitterter Wuth. General
Lefèvre war in dieser Gegend gefallen.

Nun begann die Straße jäh hinabzugehen, der Kutscher
stieg ab, das Pferd zu führen, das bei jedem Schritte
ausglitt.

Noch immer kein Mensch, kein Ton, kein Licht.
Nichts, was sich rührte oder bewegte, alles ausgestorben,
öde, wie in einer fabelhaften Todtenstadt.

Endlich waren wir in besser aussehende Gassen
gelangt, kreuzten den Boulevard und fuhren durch das
schwarze Labyrinth, das mit der Rue Montorgeuil anfängt
und mit der Kirche St. Eustache endet, dem Innern der
Stadt zu. Wir kamen auf die Place des Innocents.
Hier ward es noch häßlicher. Die Regierung, die bereits
dem später von Louis Napoleon weiter verfolgten Prin=
cipe huldigte, daß die alten, gefährlichen Festungen der
Insurrection geschleift, und an ihrer Stelle breite Straßen

geschaffen werden sollten, hatte hier bereits großartige
Demolirungen vornehmen lassen. Dadurch hatte dieser
Stadttheil ein wahrhaft grauenhaftes Aussehen bekommen.
Von dem Knäul alter, baufälliger Häuser, die seltsam
zusammengedrängt eine scharfe Ecke in den Markt hinein
bilden, war schon die Hälfte abgetragen. Zackig starrten
die Ruinen in den Himmel hinein. Wie aufgerissene
Leichen standen die Häusertrümmer da, ein Chaos von
Schutt und Baugerüst. Die schwarzen Rußstreifen der
einstigen Schlote glichen, wie sie zickzack durch alle Stock=
werke liefen, schwarzen, schlaff herabhängenden Fahnen.
Nicht häßlicher kann Feuer und Krieg entstellen, als hier
die Haue und das Brecheisen des Arbeiters. Dieser
Häuserklumpen erschien mir als das Bild von Paris nach
der Junischlacht,

urbis deforme cadaver.

Wir kamen zur Seine. Ruhig, den Widerschein
der Gaslaternen von Brücken und Quais spiegelnd, floß
die Seine dahin und umschloß mit ihren Armen die alte
Cité, über deren graue gieblige Häuser die Thurmstumpfe
der Notre=Dame aufragen. Es war, als läge ein phan=
tastisches Felseneiland oder ein ungeheures Geisterschiff da.

Im Quartier St. Germain, das wir jetzt nach
langer Fahrt erreicht hatten, regten sich schon die ersten
Lebenszeichen der erwachenden Stadt. Eine ganze Armee
trauriger Gestalten war auf den Beinen. Die Gassen
kehrer, die zuerst erwachenden Kinder der großen Städte,

standen dort in Reih und Glied, den Besen auf der
Schulter, um an ihre Arbeit zu gehen. Lumpensammler,
und deren Weiber, den Korb auf dem Rücken, die Harke
in der einen, die Laterne in der anderen, irrten von
Winkel zu Winkel und suchten schweigend und tiefsinnig
nach Schätzen von dem Werth eines Glasscherbens oder
eines Stückes Papier. Einzelne Schnapsbuden hatten
sich aufgethan; bei dem Stümpschen Licht, das die Spelunken erleuchtete, that das frühwache Volk seinen Morgen-
trunk. Es war ein unheimliches Bild: wer Paris zu
solcher Stunde und mit solcher Staffage nach längerer
Abwesenheit wiedersah, mußte meinen, es sei mit Glanz
und Schönheit vorbei. Es war, als sei sie zur Metropole des Elends herabgesunken, die Stadt, die noch
unlängst der Ballsaal, das große Freudenhaus Europa's
gewesen.

Und doch fand ich Paris, als ich einige Stunden
später auf die Straße hinauskam, so gut wie gar nicht
verändert. Aeußerlich war Alles beim Alten geblieben.
Dasselbe Gedränge auf den Trottoirs, dasselbe Durch-
einander von Röcken und Blousen, dasselbe Gerassel von
Karren und Wagen. Omnibusse von allen Farben rollten
dahin, um so neuer, weil von den alten so viele bei
Barrikaden Verwendung gefunden, hoch auf ihnen thronend
die Kutscher mit den farbig gefirnißten Hüten. Dieselben
Verkäufer, jeder an den hundert Orten mit seinem eigenen
Rufe und dadurch kenntlich wie die Vögel im Walde.
Dieselben Modeladen mit neuem Flitter und in ihnen

dieselben Comptoirdamen mit demselben Lächeln für den eintretenden Käufer: das gesellige Winterleben hatte bereits begonnen. Dieselben Zettel mit wunderbar großen Lettern an den Ecken — nicht etwa wie im Vorjahr Manifeste und Aufrufe zum Schreck aller Wohlgesinnten, sondern, ganz wie in alter Louis-Philippistischer Zeit, die Zettel der vierunddreißig Pariser Theater und nebenbei die Verkünder musikalischer und choreographischer Puffs: Jardin d'hiver, fête venetienne, fête romaine. „Zehntausend Gasflammen!" Dieselben Herren in feiner Toilette, das Bändchen der Ehrenlegion doppelt in Rock und Ueberzieher, dieselben Grisetten im schwarzen Kleid, in der einfachen Haube, die große Putzwaarenschachtel in der Hand.

Das Wetter war sonnig und mild. Ich schritt durch das Palais Royal, es war der glänzende Bazar von ehedem. Die Laden nicht geschlossen, wie noch unlängst in den Zeitungen zu lesen war, sie funkelten von Schmuck und Juwelen und buntem Trödel aller Art wie ehemals. Ein Flügel des Palais war Kaserne geworden. Ein Regiment Elsässer war dort einquartiert, Trommeln wirbelten unter den Arkaden, aus den Fenstern, in denen die Soldaten plaudernd lagen, klang ein deutsches Volkslied heraus.

Ein unermüdlicher Begleiter auf Schritt und Tritt war mir Herr Louis Napoleon. Von allen Schaufenstern der Buch- und Bilderhandlungen sah die schon verwetterte Maske des Weltmannes mit den stark gesteiften Schnurrbartspitzen heraus; ein Gesicht, an welchem alle Schnei-

chelei der Retouche scheiterte. Daneben den Todtenkopf
Cavaignac's, und — welche Ueberraschung — die große
österreichische Trias: Jellacic, Radetzky, Windischgrätz.
Aber ich war ja im aristokratischen Viertel, im Quartier
der Börse.

Das Gewühl auf den Boulevards war nicht gelichtet.
Dort wogten, wie sonst, die Menschenströme, wogten von
morgens bis abends und versiegten nicht. Neue Passagen
hatten sich geöffnet und prunkten mit großartigen Waaren-
lagern. Auch die kleinen Blumenmärkte an den Straßen-
ecken waren noch da, schmucke Verkäuferinnen banden
schon Veilchensträuße. Unter Louis Philipp hieß es,
daß Paris täglich für drei Tausend Franken kleine Veil-
chen- und Rosensträuße verbrauche, auch diese Passion
hatte sich noch erhalten.

Endlich doch etwas, was wie eine Mahnung an
die veränderte Staatsform aussieht. Dort steht ein
„Freiheitsbaum". Freilich sind die Tage ferne, da er
grünte und in seinem Wipfel die Freiheitsmütze und die
tricolore Fahne trug. Der Baum, eine italienische Pappel,
ist schlecht fortgekommen. Er kränkelt wie die Republik
selbst, seine Fahnen sind mißfarbige Fetzen, kahl und
laublos streckt er die Aeste in den winterbleichen Himmel...

Merkwürdig war mir auf dem Boulevard des Capu-
cines ein altes Haus mit hohen Schornsteinen, von alten
ästigen Lindenbäumen beschattet, das hinter einer Vor-
hofmauer mit großem Portal gleichsam verschanzt lag:
das Ministerium des Aeußern, ehedem die Wohnung

Guizot's. Von da hatte die Februarrevolution ihren
Ausgang genommen. Hier war die erste mörderische
Salve aufs Volk gefallen, bald darauf waren die Leichen
auf Karren geschlichtet, die Fackeln angesteckt und „Rache!"
„Rache!" wurde gerufen, bis die Glocken zu stürmen
anfingen..... Am Morgen des anderen Tages war
Paris eine Festung. 1512 Barrikaden standen errichtet,
zu denen allein, wie genau berechnet worden, 4013 Baum=
stämme und 1,277.000 Pflasterwürfel in Verwendung
gekommen, ungerechnet des übrigen Materials an Wagen,
Balken, Möbeln, das aus jedem Hause herbeigeschafft
worden war. Jetzt lag ein mehr als klösterlicher Ernst
auf dem Hofraum und dem dahinterstehenden schwarzen
Hause Guizot's. Zwei Wachen, die vor dem Thore auf=
und abgingen, schienen hier das einzige Lebende zu sein;
auf der Mauer war: Liberté, Fraternité, Egalité zu lesen.

Nachdem ich zu Mittag gegessen, setzte ich meinen
Spaziergang durch Paris fort. Ich fand den Eintrachts=
platz wie ehedem mit Spaziergängern, Equipagen, Reitern
belebt. Wie groß und prächtig war Alles! Von der
andern Seite der Seine blickt das Haus der Deputirten=
kammer wie ein griechischer Tempel herüber, dort, wo
sich die „Rue nationale" weit öffnet, schaut die Madeleine=
kirche, auf der ruhigen Pracht ihrer Säulen ruhend, wie
ein zweites griechisches Götterhaus herüber. Paläste von
allen Seiten: von fern herblickend die Tuilerien, davor
der herrliche Park mit weißen Marmorstatuen bevölkert,
auf der anderen Seite der menschenbelebte Wald der

elyséeischen Felder, von der Avenue de Neuilly durch=
schnitten, über die sich der Arc de l'Etoile groß und
mächtig erhebt. Und auf dem Platze Fontainen, wo sich
steinerne Flußgötter das Wasser ins Gesicht speien, ver=
goldete Candelaber, der Obelisk des Aegypterkönigs
Osimandias, der Moses und Pharao, Cäsar und Pom=
pejus, Herodot und Napoleon gesehen hat.

Die Sonne schien so warm, als wolle sie der Welt
im tiefsten Winter einen Maitag schenken. Immer reicher
und üppiger wird das Menschengewühl. Stattliche Wagen
kommen herangefahren und rollen den elyséeischen Feldern
zu, es ist die Stunde, um welche Louis Napoleon die
gewohnte Ausfahrt zum Arc de l'Etoile macht. Da
kommt er, er sitzt in einem offenen zweispännigen Kutschir=
wagen, Americaine genannt, der russische Gesandte Graf
Orloff sitzt zu seiner Linken. Er sieht leichenblaß und
kränklich aus, kein Zug seines Gesichtes bewegt sich, indeß
die Hand, mechanisch grüßend, den Hut lüftet.

Wie sich Alles herandrängt, ihn zu sehen, wie sie
ihm den Hof machen, die noch vor einem Monat über
den Attentäter von Straßburg und Boulogne spotteten!
Es war, als habe Paris nur den Herrn gewechselt, sei
aber im Uebrigen das alte geblieben...

So war ich in die Nähe der Rue d'Amsterdam
gekommen. Dort hatte Heinrich Heine, wie ich aus
mittlerweile erhaltenen Briefen erfahren, eine neue
Wohnung, Nr. 50, bezogen. Ich machte mich dahin
auf den Weg.

Es dämmerte bereits — die Sonne geht im Januar bald nach Vier unter — nur mit Mühe fand ich in der schlechtbeleuchteten Straße die Nummer. „Monsieur Liné, au second, au fond!" sagte die Hausbesorgerin. Ich stieg hinan, klingelte an der mir bezeichneten Thüre, ein schwarzbraunes Mulattengesicht grinste mir freundlich entgegen: treten Sie ein! Ich schritt auf den Zehen vorwärts. Auf dem Simse eines kleinen Kamins brannte eine beschattete Lampe, eine spanische Wand schied das ohnehin kleine Zimmer in zwei Abtheilungen. In der dunklen Abtheilung stand das Bett. Qui est là? hatte es gefragt — ich nannte meinen Namen. Ich hörte ein Ah! der Ueberraschung und als ich näher trat, streckte sich mir eine feine Hand entgegen, die ich heute noch vor mir sehe... Sie war so zart und weich, man fühlte alle Knöchelchen durch, und diese schienen in einer gallertartigen Masse zu schwimmen.

Vor zwei Wochen hätte ich den Tod für wahr=scheinlicher gehalten, als daß ich abermals nach Paris kommen und Heine wiedersehen sollte. Auch ihm kam mein unangekündigtes Erscheinen sehr überraschend. Ich hielt die wunderzarte Hand noch immer fest. Im tiefsten Gemüth ergriffen, suchte ich vergebens nach Worten. Wie verändert fand ich ihn wieder! In Montmorency war er noch aufrecht, seiner Glieder mächtig gewesen, jetzt, in der weit kleineren, geradezu ärmlichen Wohnung in der Rue d'Amsterdam traf ich ihn ganz abgezehrt, beinahe blind, als Einen, der das Schmerzensbett seit Jahr und Tag nicht verlassen.

Er erzählte von den schrecklichen Fortschritten, die seine Krankheit gemacht.

„Sehen Sie, lieber Freund," sagte er schmerzlich, aber mit dem alten ironischen Lächeln, das ihm auch später noch blieb, „da haben Sie in Ihrem „Ziška" von den alten böhmischen Sansculotten, den Adamiten, erzählt. Sie haben wohl nicht geahnt, daß einmal auch Ihr Freund sich zu dieser Secte bekennen werde. Und doch ist es so, es ist so. Nun ist es schon mehr als ein Jahr, daß ich ein Adamit bin und die Blöße meiner Beine nicht mehr bekleide. . . ."

Er richtete sich auf seinen Kissen empor und sprach davon, wie er die Zeit verlebt, in der wir uns nicht gesehen. Er erzählte von seinen fast ohne Unterbrechung wüthenden Schmerzen, von der schrecklichen Hiobspein, welche nun schon so lange dauerte. Er schilderte, wie er sich selbst gleichsam ein Gespenst geworden, wie er als ein abgeschiedener und in einem Zwischenreiche lebender Geist herabsehe auf seinen armen, gebrochenen, gefolterten Leib. Er schilderte, wie er in Bildern und Intuitionen in der Vergangenheit lebe, wie er zwar noch schreiben, dichten, schaffen möchte, und wie dann das blinde Auge, die unsichere Hand, der immer wiederkehrende Schmerz wieder Alles vernichte. Er schilderte seine Nächte mit ihren Qualen, in denen der Gedanke des Selbstmordes immer wieder an ihn herankrieche, bis er Kraft genug gefunden, ihn wegzuschleudern in Erinnerung an seine Frau und manche Arbeit, die er noch vollenden wolle ——

und wahrhaft entsetzlich war es, als er zuletzt mit furcht=
barem Ernste und mit gedämpfter Stimme ausrief: „Denken
Sie doch an Günther — Bürger — Lenz — Heinrich
von Kleist — Hölderlin — den unglücklichen Lenau — es
liegt doch ein eigener Fluch auf den deutschen Dichtern...."

So klagte er, und wahrlich, er durfte klagen! Er
war schrecklich weit im Niedergange angelangt, seitdem ich
ihn zuletzt gesehen. Sein körperliches Leiden hatte ihn
hilflos wie ein Kind gemacht, es gab fortan für ihn
keinen Tag ohne furchtbare körperliche Schmerzen. Aber
auch seine materielle Lage hatte sich sehr verschlimmert
und war, da vorderhand an literarischen Erwerb nicht
gedacht werden konnte, kläglich. Diese veränderte Lage
sprach sich in Allem aus, in seiner Wohnung, die nur
zwei Fenster auf die Gasse hatte, in seiner Bedienung,
die von einer alten Person, einer Mulattin oder Creolin,
die zugleich als Wärterin und Köchin fungirte, versehen
wurde: in der ganzen Reduction seines Haushaltes, der
weniger als bescheiden war. Die Sache verhielt sich
folgendermaßen: Vom Jahr 1837 an hatte Heine aus
der Casse des Ministeriums des Aeußern ein Jahrgeld
von eintausendfünfhundert Franken bezogen, diese Hilfs=
quelle, die ihm zehn Jahre hindurch einen bescheidenen
Comfort ermöglicht, hatte mit dem Sturze des Mini=
steriums Guizot aufgehört.

Die Annahme dieses Jahrgeldes ist Heine sehr ver=
übelt und zu einem Acte halben Vaterlandsverraths
gestempelt worden: ich glaube aber nicht, daß sie die

schlimme Auslegung verdient, die sie damals, unmittelbar
nach ihrem Bekanntwerden durch eine Publication der
„Revue Retrospective" — gefunden und größtentheils
noch jetzt findet. Man muß die Dinge aus ihrer Zeit
heraus betrachten. Heutzutage käme die Annahme französischen Geldes von Seiten eines deutschen Schriftstellers
einer Infamie gleich, damals aber hatte der exclusiv
nationale Standpunkt seine Geltung verloren. Das Frankreich der Julirevolution gerirte sich als der Ausdruck der
liberalen Ideen in Europa. Es war aber auch eine
friedfertige Epoche herangekommen und Niemand glaubte
mehr an die Wiederaufnahme alter nationaler Zwiste.
Diese Gelder waren, wie Heine sich ausdrückte, „das
große Almosen," welches das französische Volk vielen
Tausenden von Fremden spendete, die sich durch ihren
Eifer für die Sache der Revolution in der Heimat compromittirt hatten." Nicht Louis Philipp, das Frankreich
der Juli-Revolution zahlte diese Summe aus. Auf der
Pensionsliste standen Exulanten aus allen Ländern, Schriftsteller wie Mickiewicz, Staatsmänner wie Godoy, Generale,
Gelehrte, Notabilitäten aller Art. Mit dieser Pension
hatte Heine keine Verpflichtung irgend welcher Art übernommen, wie denn auch nicht der geringste Dienst von
ihm begehrt worden ist. Und anstatt daß er ein
Schmeichler geworden wäre, machte er in seinen Corre-
spondenzen für die „Allgemeine Zeitung" kein Hehl
daraus, daß die Juli-Monarchie nur das Wenigste von
dem gehalten habe, was sie versprochen.

Wir dürfen es bedauern, daß ein in den wichtigsten Menschheitsfragen so unabhängig denkender Mensch den Stolz, den er den deutschen Regierungen gegenüber bewahrt hatte, nicht auch gegen die französische Regierung kehrte. Aber die ihn wegen der Annahme dieser Unterstützung tadeln, sollten zuvor nachweisen, wie er ohne diese bei seiner Art zu produciren und bei deutschen, damals üblichen Honoraren überhaupt in Paris hätte existiren sollen? Die Stoiker haben leicht reden: allerdings muß man eingestehen, daß Heine zum sich selbst aufopfernden Märtyrer gar keine Anlage hatte.

Der Hilfe verlustig, die bisher seinem Leben etwas Behagen geliehen, durch seine Krankheit und den Sturm der Zeit um die Aussichten auf literarischen Erwerb gebracht, dabei von allen Seiten angegriffen und in den Augen Vieler an seiner Ehre geschädigt, hatte für ihn eine schreckliche Zeit begonnen, die mit seiner heiteren, sonnenhellen Vergangenheit entsetzlich contrastirte. An= feindungen, Widerwärtigkeiten, Nahrungssorgen, mora- lische Qualen aller Art traten heran, den schon durch seine Krankheit Gefolterten auch geistig hundertfach zu peinigen.

Dabei ist zu bedenken, daß eine Zeit herangebrochen war, die alle seine Hoffnungen und Ueberzeugungen negirte und die bisherige Arbeit seines Lebens für Irrthum oder Wahnsinn zu erklären schien. Es war, als sollte die Zeit zurückgeschraubt werden bis zur Nacht des tiefsten Mittelalters.

Alle seine alten Feinde waren rege geworden. Man schilderte ihn als einen Harlekin, der aus Siechbett gekommen und bald statt der Pritsche, die er einst geführt, zum Rosenkranz greifen werde. Er wurde als ein Wüstling hingestellt, der allmälig bis zur Entnervung herabgesunken.

Die Krankheit, der er erlegen, wurde von moralisirenden Federn als die gerechte, selbst heraufbeschworene Nemesis eines verworfenen Lebens bezeichnet. Ein Leiden, das ihn ebensogut hätte treffen können, wenn er als der ehrsamste Kleinbürger in der ehrsamsten deutschen Stadt gelebt hätte, mußte kommen, um seinen Renommagen von tollem Liebesglück, den Fanfaronaden der Laune den Anschein der Wahrheit zu geben! Wir sprachen lange darüber und er schloß ein großentheils medicinisches Gespräch mit den Worten: „Glauben Sie mir, ich habe moralischer gelebt, als die meisten der Menschen, die mich der Unmoralität zeihen. Nie, im ganzen Leben, nie, habe ich eine Unschuld verführt oder eine Ehefrau zur Untreue verleitet.

Ist das nicht sehr merkwürdig?

Können viele Menschen dasselbe auch von sich behaupten?

Wird es mir Jemand glauben? Es ist doch so."

Und nach seiner Art, den ernstesten Ton in den spöttischsten umschlagen zu lassen, fügte er hinzu: „Ich habe mir am Abende meines Lebens keine Vorwürfe zu machen. Ich habe nie ein Mädchen verführt und nie

9*

eines verlassen. Ich bin nie der erste Liebhaber und nie der letzte gewesen!"

So hatte ich Heine bei unserem Wiedersehen am 2. Januar 1849 gefunden.

XIV.

Der Italiener in der Rue Copeau. — Das Quartier der Brotlosen.

Am Morgen meiner Abfahrt von Köln war in aller Frühe Karl Marx zu mir gekommen und hatte ein ziemlich großes Packet, in ein unscheinbares graues Papier gewickelt und mit Oblaten zugeklebt, unter seinem Mantel hervorgezogen.

„Daß Sie eben heute nach Paris abgehen," sagte er, „kommt mir sehr gelegen. Ich möchte Sie bitten, dies Packet in Ihren Koffer zu legen. Sie erweisen uns und unserer Sache einen Dienst. So kurz auch unsere Bekanntschaft ist, ich vertraue unbedingt Ihrer Discretion und Umsicht."

Ich erklärte meine Bereitwilligkeit, Marx zu dienen, und er fuhr fort:

„Sorgen Sie nur, daß es nicht in unrechte Hände fällt. Sie wissen, in Frankreich herrscht jetzt das Kriegsgesetz. Am besten, Sie verbergen es in Ihrer Wäsche. Die Polizei des Herrn Louis Napoleon ist dieselbe wie aller Monarchien: darum Vorsicht! Ein Reisender, der

vor vier Tagen Livorno verlassen hat, hat uns das Ding
zur Weiterbesorgung übergeben. Es geht an einen Herrn
Sarpi, einen Italiener — auf diesem Zettel, den Sie
bewahren wollen, ist seine Adresse. In Paris bewahren
Sie das Packet nicht lange. Zur Abgabe wählen Sie
die Abendstunde, da wird man weniger beobachtet. Sollte
man im Hause die Anwesenheit des Adressaten verleugnen,
so sagen Sie Folgendes:

La verrue de Tom disparaitra au bout d'une
quinzaine. (Im Laufe von zwei Wochen wird Tom's
Warze verschwunden sein.)

Mit diesem „„Sesam"" wird sich Ihnen die Thüre
sofort öffnen."

Ich hatte das Packet heil und unbeanständet nach
Paris gebracht und es den ganzen Tag mit mir herum-
getragen. Aber es brannte mich in der Tasche. Nun
war die rechte Zeit gekommen, es abzugeben. Kaum
hatte ich Heine verlassen, als ich schon Anstalten traf,
mich meines Auftrages zu entledigen.

Es war zwischen acht und neun, die Boulevards
hinauf und hinab, von der Madelaine bis zur Pforte
St. Martin wogte der große lärmende Jahrmarkt, die
ewig lustige Kirmeß. Wie offene gelbrothe Tulpen in
unabsehbar langen Zeilen flackerten die Gasflammen auf
ihren Candelabern, wie Leuchtkäferschaaren flogen die
tausend Wagenlaternen dahin. Kaufläden prangten bis
in den Mezzanin hinauf wie phantastische Schlösser, in
denen Teppiche, Tücher, Bronzen, Vasen und funkelnde

Juwelen ausgelegt ſind. Auf dem Trottoir vor den
Theatern und den Cafés drängte ſich die Menge in der
lauen Winternacht.

Ich verließ das Alles und ging, meinen Auftrag
auszuführen, mitten durch das Labyrinth der inneren
Stadt über die Seinebrücke. Die mir von Marx gegebene
Adreſſe wies mich an's äußerſte Ende des Faubourg
Monceaux. Die Rue St. Jacques hinanſteigend, kam
ich am Pantheon vorbei, deſſen ſäulenunterſtützte Kuppel
mit ungewiſſen Contouren durch den Winternebel blickte,
und befand mich bald in einem der traurigſten Viertel
von Paris. Immer enger wurden hier die Gaſſen,
ſchwarz und drohend wie Felswände; ſie ließen nur einen
ſchmalen, dunkelgrauen Streifen Himmel ſehen. Ich gerieth
in die Rue Mouffetard, in's Quartier der Brotloſen.
Eine ſeltſame Welt! Alles wimmelt von Menſchen, und
ſie ſcheinen eine andere Sprache zu ſprechen, jedes Haus
gleicht einem durcheinandergewühlten Ameiſenhaufen. Hier
iſt kein Rock zu ſehen, die Blouſe herrſcht unbeſchränkt
und die Kappe ſitzt ſchief auf den ſchwarzen ſtruppichten
Köpfen der Männer. Weiber mit undenklichen Hauben
keiſen und ſchreien, elendgekleidete Kinder lärmen vor den
Rinnſteinen. Ebenerdige Kneipen laſſen durch die Vor=
hänge ein zweifelhaftes Licht auf's feuchte Pflaſter fallen,
ſie widerhallen von Lärm und Geſang und erfüllen die
Atmoſphäre mit alkoholiſchen und brenzlichen Gerüchen.
Laternen hängen über den Thüren, Zettel mit Ziffern
ſchwanten darunter, hier wird blauer Kunſtwein der Liter

zu zwei und vier Sous geschänkt. Waarenlager seltsamer
Gattung gibt es von Haus zu Haus: altes Eisengeräth,
altes Kleiderzeug, undenkliches Geräthe aller Art ist in
diesen Spelunken aufgespeichert. Zerrissene Hemden und
geflickte Kleider hängen bei den Fenstern heraus. Da und
dort liegt Obst und Fleisch von erbärmlichstem Aussehen
zum Verkauf. Viele Leute stehen mitten auf der Straße,
meist Männer, alle von wildem Aussehen, mit schwarzen
Augen, schwarzem Bart. Hinter den beleuchteten Fenstern
arbeiten Frauen und Mädchen bis tief in die Nacht
hinein. Alles ist arm hier, doch Niemand streckt die
Hand nach einem Almosen aus. Es ist ein gar berüchtig-
tes Viertel, das bei jedem Aufstand seine Leute hinaus-
geschickt: auf der Schulter eine alte Flinte, mit Fenster-
blei und Nägeln geladen, zieht der Arbeiter aus, wenn
es „losgeht“.

Wann wird die Trommel hier wieder wirbeln?
dachte ich und war bis an das Eckhaus der Rue Copeau
gekommen. Endlich hatte ich das Haus gefunden, in
dessen drittem Stockwerk mein Italiener wohnen sollte.
Die Hausthüre war unverschlossen, aber der Flur stock-
dunkel. Ich zündete mein Feuerzeug an und stieg auf
einer steilen, schmalen Treppe mit starkausgetretenen Stufen
in die Höhe. Es war wie im Schacht eines Bergwerks.

In der dritten Etage angelangt, fand die herum-
tastende Hand endlich den Drücker einer Thüre. Ich
klopfte und stand vor einer Küche, eine alte Magd in
einer weißen Haube trat mir entgegen.

„Signor Sarpi?" fragte ich.

„Mir unbekannt," war die Antwort.

„Das thut mir leid. Uebrigens wird Toms Warze in zwei Wochen verschwunden sein."

„Ah so, dann treten Sie ein."

Die Magd klopfte an einer Thüre nebenan.

Ich hatte nach dem Aussehen des Hauses erwartet, in die armseligste aller Wohnungen zu treten, aber dem war nicht so. Ich stand in einem netten, reinlichen Zimmer. Ein schwarzer Lehnstuhl war da, ein Sopha, über dem ein schottischer Plaid ausgebreitet war, an der Wand hing ein Spiegel. Vor einem mit Büchern, Zeitungen und verschiedenen Schriften bedeckten Tische, auf dem eine Lampe brannte, saß mein Italiener und schrieb.

Er erhob sich, ein schlanker Mann in den Vierziger Jahren, das Gesicht von einem schwarzen Vollbart umschattet. Dies Gesicht, wenn auch auf den ersten Blick nichts weniger als einnehmend, hatte den Ausdruck tiefen Ernstes und eines grübelnden Geistes. Ich über=reichte das Packet. Signor Sarpi wog es eine Weile in der Hand, während seine Augen scharf prüften, ob alles darin in Ordnung. . .

„Sie kommen direct von Köln?" fragte er, indem er mich mit einer Handbewegung einlud, auf dem Sopha Platz zu nehmen.

„Direct."

„Und das Packet war unlängst dort angekommen?"

„So viel man mir gesagt hat, hatte es ein Reisen=
der aus Livorno soeben gebracht."

Signor Sarpi schien sehr befriedigt und wiederholte
mehrmals: „ich danke, ich danke!" Dabei spielte ein
Lächeln um seine Lippen, als ob er dächte: damit, junger
Mensch, hättest Du Dir die Finger verbrennen können!

In seinem weißen Hemde blitzte eine kleine Demant=
nadel.

Nun erkundigte er sich mit guten Manieren, doch
nur wie abwesenden Geistes nach Mr. Keene's und Karl
Marx' Befinden. Kaum hörte er, was ich antwortete.
Ich sah, daß er von Verlangen brenne, den Inhalt des
Packets, das er mittlerweile auf den Schreibtisch gelegt
hatte, kennen zu lernen, es aber nicht in meiner Gegen=
wart öffnen wollte.

Dieser Situation ein Ende zu machen, entfernte
ich mich.

Ich war froh, als ich aus dem unheimlichen Viertel
heraus war.

Ich hatte das Packet mit seinem problematischen
Inhalte fast vergessen, als ich plötzlich wieder an jenen
Abend gemahnt wurde.

In Rom gingen die Wahlen für das römische
Parlament vor sich. Am vorletzten December 1848 hatte
die Deputirtenkammer des Kirchenstaates, allen Protesten
Pio Nono's, der in Gaeta saß, zu Trotz, die Zusammen=
berufung einer constituirenden Nationalversammlung be=
schlossen. Das radicale Livorno wählte Joseph Mazzini.

Dieser erschien in Rom und bald darauf vernahm man, daß er neben Saffi und Armellini die Regierung Roms mit dictatorischer Gewalt übernommen habe.

Als nun die illustrirten Zeitungen das erste Bild der römischen „Triumvirn" brachten, erlebte ich eine Ueber= raschung. Ich hatte in dem Bilde Mazzini's unverkennbar die Züge meines Italieners vor mir. Hatte sich Mazzini, während man ihn im Canton Tessin verborgen wähnte, unter dem Namen eines Signor Sarpi in Paris aufgehalten? Ich kann mich irren, muß es aber beinahe glauben, daß ich an jenem Abend den großen Wühler gesprochen, der bei seiner geheimen Arbeit zugleich den Grund des neuen Italiens gelegt hat.

XV.

Die Freundin Börne's. — Fahrt nach Auteuil. Das Reschamablicht.

Es ist wohl Niemandem, der sich um Literatur bekümmert, unbekannt, welche mannigfache Unannehmlich= keiten über Heine hereinbrachen, nachdem dieser sein Buch über Börne herausgegeben hatte. Ein Duell mit dem beleidigten Gemal einer in diesem Werk oft erwähnten Frau war die erste Folge davon. Es fand, wenn ich nicht irre, im Jahre 1844 im Bois de Vincennes statt. Ein Herr Tessier de Malo und Seuffert waren Heine's Zeugen. Strauß hatte, als der Geforderte, den ersten

Schuß. Heine hatte, als er seinen Platz nahm, einen Zweig von dem Baume, unter dem er stand, gebrochen. „Ich stellte mich damit," sagte er mir, „gleichsam unter den Schutz der Oreade. Wir Poeten sind ein aber= gläubisches Volk." Die Kugel zischte hart an seinem Ohre vorüber, traf ihn aber nicht. Da kam die Reihe an Heine, er schoß in die Luft. Es lag ihm nur daran, daß das Duell vor sich gehe. Damit war der Ehre genug gethan, die Gegner versöhnten sich, aber von Seiten der beleidigten Frau war der Krieg noch nicht eingestellt, er brach vielmehr bald mit all seinen Furien hervor. Die Briefe des todten Börne erhielten nun allerlei Supple= mente, in denen Heine's auf die unangenehmste Art Erwähnung geschah. Diese Supplemente kamen nicht alle auf einmal, sie kamen in Zwischenräumen, und immer wieder, da man sie nun bereits erschöpft glaubte; die beleidigte Dame langte immer wieder in ihre Cassette und brachte immer wieder ein gehässiges Blatt hervor, das wie ein letztes aussah und doch nicht das letzte sein sollte: kurz, alle Blätter, die Börne's Haß gegen Heine in unermüdlichem Eifer viele Jahre hindurch beschrieben und bei Lebzeiten entweder im Pult begraben wollte oder nur an vertraute Personen gesendet hatte, kamen allmälig zum Vorschein. Bedenkt man die Anzahl derselben, so muß man darüber erstaunen, wie ein im Grunde groß= müthiges Herz, wie das Börne's jedenfalls war, für einen ganzen Köcher voll kleinlicher Waffen Raum genug hatte, und wie im Busen einer von Menschenliebe emporlodern=

den Seele eine so lange währende und so tief gehende
Verfolgungslust mitbrennen konnte, zumal der gehaßte
und verfolgte Mann Einer war, dessen Streben im
Grunde mit dem seinigen Eins und dasselbe, eben so
frei und so groß war und an den er durch mannigfache
Jugenderinnerungen sich gebunden fühlen mußte. — Aber
es zeigte sich oft und zeigt sich auch hier wieder, daß
aufgelöste Freundschaft grimmigste Feindschaft gibt.

Gleichzeitig hatte ein heftiger journalistischer Kampf
gegen Heine begonnen. Ich weiß nicht, ob es eine
Hallucination seiner Sinne war, wenn Heine abermals
auch in der Mitte dieser, ihn mit allen Waffen angrei=
fenden Phalanx die Gestalt des beleidigten Weibes zu
erkennen glaubte, aber er ist fest überzeugt geblieben und
glaubte Beweise zu haben, daß auch diesmal die Cassette
der Madame Strauß sich aufthat, diesmal, um den
Kämpfern einen pecuniären Succurs zukommen zu lassen.
Lachend pflegte er zu sagen, dies sei das einzige Mal
gewesen, daß Andere etwas an ihn gewandt hätten, aber
sein Lächeln war bitter und er schien im Glauben be=
fangen, daß die erbitterte Feindin in der That seinem
Lorbeer zu schaden vermocht hätte.

„Mein Leben war schön," sagte er einmal, „ich
war der Lieblingspoet der Teutschen geworden und wurde
sogar gekrönt wie ein deutscher Kaiser zu Frankfurt.
Mädchen in weißen Kleidern streuten mir Blumen, o es
war schön! Warum mußte ich doch meinen Heimweg
durch die Judengasse nehmen, die, wie Sie vielleicht

wissen, vom Römer nicht gar weit entfernt ist! Als ich
sie auf meinem Triumphzuge durchschreite, geht ein häßliches
Weib mir quer über den Weg und droht mir, als wolle
es mir Unglück weissagen. — Ich stutze vor der Gestalt,
fahre einen Schritt zurück und mein Kranz — mein
prächtiger Kranz fällt in den Staub dieser unreinen Gasse.
Seitdem klebt ein fataler Geruch an meinem Lorbeer,
ein Geruch, den ich nicht wegbringen kann! Schade um
den schönen, schönen Kranz!"

— — So seufzte Heine; ich aber, in befreundeter
Stellung zu ihm und ein entschiedener Feind der Art,
wie Madame Strauß, die Freundin Börne's, den Krieg
gegen Heine geführt, fühlte das Leid und die Verunglim-
pfung, die ihm angethan worden, mit. Um so voller
war mein Antheil und um so vollständiger meine Erbitterung, als ich von dieser Gegnerin Heine's bis dahin
gar nichts gehört und sonach keine Gegenvorstellung meine
Gefühle mindern konnte. Die Gestalt, die Heine'n quer
über den Weg gehend, Unglück weissagte, schwebte mir
daher immer mit allen Attributen der Wesen vor, die
der abergläubischen Phantasie des Mittelalters als schlimme
Vorbedeutung erschienen.

Ich fürchtete mich vor Madame Strauß und ihrem
bösen Auge . . .

Doch schien es mir beschieden, ihrer Bekanntschaft
theilhaftig zu werden. Der Frankfurter Buchhändler, der
mir zu dem Buche über Paris den Auftrag ertheilt, ein
Neffe der Dame, hatte mir ein Packet und einen Brief

an sie mitgegeben und mir aufgetragen, sie ja gleich in
den ersten Tagen meines Pariser Aufenthalts in ihrem
Landhaus in Auteuil aufzusuchen. Ich sandte Brief und
Packet hin und verschob die Fahrt. Erst als der Gemal,
Herr Strauß mich auf meinem Zimmer in der Cour de
Commerce besucht hatte, konnte ich die Fahrt nicht länger
verschieben und machte mich nach Auteuil auf.

Auteuil ist ein Dorf, wie fast alle Dörfer in der
Nähe der großen Metropole, ein kleiner Flecken voll
eleganter Sommerwohnungen, theuer und fashionable, wo
man vergeblich ländliche Sitten und ländliche Einfalt
suchen würde. Es liegt am Ende des berühmten Bou-
logner Hölzchens, auf dessen Rasenplätzen die beleidigten
Dandys von Paris sich Genugthuung zu geben pflegen.
Die Allee des Holzes verlängert sich bis dahin und so
wird Auteuil der Zielpunkt jener täglichen Morgen-
promenaden, die der Pariser Lebemann auf dem Voll-
blutpferd, die Pariserin, nonchalant im Wagen hingestreckt,
unternehmen. Die grünen Jalousien der Häuser sind
meist von breiten Lindenwipfeln beschattet, und in der
Ferne erblickt das Auge erfreut grüne, weithingedehnte
Saatfelder und das blitzende, vielgewundene Band der
Seine.

Ich hatte leider, um nach Auteuil zu fahren, das
öconomische, aber geduldprüfende Beförderungsmittel des
Omnibus gewählt, diesmal noch zu besonderem Unglück,
denn die Pferde waren todtmüde und schienen auf dem
kothigen Pflaster gar nicht fortkommen zu wollen. Alle

Augenblicke zog der Conducteur die Klingel, der Kutscher
hielt an, bald stieg einer mißvergnügt aus, entschlossen,
den weiteren Weg zu Fuß zu machen, bald galt es, eine
dicke Bäuerin, die ihre Einkäufe in Paris gemacht hatte,
mit ihren Körben und Schachteln aufzunehmen. Ueberdies
war ich zu spät ausgefahren. Es mochte vier Uhr sein,
da ich aufsaß, der Februar hat so kurze Tage, und nun
dunkelte es bereits, das unabsehbare Häusermeer von
Paris hüllte sich in einen grauen, unheimlichen Schleier;
nur die Kuppel des Pantheon glühte in röthlichem Feuer.
Wir kamen an Passy vorüber, wo Franklin einst wohnte,
und ich vor bald zwei Jahren Beranger besucht hatte.
Ich sah bereits Licht in dem kleinen rebenumpflanzten
Hause des greisen Dichters. Allmälig zog sich der Nebel
immer dichter zusammen und ein stiller, aber eindring-
licher Regen fiel. „Ei!" dachte ich, „das hast du schlecht
gemacht! Kurz vor der Essensstunde willst du bei den
Leuten erscheinen! Wer aber hätte auch geglaubt, daß
Auteuil so weit ist, die Pferde so müde sind und der
Omnibus so oft anhalten würde! Ich komme der Freundin
Börne's vielleicht recht ungelegen über den Hals!"

Trotz oder vielleicht gerade wegen des düstern Bildes,
das ich mir von dieser Frau machte, war ich neugierig,
sie zu sehen. Börne's Freundin konnte kein gewöhnliches
Wesen sein. An sie, die damals noch in Deutschland
lebte, waren die „Pariser Briefe" gerichtet, diese wilden
Dithyramben des Zornes, diese Bündel von Schwertern,
diese Feuerregengüsse von Witz, Erbitterung, Schmerz.

Börne, ein Prophet, zum Haß getrieben aus Uebermaß der Liebe, ein Apostel, nicht mit einem Palmzweig, mit der Brandfackel in der Hand, konnte nur ein Weib lieben, ihm ähnlich, ihm verwandt.

So dachte ich, und langsam trabten die Pferde; es ward immer dunkler, immer heftiger schlug der Regen an die Fenster, die klappernd in ihrem schlecht gefügten Rahmen auf und ab gingen. Der dicke Nachbar, mir gegenüber, schlief regelmäßig ein, bis ihn ein stärkeres Poltern auf dem Pflaster weckte und ebenso regelmäßig fiel mir sein nasser Regenschirm zwischen die Beine. Verdammter Einfall, so spät auszufahren, oder vielmehr welch' kläglicher Mangel an Berechnung!

Der Conducteur hatte sich endlich auch in den Wagen hineingesetzt, ich fragte ihn, ob heute noch ein Omnibus nach Paris zurückfahre. „Unmittelbar nach Ankunft dieses fährt einer," ist die Antwort.

„In einer halben Stunde, eine Stunde, später?"

„Geht keiner mehr," ist die Antwort. „Die Abfahrt, die sich anschließt, ist die letzte."

Erfreulicher Gedanke, einer Visite wegen in Auteuil übernachten oder einen Wagen nehmen zu müssen! Doch da ist nicht zu helfen. Wenn sich der Besuch nur lohnt! Indeß hält der Wagen, wir sind in Auteuil.

Bei Dunkelheit und Regenwetter ist es nicht eben angenehm, an einem fremden Ort nach einer Wohnung zu fragen. Mit immer wachsendem Mißmuth gehe ich von Haus zu Haus. Endlich ist die Wohnung gefunden, ich klopfe an, das Thor geht auf, eine alte Portiersfrau entsteigt ihrer Spelunke, bestätigt, daß Herr und Madame Strauß zu Hause seien, meint aber, sie müsse sich erst näher erkundigen, ob sie heute Jemanden vorlassen könne. Sie geht hinauf, sich zu erkundigen. Ich stehe fröstelnd im Thorwege. Lange stand ich da und hörte den Omnibus seine Rückfahrt antreten. Die Alte kam nicht wieder. Was ich übersah, war der Hofraum eines alten, vier= stöckigen, schweigsamen Hauses. Alle Fenster waren dunkel, nur eines war matt erleuchtet, hinter niedergelassenen Vorhängen mußte dort eine Lampe brennen. Der Regen gießt immer stärker herab, er klatscht auf die Pflastersteine vor meinen Füßen, ich verschlucke manchen Fluch. Endlich höre ich Schritte. Die Portiersfrau, ein Licht in der Hand, kömmt die Treppe herab, ein Mann in schwarzem Frack folgt ihr. Es ist Herr Strauß.

„Ach mein Gott!" sagte er, als er mir näher tritt und mich erkennt, mit verlegener Miene. „Es thut mir leid, aber Sie haben einen schlechten Tag getroffen. Meine Frau ist eingesperrt und läßt Niemand vor. Sehen Sie, ich selbst darf nicht zu ihr. Sie sitzt auf der Erde in ihrem Zimmer, sie hält „Jahrzeit". Wirklich, es thut mir leid, aber es ist heute der Sterbetag des Börne."

Er verbeugte sich, ich verbeugte mich, mein Besuch war gemacht. In der That, heute war der 13. Februar, Ludwig Börne's Todestag. Ich tappte hinaus und ging, aber nicht weit. Von der Straße abbiegend blieb ich

mitten im Regen stehen und blickte, ich weiß nicht wie
lange, auf das eine beleuchtete Fenster im Hinterhause,
wo durch eine Gardine das Neschamahlicht hervordämmerte,
wie fest gebannt.

Meiner Seele hatte sich nach den Worten, die der
bescheidene Gemal zu mir gesprochen, ein Sturm be=
mächtigt, welcher mich nicht allein erschütterte, sondern
auch machtvoll belebte. Nie wieder werden wohl so
anspruchslose Worte einen solchen Schlag auf mein Herz
führen.

Meine Vorstellungen über Heine's Todfeindin, die
ich nach Auteuil mitgebracht, kämpften gegen ein neu=
gewonnenes Bild einen heißen Kampf. Nach langer
Gegenwehr zog sich mein Haß, so weit er Parteisache
war, ehrfurchtsvoll zurück. Die leidenschaftliche Trauer
dieses Weibes, das Jahre nach dem Tode des Geliebten
noch keinen Trost gefunden, flößte mir Hochachtung ein.
Ich erkannte und bewunderte zugleich die energische
Seele der Börne=Freundin, die sogar den Gatten von
sich weist, wenn sie das Todtenamt nach jüdischem
Brauche hält.

Ich habe auch seitdem diese merkwürdige Frau
nicht kennen gelernt, die Anschauung aber, die sich auf
dem Feldwege von Auteuil mit vulcanischer Macht
in mir emporbildete, herrscht noch heute in meinem
Innern vor.

Wie eine überlebensgroße Statue des Schmerzes,
die mit der Linken einen Aschenkrug an das Herz preßt,

in der rechten Hand aber ein Schwert schwingt, mit welchem sie den Todten an seinem Feinde rächt — so schwebt mir diese Frau vor den Augen.

XVI.

Georg Herwegh. — Die vergrabene Kriegscasse.

Als eines der Häupter der centraleuropäischen Demokratie galt damals Georg Herwegh. Er stand in seinem zweiunddreißigsten Jahre, ein schöner, schlanker Mann, mit einem Kopfe wie ein Armenier. Das regelmäßige Profil mit der stark hervortretenden Nase und den schönen braunen Augen, in denen ein unheimliches Feuer aufflammte, der gelbliche Teint, der kurzgehaltene, rabenschwarze Bart, das tiefdunkle, wenngleich bereits spärliche Haar gaben ihm, dem Würtemberger, dem Sohne eines Stuttgarter Speisewirths, das Aussehen eines Prinzen von den Ufern des Oxus. Er hatte schon 1841, in einer Zeit allgemeiner Gedrücktheit, seine „Lieder eines Lebendigen" hinausgesandt, die mit unwiderstehlicher Gewalt, dabei in den vollendetsten Rhythmen den kühnsten Hoffnungen und Wünschen Ausdruck gaben und hatte damit das deutsche Bewußtsein, wenn nicht aus den Angeln gehoben, doch in seinen Angeln erschüttert. Seitdem war ihm bei jungen Jahren eine überspannte Aufmerksamkeit auf seine Person zu Theil geworden. Alles schaute auf ihn.

10*

Er aber hatte seitdem fast vollständig geschwiegen. Er wollte nichts bringen, was hinter dem zurückblieb, was er früher geleistet und that darum gar nichts mehr. Während er auf neue Eingebungen harrte, verging die Zeit. Zuerst war er wie eine Rakete emporgestiegen, jetzt glich er dem Stab derselben, der langsam verkohlt.

Schon im April 1848 war Herwegh mit seiner „französisch-deutschen Legion" von Straßburg über den Rhein gegangen und hatte in einem Aufruf dem deutschen Volke die Republik angekündigt. Natürlich hatte er mit seinem Freischaarenzuge nichts ausgerichtet, das Fiasco war grenzenlos. Seine Schaar war auf eine würtembergische Compagnie gestoßen und hatte sich nach einem unbedeutenden Gefechte, in welchem der republikanische Hauptmann von Schimmelpfennig gefallen war, aufgelöst. Herwegh entkam über den Rhein: ganz selbstverständlich war ihm nicht gelungen, was nicht geleistet werden konnte.

Nun war er von getäuschten Hoffnungen innerlich verzehrt. Von allen deutschen reformatorischen und revolutionären Bestrebungen sprach er mit der größten Verachtung. Er wollte sich fortan nur mit naturwissenschaftlichen Aufgaben beschäftigen. So grübelte er fortwährend über Dinge, die nie fertig wurden und verharrte, während alles um ihn her lebendig war, in einem Schweigen, das wie Verachtung aussah und schließlich in kurzen, schroffen, hochmüthig hingeworfenen Urtheilen auslief.

Diese ihm gewöhnliche Haltung verschwand aber sofort, wenn er einer einzelnen Persönlichkeit, der er

ganz trauen konnte, gegenübersaß. Dann gab es keinen
eifrigeren Debatter. Nur hatte er die Eigenheit, über
jede Opposition, die man ihm machte, in eine wahre
Berserkerwuth zu gerathen.

Herwegh war durch seine Verheiratung mit Emma
Siegmund, der Tochter eines Berliner Banquiers, einer
vortrefflichen, muthigen Frau, reich geworden und wohnte
höchst luxuriös in einer Avenue der elysäischen Felder,
der Rue du Cirque. Er hatte nicht nur das Aussehen,
sondern auch die Schwermuth eines Orientalen und ruhte
nun auf opulenten Sopha's von grünem Sammt aus
von den Strapazen des badischen Feldzuges. Man wurde
durch einen feingekleideten Diener angemeldet und traf
den Dichter noch um die Mittagsstunde im seidenen
Schlafrock.

Herwegh war ein weiches, vertrauensvolles Poeten-
gemüth und ging mit seiner mangelhaften Menschenkenntniß immer wieder schlauen Gesellen in die Falle,
wenn sie die bei ihm wirkenden Schlagworte anbrachten.
So war er der wirkliche Simplicissimus I., wie ihn
Heine mit bitterm Hohne zu nennen pflegte. Auf seinem
„Feldzuge“ hatte er die Kriegscasse einem Polen anvertraut. Natürlich war dieser beim Zusammenbruch des
Putsches mit dem Gelde verschwunden. Man machte
ihn ausfindig, er lebte unangefochten an der badischen
Grenze. Herwegh verlangte die Kriegscasse. Der Pole
meldete zurück, er habe die eiserne Kiste regelrecht in
einem Walde nächst Dossenbach vergraben, habe auch eine

Aufnahme des Ortes zu Papier gebracht, sei aber jetzt halb erblindet und könne den Kriegsschatz nicht wieder auffinden. Er wußte recht gut, daß die Sache nicht bei Gericht anhängig gemacht werden könne. Bald stellte sich heraus, das Augenleiden des Polen sei heilloser Schwindel. Herwegh tobte, wetterte, verzichtete aber schließlich auf jede Verfolgung oder Bloßstellung des Mannes.

Die Welt behauptete, Herwegh sei unter dem Spritz= leder eines Wägelchens, das seine Gattin gelenkt habe, den Verfolgern entgangen. Auch wenn die Geschichte wahr wäre, sähe ich nichts für die Ehre des Dichters Nachtheiliges darin. Nur derjenige, der sich nach der Glorie des Märtyrerthums sehnt, stellt sich einem über= mächtigen Feinde; ist man einmal geschlagen, flüchtet man, wie man eben kann. König Enzio entflieht in einer leeren Tonne, Louis Napoleon in Ham zieht Maurerkleidung an und geht mit einem Mörteltrog davon. Guizot soll in Weiberkleidern entflohen sein, Pio Nono verließ die heilige Stadt als Kammerdiener der Gräfin Spaur verkleidet auf dem Kutschbock. Ich sehe nicht ein, warum der vom Erschossenwerden bedrohte Herwegh nicht unter ein Spritzleder hätte kriechen sollen? Doch ist die ganze Geschichte nicht wahr, die Fabel erhielt sich nur, weil Herwegh zu stolz war, in der Sache eine Er= klärung von sich zu geben. Ein Turnlehrer Namens Spieß, Vorstand hessischer Turner, erzählte viele Jahre später, wenn sich Gelegenheit dazu ergab, wie die ganze

Spritzledergeschichte eine Erfindung von ihm sei. Er führte sie als ein schlagendes Beispiel dafür an, wie eine beim Glase Wein zum Besten gegebene Fabel, wenn sie sich an einen berühmten Namen knüpfe, lustig weiter cursire, in die Zeitungen gelange und schließlich als „Thatsache" figurire, wo sie alsdann im Partei=Interesse ausgebeutet werde. In der That hat die Lüge, wenn sie nur auf den richtigen Boden fällt, ein Wachsthum wie die Wasser= pest. In der neueren Zeit haben wir mit den „Pen= dulen", die die deutschen Uhlanen davongetragen haben sollen, jedenfalls eine ähnliche und sehr geglückte Lüge erlebt. „La calumnia, la calumnia" u. s. w. singt schon Don Basilio im Barbier von Sevilla.

Ich erinnere mich noch lebhaft, wie eines Abends Herwegh, der mir auf dem Boulevard des Italiens begegnet war, mich ganz erregt an sich zog und mich aufforderte, in einem Kaffeehause an seiner Seite Platz zu nehmen. So hatte ich ihn noch nie gesehen. „Denken Sie sich," sagte er mir, seine Stimme dämpfend, „was mir heute passirt! Jemand läßt sich als deutscher Flücht= ling bei mir melden. Ein Kerl von widriger Physio= gnomie tritt in ganz abgeschabter Kleidung bei mir ein, redet ein Langes und Breites ohne Sinn und fordert meine Unterstützung. Ich schenke ihm zwanzig Francs, es scheint ihm nicht genug zu sein, er geht noch nicht. Nein, er rückt mir immer näher an den Leib, daß ich nicht begreife, was der Mensch will. Endlich nähert er seinen Mund meinem Ohre und flüstert: „Ich will Ihnen nur sagen, daß ich der eigentliche Mörder Lichnowsky's bin!" Denken Sie nur: das hielt der Kerl für eine Empfehlung bei mir. Das hielt er für eine Empfehlung! Nun, ich habe ihm gehörig die Thür gewiesen. ..."

Ich kann mir wohl vorstellen, wie Herwegh's schöne, finstere Augen dabei geblitzt haben mochten.

Herwegh war eine durchaus vornehme Natur. Ein echter Königsmörder, der einen Despoten mit dem Stahl in die Brust getroffen, das wäre sein Mann gewesen! Und nun kam ein Strolch, ein elender Strolch daher und rühmte sich einer Unthat, durch die die Sache der Revolution auf's Schimpflichste compromittirt worden war und forderte, ein Schurke und ein Dummkopf zugleich, noch Anerkennung dafür.... Die ganze Breite eines Stroms, eines Stroms von Verachtung lag zwischen diesem Republikaner und einem solchen Gesellen....

XVII.

Alexander Herzen. — Graf Ladislaus Teleky. — Ungarische Flüchtlinge.

Durch Herwegh wurde ich mit Alexander Herzen bekannt. Dieser, jetzt am Rande der Dreißig stehend, eine imposante, männlich schöne Gestalt, feurig im Auftreten, liebenswürdig im Verkehre, war ein Sohn des russischen Fürsten Jokowleff und einer deutschen Mutter.

Er war wiederholt im Ural internirt gewesen, hatte
Novellen geschrieben und schrieb jetzt nur Socialpolitisches,
Dialoge, Unterredungen über Philosophie der Geschichte.
Er war einer jener Russen, die im westlichen Europa
nur „Untergangsthum" sehen. Es wird die Möglichkeit,
die Massen freizumachen, geleugnet, die schöpferischen
Gedanken großer Geister, Aristoteles, Sokrates, Bacon,
Spinoza erklingen so nutzlos wie die Lehren des Evan
geliums oder der französischen Revolution. Indessen birgt
Rußland die Anfänge neuer Lebensformen: Herr von
Haxthausen hatte nämlich vor Kurzem den russischen
Gemeinbesitz an Land und Aeckern entdeckt und als
Zukunftsform socialistischer Wirthschaft bezeichnet! Abgesehen von diesem bodenlosen Pessimismus von speciell
moskowitischer Färbung, der ihn zum geistigen Vater des
modernen Nihilismus macht, war Alexander Herzen vorerst
noch ein Anhänger Proudhons, wie er denn auch, als
der „Peuple" einging, Proudhon die „Voix du peuple"
mit großen Geldopfern begründen half. Vom Glück mit
großartigen Mitteln ausgestattet, war Alexander Herzen
grenzenlos freigebig, wo irgend sein Mitgefühl geweckt
wurde, oder seine Principien in's Spiel kamen. Er ist
bald darauf nach England gegangen, eine Druckerei für
den „Kolokol" zu gründen, der für Rußlands politische
Entwickelung so bedeutungsvoll wurde.

Herzen war eine großartige Natur, in der sich
Energie und Verstand die Waage hielten. Ihm zur
Seite stand ein wahres Engelsgebilde — ebenso schön

als sanft und klug — seine Gattin. Ein etwa acht=
jähriger Knabe, der kleine Alexander, war ihr Abbild.
Als Erzieher desselben war der junge Friedrich Kapp
eingetreten.

Von diesen philosophischen und abstracten Revolu=
tionären, die sich eine neue sociale Welt construirten,
durch die ganze Breite einer anderen Weltanschauung
getrennt, waren die praktischen Revolutionsmänner, die
der Sturm der Zeit nach Paris verschlagen hatte, näm=
lich die polnischen und ungarischen Flüchtlinge, die in
den eben beendigten Kämpfen eine Rolle gespielt hatten.
Es waren dies ganz praktische Naturen, Monarchisten,
die für eine ganz concrete Sache, die alte ungarische Ver=
fassung gekämpft hatten. Zu diesen zählte Graf Ladislaus
Teleky, vom ungarischen Ministerium als Vertreter Ungarns
nach Paris entsandt. Er war bereits wegen seines Pro=
testes gegen die Niederwerfungsmaßregeln in contumaciam
verurtheilt und in effigie gehenkt — ein feiner, liebens=
würdiger Weltmann, von weichem Gemüth und den
humansten Formen. Ich kam öfter in sein Haus, wo
sich an gewissen Abenden eine Zahl seiner Landsleute
einfand. Da wurden keine theoretischen Fragen besprochen,
es wurden hiefür die Fragen der gegenwärtigen Politik
behandelt und Erlebnisse erzählt. Fast jeder der An=
wesenden hatte merkwürdige Schicksale hinter sich, die oft
völligen Romanen glichen.

Die Kriegsereignisse standen damals für die Ungarn
geradezu verzweifelt. Sie hatten sich überzeugen können,

daß mit ihrem zusammengelesenen Landsturm keine Schlachten gegen reguläres Militär zu liefern seien. Goergey, den wir zuletzt im chemischen Laboratorium in Prag bei seinen Retorten gesehen, hatte im Herbst das Obercommando der Honvedtruppen übernommen, jedoch schon in den ersten Tagen des Januar Pest-Ofen geräumt und sich nach den Bergstädten des nördlichen Ungarns gewendet. Nur die Unfähigkeit des Fürsten Windischgrätz, der in dem ihm unverständlichen Rückzug der Ungarn einen tiefangelegten Plan argwöhnte, gab Kossuth und Klapka Zeit, in neuen Rüstungen eine bewundernswerthe Energie zu entfalten.

Unvergeßlich ist mir die Erzählung eines ehemaligen österreichischen Officiers — ich glaube, sein Name war Somsitsch — geblieben, den ich an einem dieser Abende beim Grafen Teleky kennen lernte. Sie war so romantisch und wurde so vortrefflich vorgetragen, daß sie alle Zuhörer zur Theilnahme fortriß.

Der junge Officier war, kurz nach der Besetzung Süd-Ungarns durch Haynau, der Gefangenschaft entkommen, hatte sich, von Steckbriefen verfolgt, von Hütte zu Hütte geflüchtet, und war schließlich in einen Wildpark gerathen, der einem Anhänger der Regierung angehörte. Hier hatte er durch die Unterstützung einer Försterstochter im unbewohnten Jagdschlößchen Unterkunft gefunden. Er befand sich in verhältnißmäßiger Sicherheit: dennoch konnte er sich nicht halten, ohne seine Beschützerin einer großen Gefahr auszusetzen. Er

zog plötzlich weiter und gelangte in ein Dorf, Orsowa
gegenüber, wo er sich verborgen hielt und eine Gelegen=
heit abwartete, mit einem aus Oesterreich abgehenden
Dampfer nach der Türkei zu entkommen. Die Dampf=
schiffe waren aber, so lange sie vor Anker lagen, mit
österreichischen Wachen besetzt, welche Tag und Nacht auf
dem Verdecke auf= und abgingen, und nur das ihnen
wohlbekannte Schiffspersonal zuließen. Es ist selbstver=
ständlich, daß bei der Abfahrt Jeder, dessen Paß nicht
gehörig visirt war, oder dessen Erscheinung mit der
Personsbeschreibung im Passe nicht harmonirte, sofort ver=
haftet worden wäre.

Dessenungeachtet wurden mit dem Schiffscapitän
Unterhandlungen gepflogen und als dieser, durch Geld
und gute Worte bestochen, sich zum Helfen bereit zeigte,
das Folgende verabredet.

Somsitsch sollte, als Kohlenträger gekleidet, mit ge=
schwärztem Gesicht, einen Kohlensack auf dem Rücken, das
Schiff betreten, sollte seine Kohlen im Heizraume abladen
und sodann weiterbefördert werden.

Am Abend vor dem Abgang des Dampfers erhielt
der Flüchtling ein Paar weite leinene Hosen, eine grobe
Jacke und einen Sack Kohlen zugestellt. Dann betrat
er das Schiff mit den übrigen Lastträgern. Der Heizer
hatte ihn unter seine specielle Obhut zu nehmen. Dieser
erkannte ihn sofort, trotz seines mit Kohlenstaub geschwärzten
Gesichts und flüsterte ihm zu, daß er ihm ein Versteck
ausfindig gemacht habe, in dem er in Sicherheit werde

bleiben können, bis das Schiff die österreichische Grenze
hinter sich habe.

Im Maschinenraum, hart neben dem Kessel, war
in der Wand eine Oeffnung hergestellt worden, eben groß
genug, um einen zusammengekauerten Menschen aufzunehmen. Somsitsch wurde hineingezwängt. Auch ein
Laib Brot und eine Flasche Wein wurde ihm mitgegeben.
Dann wurden Latten so vorgenagelt, daß der Eingeschlossene
noch oben durch die Spalten Athem schöpfen konnte.

Nun sollte er bis zum folgenden Morgen aus-
harren.

Die Nacht verging ganz gut, als aber, kurz vor der
Abfahrt, die Maschine geheizt wurde, entstand in diesem
schrecklichen Raum eine nicht zu ertragende Hitze. Sie
steigerte sich fortwährend, Somsitsch meinte ersticken zu
müssen. Der Schweiß floß in Strömen von ihm, die
Lungen konnten nicht mehr athmen, das Herz schlug immer
gewaltsamer, der Kopf wirbelte ihm, wie im Fieber.
Der Flüchtling kam zur Ueberzeugung, daß er es in seinem
Käfig nicht viele Minuten mehr aushalten werde. Den
schrecklichsten Erstickungstod vor Augen, auf alles gefaßt,
versuchte er die Latten auszubrechen.

Sie widerstanden.

Das Schiff war schon in Bewegung.

Endlich wichen die Bretter, Somsitsch ganz außer
sich, schob den Heizer, von dem er sich schmählich verrathen wähnte, bei Seite, stürmte die schmale eiserne
Treppe herauf und erschien, schweißtriefend, mit schwar-

zem Gesicht in völliger Verwilderung unter den Schiffs-passagieren. Ueberzeugt, daß er sofort ergriffen werden würde, floh er nach dem Hintertheil des Schiffes. Dort lagen zusammengerollte Taue. Er ergriff ein Tauende und sprang damit in die Tiefe.

Die Höhe war eine gewaltige. Das Tau entglitt seinen Händen. Er fiel, überschlug sich und verschwand in den reißenden Wellen der Donau. Lange kämpfte er, und verzweifelt, mit den Gewässern. Seine Sinne schwanden.

Als er erwachte, sah er sich in einem Kahn. Ein Paar bärtige Türken, den Fez auf dem Kopfe, beugten sich über ihn. Ein vorüberfahrendes türkisches Boot, ein sogenannter Kaik, hatte ihn aufgenommen.

Somssich war gerettet. Er hatte Geld bei sich, ging nach Constantinopel und von da nach Paris.

Es hat mir die Erzählung eines Mannes, den ich seitdem nie wiedergesehen habe, den Anstoß zur Erfindung der Hauptfabel in meinem Roman „Schwarzgelb“ gegeben. Daß ich in denselben, und zwar in die in Paris spielende Abtheilung manche meiner sonstigen Erfahrungen aus dem Leben der Emigration aufgenommen und verwerthet habe, wird der aufmerksamere Leser jenes Buches sofort erkennen.

Die ungarischen Revolutionäre waren durchgängig Männer mit ganz bestimmten praktischen Zwecken, von monarchistischer Gesinnung, meist Militärs. Von Frankreich begaben sich die meisten nach Italien und traten in sardinische Kriegsdienste. Mehrere derselben haben später Garibaldi nach Sicilien begleitet und sind, wofern sie noch leben, in hohen Stellungen thätig. Sie wollten damals nichts weiter, als die volle staatliche Unabhängigkeit Ungarns. Diese ist auch, wenngleich lange nachher, in die Welt getreten, als eine Nothwendigkeit, durch nicht vorauszusehende Ereignisse herbeigeführt. Die mit Händen greifbare Unmöglichkeit, mit dem Centralismus weiter zu regieren und die Nothlage nach dem Kriege von 1866 zwangen die Wiener Regierung zur Nachgiebigkeit und die Verfassung von 1848, für die jene Flüchtlinge eingestanden, wurde wiederhergestellt, allerdings sehr überstürzt, zum financiellen Nachtheil der übrigen Provinzen und ohne Erwirkung von Garantien zu Gunsten der innerhalb Ungarns sitzenden deutschen Elemente.

So konnten die damals Verfehmten noch zu Ehren und Wirksamkeit gelangen, während alles Denken und Arbeiten der deutschen Ideologen so gut wie unfruchtbar geblieben ist.

XVIII.

Von Sorgen befreit. — Frau Mathilde. — Kohn kein jüdischer Name.

Inzwischen war mir aus der Heimat die Nachricht zugekommen, daß die im October vorigen Jahres vom Prager Staatsanwalt gegen mich eingereichte Klage zurück gewiesen worden sei. Zuerst glaubte ich kaum, der Kunde trauen zu dürfen; aber nachkommende Nachrichten bestätigten sie. Dieser Ehrenmann war mit seinem Versuch, einem Jugendfreunde freies Quartier in einer österreichischen Kasematte zu verschaffen, schmählich durchgefallen! Das Kriegsgericht auf dem Prager Hradschin, doch aus besseren Elementen zusammengesetzt, war der Ansicht gewesen, daß ein lyrisches Gedicht, während eines heftigen politischen Sturmes entstanden, doch kein so drastisch zu strafendes Reat bilden könne. Man hatte den Streber abfahren lassen. Wenige Tage, nachdem mir die freudige Kunde zugekommen, erhielt ich eine Postsendung größeren Formats. Ich öffnete das Convert: ein Actenstück lag darin von mir wohlbekannter Schrift: ein unbekannt bleiben wollender Freund schickte mir die vom Staatsanwalte eigenhändig geschriebene Klage zu!

Ich war ordentlich neugierig, zu erfahren, was ich denn alles in meinem Gedichte „An Wien im October 1848" verbrochen, und las.

Die Klageschrift hob mit dem Bedauern an, daß kein Gesetz existire, um das in meinem Poem vorkommende Wort: „verbündete Slaven und Sclaven" zu strafen. „Da unser Preßgesetz," hieß es, „das Vergehen l'excitation des citoyens entr'eux, les uns contre les autres, wie solches im französischen Gesetze vorkömmt, nicht enthält, so mag der Vaterlandsfreund diese Verirrung wie tausend ähnliche, täglich vorkommende, beklagen, es ist aber weiter dagegen nichts zu thun. Nun sagt

Meißner aber in der sechsten Strophe: „Laß sie nicht
wiederkehren!" und meint damit nicht blos die sogenannte
Camarilla! Das zielt auf die Flucht des Kaisers und des
Hofes nach Olmütz! „Laß sie nicht wiederkehren!" Das
heißt: sage Dich von Deinem Kaiser los und verwehre
ihm, wenn es Noth thut, den Eintritt mit Gewalt. Die
Slaven aber, die ihren Kaiser mit Leib und Leben schützen,
die Slaven, die zu einer Zeit, wo man neben jedem
liberalen Gedanken das Bild des Spielbergs wie eine
Fata morgana aufsteigen sah, man kann sagen, mit
Heldenmuth für die Freiheit vorarbeiteten, nennt Herr
Meißner „königswüthig", weil sie demokratische Monarchie,
die Wahrung des constitutionellen Thrones wollen und
für Anarchie und Republik keine Sympathien äußern.
Nun frägt er weiter: „ist Teutschland ganz entwaffnet?"
Das wäre wohl im besseren Falle Kriegserklärung und
Einrücken deutscher Truppen, im schlimmeren Falle, was
der Dichter übrigens offenbar vor Augen hat, Einbrechen
von Freischaaren. Der Commentar zu diesem Gedicht
ist leicht zu geben. Der Sinn desselben ist: Oesterreich,
schließe Dich an Teutschland an und werde mit ihm
Republik. Sonst wirst Du in den alten Absolutismus,
ja in einen ärgeren (Kunte!) zurückfallen".

„Und so," fuhr der Staatsanwalt in seiner Klage=
schrift fort, „hat Alfred Meißner, der im Leben als edel=
denkender, herzensguter, sanfter Mensch allbekannt ist,
sich von blindem Parteiwahn und poetischer Hirnwuth
zu einer Reihe verbrecherischer Aeußerungen hinreißen

lassen, als da sind: 1. Aufforderung zum Angriff auf
die Person des Landesfürsten und Schmähung desselben
mit der Absicht gegen ihn Abneigung und Verachtung
zu erwecken (zuwider den §§. 10 und 11 des proviso=
rischen Preßgesetzes). 2. Aufforderung zum Aufruhr
(zuwider §. 66). 3. Aufforderung zur Unterjochung des
Vaterlandes durch einen äußeren Feind (zuwider §. 10).
4. Aufforderung zu gewaltsamer Veränderung der Ver=
fassung des österreichischen Kaiserstaates (zuwider §. 10).
Nicht unbemerkt möge bleiben," schloß der Biedermann
und setzte damit seinem Vorgehen die Krone auf, „daß
das Gedicht „„An Wien"" in Wien erschienen ist und also
eigentlich der Amtswirksamkeit des Staatsanwalts in
Wien anheimfiele. Da aber in Wien die Bande der
Ordnung gelöst sind, sonach auch die Wirksamkeit des
Staatsanwalts gehemmt ist, so hat der unterzeichnete
Anwalt es für seine Pflicht gehalten, Anklage gegen den
Verfasser zu erheben. Geruhe ein hohes k. k. Gericht
diese Klage zu Gerichtshänden anzunehmen und die Vor=
untersuchung anzuordnen.

Prag, am 29. October 1848.

Dr. Ambros."

Ich hätte, wenn das Gericht auf die Forderungen
eingegangen wäre, zehn bis fünfzehn Jahre schweren
Kerkers zugemessen erhalten können. Nun, diese Gefahr
war vorübergegangen!

Die Zurückweisung der Klage und vollends die Ein=
sendung der Schrift zeigte mir, daß ich daheim, wenn

auch Feinde, auch thätige Freunde habe. Ich war nun
in eine neue Lage versetzt. Ich hatte keine Verfolgung
mehr zu fürchten. Ich konnte gehen oder bleiben, wie
mir beliebte. Mein Lebensfrohsinn, der ganz verschwun=
den war, kehrte wieder.

Das Actenstück ist noch in meinen Händen und hat
jetzt, da W. Ambros eine Autorität in der Musik gewor=
den ist, einen Werth als Autogramm. Erst viele Jahre
später, in Prag erfuhr ich, wem ich die Zusendung zu
danken hatte. Ein ehemaliges Mitglied des Kriegsgerichts,
das jetzt bereits die goldene Borte eines höheren Stabs=
officiers trug, war der Zusender gewesen.

Von nun an fühlte ich mich nicht mehr als Flücht=
ling, sondern als einfacher Beobachter in Paris. Ich
studirte fleißig und schrieb sehr viel. Dem Verlagsbuch=
händler, der mich nach Paris entsandt, konnte ich ankün=
digen, daß mein Buch so gut wie fertig sei.

Heine hatte mich aufgefordert, ihn jetzt in seiner
Einsamkeit recht oft zu besuchen. Ich machte von dieser
seiner Erlaubniß im vollsten Maße Gebrauch.

In dieser Zeit seiner Krankheit, seiner Sorgen,
seiner Verlassenheit rückte ich Heine näher; erst von da
ab, kann ich sagen, begann unser Verkehr. Selten ver=
ging jetzt ein Tag, an welchem ich nicht in's Haus
gekommen wäre. Ich sah, daß ihm ein Landsmann Noth
that und willkommen war. Er war noch so voll Antheil
an der Welt, und dieser war ohne eine Mittelsperson
nicht zu befriedigen. Fortan las ich Zeitungen und Zeit=

Broschüren immer mit der Absicht, ihm das Wichtigere von dem, was draußen vorging oder erörtert wurde, mitzutheilen und ihn so mit der Welt in Contact zu erhalten. Ich gewöhnte mich allmälig und schrittweise an seinen sich ununterbrochen verschlimmernden Krankheits=zustand, dessen Anblick die Nerven der ihn Besuchenden meist auf das Peinlichste erschütterte und so manche der=selben von weiteren Besuchen abhielt. Der Platz an seinem Bette und die Unterhaltung mit ihm ward mir allmälig lieber als der Spaziergang über die Boulevards oder der Verkehr mit den meisten Gesunden. Im Gespräch vergaß ich die Krankenstube. Der Reiz, den seine Bücher auf mich geübt, setzte sich hier fort, und mir war, als lese ich manches Capitel, von dem die übrige Welt nichts erfahre. Aber auch den Menschen gewann ich lieb. Die Güte seines Herzens, von fast allen in Frage gestellt, stand für mich über jeden Zweifel erhaben.

Wie leicht hätte ich damals, wo er noch so discursiv war, und die Nennung eines Namens genügte, ihn zu den geistreichsten Auslassungen über Zeitfragen, Persönlich=keiten und Bücher zu bewegen, aus seinen Erzählungen und Urtheilen ein Buch von der Gattung Eckermann's zusammenstellen können! Aber ich hatte eine Scheu davor; es hätte mir nicht correct geschienen, Dingen einen Leser=kreis zu geben, die schließlich doch nur für Einen gesprochen waren. Dem gesprochenen Worte fehlt nur allzu oft das Maß und die richtige Abwägung. Auch bei Ecker=mann, nachdem er seine Notizen lange geführt hat, tritt

ein Zeitpunkt ein, in welchem er sein Gebahren nicht als
ganz loyal ansieht, und er macht Goethe das Geständniß,
daß er über dessen Aeußerungen Buch führe. Aber die
kluge Excellenz hat das längst schon ausgewittert und hat
schon seit langer Zeit ihre Antworten auf Eckermann's
Fragen so eingerichtet, daß ihr deren Fixirung ganz willkommen ist. Nun beschließen sogar Beide, zusammen das
Ganze zu revidiren. Heine war nicht also geartet: er
ließ sich gehen und sprach nur, weil er wußte, daß er
sich gehen lassen könne. Ich glaube, er hätte dem
Manne, in welchem er einen Aufschreiber seiner Ur-
theile und Einfälle zu vermuthen Grund gehabt, einfach die Thür gewiesen. Was er vor das Publicum
gebracht sehen wollte, wollte er auch selbst geschrieben
haben . . .

Frau Mathilde fuhr indessen fort, sich über Unbilden
zu beklagen, die sie „von den Deutschen" zu erleiden
gehabt und noch erleide. Es handelte sich um allerlei
durch die sogenannten Freunde verursachten Tratsch,
gesprochenen und gedruckten, um Angriffe seitens der
Börne'schen Partei u. s. w. „Ach diese Deutschen!",
darauf kam sie immer wieder zurück, „sie sind allerdings
klug und witzig — aber so malitiös, so boshaft! —
Einer, das ist das Merkwürdige, sucht dem Anderen
etwas anzuhängen! Der einzige Seuffert von Allen, die
ich kenne, macht eine Ausnahme; der ist ganz anders,
der ist einfach gut und treu! Nein, ich könnte nie
unter Deutschen leben — nie! nie!"

Es wurde mir zu viel, diese Anklagen immer anzu=
hören; ich mußte ihnen endlich einmal entgegentreten.
„Von einem halben oder ganzen Dutzend Literaten, die
hier leben," bemerkte ich, „ist doch kein Schluß auf den
Charakter einer Nation zu ziehen. Besondere Anlage
zum Witzigen, Neigung zur Satire gehört auch wahrlich
nicht zu den Eigenschaften der Deutschen. Ich will
Ihnen aber das Räthsel lösen, und Sie werden dann zu
Ihrer größten Verwunderung sehen, daß, wenn Sie
Seuffert's Eigenschaften im Gegensatze zu den Eigen=
schaften der Uebrigen preisen, Sie den Deutschen, unbe=
absichtigt, ein großes Compliment machen. Seuffert
nämlich ist unter Allen, die Sie da im Auge haben, der
einzige richtige Germane . . . Die Anderen sind wohl
auch Deutsche, aber keine Germanen. Es sind - nun
ja, die Juden leben seit Jahrhunderten mit uns und sind
im bürgerlichen und politischen Leben der betreffenden
Nation aufgegangen — dennoch -- dennoch muß noch
ein Complex von Eigenschaften, guten oder bösen, in ihnen
erhalten geblieben sein, der sie unterscheidet — und so
sage ich: die, über die Sie sich beklagen, sind allerdings
Deutsche, aber auch Juden . . ."

„Was?" rief Frau Mathilde ganz frappirt. „Juden
wären sie? Juden —? Ja, allerdings, Alexander Weill
ist ein Jude, er hat mir selbst gestanden, daß er Rabbiner
hat werden wollen — aber die Uebrigen, alle die Uebri=
gen . . . Da ist z. B. Zeiteles — Zeiteles — der Name
klingt doch so urdeutsch, so echt deutsch . . ."

„Sagen Sie vielmehr griechisch, altgriechisch," er=
widerte ich, „dennoch glaube ich behaupten zu können,
daß unser Freund Jeiteles ebensowenig altgriechischem
wie altgermanischem Blute entsprossen ist."

„Nun gut. Aber Abeles — Bamberg —"

„Sind in gleichem Falle."

„O nein, Sie irren sich, das sind alles keine Juden!"
rief Frau Mathilde. „Das machen Sie mir nimmermehr
weis. Sie werden vielleicht gar behaupten wollen, daß
Kohn (Cohen) ein Jude sei? Aber Kohn ist verwandt
mit Henri, und Henri ist ja Protestant —."

Ich hielt plötzlich stille. Ganz wie ein Mensch, der
auf einem gefrorenen See daherschreitend unverhofft das
Wasser durch einen Spalt aufbrodeln sieht, stockte ich
und zog das nächste Wort zurück. Auf das Zufälligste
hatte ich etwas scheinbar Unglaubliches entdeckt, nämlich,
daß Heine in Betreff seiner Abstammung seiner Frau
keine Mittheilung gemacht habe und daß sie, naiv wie
ein Kind, von dieser gar nichts wisse. Seine Ballade
von der spanischen Judenfeindin, die plötzlich erfährt, ihr
Geliebter sei ein Sohn des „schriftgelehrten Rabbi von
Saragossa", flog mir durch den Kopf.

„Sie haben Recht," erwiderte ich sehr ernsthaft.
„In Bezug auf Kohn habe ich mich wohl geirrt."

„Nun, da sehen Sie," triumphirte Mathilde. „Kohn
ist keinesfalls ein Jude, und doch hat er die scharfe Zunge
der übrigen Deutschen! Er wird wohl auch ein Prote=
stant sein, wie Henri — denn Henri ha, ha, ha, Henri

iſt Proteſtant, glaubt an Lütheer! Wenn ich ihm ſage,
daß Lütheer ein abſcheulicher Ketzer war, wird er ordent=
lich böſe und behauptet: er ſei ein großer Mann geweſen,
der größte Deutſche, der je gelebt, der Lütheer! O, wie
man doch in vielen Dingen geſcheit ſein und dabei doch
ſo dumm reden kann! Und Sie, Monſieur, was halten
Sie von Lütheer?"

„Ich halte ihn nicht nur für den größten Deutſchen,
ſondern auch für einen größeren Mann, als irgend einer
der Apoſtel geweſen."

„O mon Dieu! mon Dieu! Da muß ich mir die
Ohren zuhalten und fortlaufen! Der Himmel verzeihe
Ihnen die Sünde, ſo etwas geredet zu haben!"

XIX.

Das republikaniſche Frankreich. — Heine über Politik.

An einem Abend, einige Wochen ſpäter, kam ich
mit Heine auf die Politik zu ſprechen, was eben nicht
oft geſchah. Heine hatte die Politik aufgegeben. Seine
literariſchen Arbeiten ſtanden ihm obenan und die reli=
giöſe Frage ſchlich ſich allmälig in ſein Gemüth.

„Es wird nicht mehr lange ſo bleiben," ſagte er
bitter lächelnd. „Ein Staatsſtreich iſt ein öffentliches
Geheimniß. Man plaudert ſo viel von ihm, daß man
gar nicht mehr daran glaubt, aber er bleibt nicht aus.

Der Präsident arbeitet nach der Schablone seines Onkels und geht auf den 18. Brumaire los. Nur zu! nur zu!"

Er sagte dies Alles ohne Zorn und ich wunderte mich darüber. Was sollte, kann man fragen, der politische Sarkasmus, der den Priesterrock zerreißt und sich sogar an den Scepter der Könige wagt, wenn er dann später lächelnd dem Verrath zusieht? Warum die titanische Verachtung des Bestehenden, der luxuriöse Aufwand von politischem Haß, die blutige Satire, die guillotinirende Ironie? Was war denn Heine noch, wenn er kein Republikaner war?

Er war, das wußte ich, einst ein Anhänger der Julimonarchie gewesen, weil er, wie er sagte, sich keinen bessern Zustand in dem damaligen Frankreich denken konnte. Er hatte eine Unterstützung als Flüchtling bezogen, was ihn nicht hinderte, über die französische Politik zu schreiben, wie er dachte; wogegen die französische Polizei wieder mit größter Bereitwilligkeit seinen Steckbrief mit den ehrenrührigsten Bezeichnungen an die deutschen Polizeiämter sandte. Er hatte den Prinzen Nemours gelobt, doch nur, weil er sich in Bagnères höflich und aufmerksam gegen ihn benommen. Dessenungeachtet schien mir Heine nie ein aufrichtiger Monarchist — was war er also?

Er merkte meine Verwunderung und ergriff meine Hand. „Verstehen Sie mich recht," sagte er. „Als vor ungefähr einem Jahre die Republik proclamirt wurde, war der Welt zu Muthe, als ob etwas, was nichts als ein Traum war und ein Traum sein sollte, Realität geworden wäre. Aber ich habe das Unglück, Frankreich durch langjährigen Aufenthalt nur zu genau zu kennen und ich bin über das, was wir zu erwarten haben, gar nicht im Unklaren.

Die Republik ist nichts weiter als ein Namens= wechsel, ein revolutionärer Titel. Wie könnte sich diese corrupte weibische Gesellschaft so schnell verwandeln? Geld machen, Aemter erhaschen, vierspännig fahren, eine Theater= loge besitzen, aus einem Vergnügen ins andere jagen, war bisher ihr Ideal. Wo hätten diese Menschen ihren Vorrath von bürgerlichen Tugenden bisher so sorgfältig versteckt? Paris, glauben Sie mir, ist gut napoleonistisch — ich meine, hier herrscht der Napoleond'or. Mögen es Andere zu ihrer Parteisache machen, einen Namen aufrecht zu erhalten, mag selbst Proudhon die bestehende Staatsform in dieser ihrer kläglichsten Phase für gegeben, unantastbar und unveränderlich, sogar über den Ursprung aller Rechte und das allgemeine Wahlrecht erhaben er= klären — eine solche Politik ist nicht die meine. Der Name ist mir nichts. Nur das Farbige kann mich ent= zücken, die abstrakte Idee ist ohne Reiz für mich. Was wäre die Liebe, wenn es keine Frauen, die Freundschaft, wenn es keine Freunde gäbe? Verzichten Sie auf die Republik, denn es gibt keine Republikaner!"

Später lächelte er herb und erbarmungslos bei der Agonie der Republik und erwartete ihr Ende mit einer gewissen Schadenfreude. Er lächelte, als wäre er der

Gott des Zerfalls und der Zerstörung selber. Es war, als wünsche er, daß etwas zusammenfalle, was es auch sei, damit er nur das Geräusch eines großen Umsturzes vernehme und riesenhafte Trümmer erblicke. Die furcht= barste Krankheit selbst konnte ihn nicht conservativ und zum Freund der Ruhe machen. Der Kampf war seine Natur, das Mißvergnügen mit dem Status quo und die Negation sein Wesen. Diesem Zuge in ihm lag keine Wildheit, keine Barbarei, kein Vandalismus zu Grunde, sondern er hatte mit dem künstlerischen Bedürfniß ein und dieselbe Wurzel, jeden Gegenstand immer von einer neuen Seite aus, verändert, umgebaut, umgestaltet zu sehen. Es war der Drang einer nach mächtigen Aufregungen sich sehnenden Natur und zugleich ein charakteristischer Zug seiner Skepsis. Charakteristisch ist einer seiner Aussprüche, daß ihm an keiner Erscheinungs= form menschlicher Gedanken etwas liege, weil er an der Quelle der Gedanken selbst stehe. Aus Allem geht her= vor, daß er an gar keine Staatsform glaubte.

XX.

Margot. — Das Fest der Jahresfeier. — Abreise.

Die Pariser Junischlacht hatte die sociale Frage in den Vordergrund gerückt: das Schreckbild des Communis= mus hatte dadurch bestimmtere Züge bekommen. Es war

Pflicht für jeden Gebildeten geworden, sich über die einschlägigen Fragen näher zu unterrichten.

Ich hatte mich auf Proudhon's Werke geworfen und las sie mit außerordentlichem Interesse. Proudhon verdankt Hegel seine dialektische Form, Feuerbach seine metaphysischen Ideen, nur in seiner Kritik des Eigenthums ist er original. Aber ebenso original ist die Darstellung. Dem Reiz derselben entzieht sich kein Leser. Zum Geiste der Analyse tritt ein Selbstbewußtsein, ein Taumel des Hochmuths, ein Rausch, der die Resultate seines Denkens in der bilderreichsten Sprache verkündet.

Nun war Proudhon unlängst mit seinem Project der Volksbank aufgetreten. Eine ganz utopische Institution natürlich, aber wie wußte Proudhon sie anzukündigen! „Ich beginne," schrieb er mit einem lyrischen Feuer ohne Gleichen, „eine Unternehmung, die nie ihresgleichen hatte und der nie eine andere gleichkommen wird. Ich will die Grundlage der Gesellschaft verändern, die Achse der Civilisation versetzen, will machen, daß die Welt, die bisher unter der Einwirkung des göttlichen Willens sich von Westen nach Osten bewegt hat, durch den Willen der Menschen bewegt, sich von nun an von Osten nach Westen drehe. Es handelt sich um nichts anderes, als die Beziehungen der Arbeit und des Capitals umzustürzen, auf die Art, daß die erstere, welche stets gehorcht hat, befehle, und daß das letztere, das stets befohlen hat, gehorche . . . . . Möge der Haß der Privilegirten gegen mich wüthen, die Academie mich beschimpfen,

die Regierung mich strafen, der Priester verfluchen: ich
bin gewiß, Recht zu haben gegen Alle; mein Keim, in
das Volksbewußtsein gelegt, wird aufblühen! Ich habe
als Bürgschaft dafür das Elend der Arbeiter und der
Unternehmer, der Proletarier und der Eigenthümer, das
Elend der Bürger und des Staates, das Elend der
Geister und der Herzen!"

Merkwürdige Worte. Der Mann verstand es wirklich,
mit Flammen zu schreiben.

Nun hatte sich Proudhon der ihm drohenden Verfolgung durch Flucht entzogen, aber sein Blatt erschien
noch unter Alexander Herzen's Leitung, als „Voix du
Peuple". Ich las es leidenschaftlich gerne.

Eines Morgens im April, als ich in meiner Wohnung
in der Cour du Commerce noch beim Frühstück saß, in
die Lectüre meiner Zeitung vertieft, trat der Garçon,
der mich bediente, ein und meldete, daß eine junge Dame
mich zu sprechen wünsche.

Ich war erstaunt, denn ich hatte keine weibliche
Bekanntschaft.

Nun aber ging die Thüre auf — ich erkannte in
der Eintretenden sofort die junge Reisegefährtin, mit der
ich vor anderthalb Jahren von Havre nach Paris gefahren war.

Meine Ueberraschung war außerordentlich.

Margot flog mir lachend an den Hals.

„Ich mußte doch sehen," sagte sie, „ob Sie nach so
langer Zeit Ihrer Reisegefährtin von Havre noch gedenken?"

„Mein Gott," fragte ich, „wie haben Sie denn meine Anwesenheit erfahren? — meine Wohnung aufgefunden?"

„Zufall. Ich komme zuweilen in eine deutsche Buchhandlung, mir neue deutsche Bücher zeigen zu lassen. Da hat man mir gesagt, daß Sie in Paris seien. Nun erkundigte ich mich weiter — kurz, da bin ich!"

„Und Sie unternahmen die Wanderung in dies häßliche entlegene Viertel? Es lag Ihnen also etwas daran, mich zu finden?"

„Ja, aber ich war eine Thörin! Denn ich sehe, daß Sie meinen Ring nicht mehr haben."

Ich entschuldigte mich damit, daß er mir zu klein gewesen.

Seit diesem Vormittag sahen wir uns öfter. Der Frühling war da, wir machten kleine Ausflüge in die Belustigungsorte der Umgegend und waren sehr heiter. Margot — denn so nannte ich sie noch immer — konnte so unbefangen lustig sein.

Meine Hauswirthin im Hotel Britannique war eine Engländerin, welche eine rothe Nase und sehr strenge Grundsätze hatte. Seitdem mich Margot zum erstenmale besucht, zeigte mir Madame Perrot ein feindlich strenges Gesicht und es war ganz gut möglich, daß Margot einmal auf der Treppe mit ihr einen Auftritt haben könne. Wir gaben uns also meist ein Rendezvous auswärts, meist im Jardin du Luxembourg unter den grünen Kastanienbäumen. Von da ging es nach Enghien, Robinson, Auteuil.

Ich bemerkte, daß Margot's Toilette viel reicher als ehedem war, auch hatte sie eine große Abneigung, zu Fuß zu gehen, sei's, daß sie bequemer geworden, sei's, daß sie im Wagen weniger gesehen zu werden meinte. Ihren Namen erfuhr ich noch immer nicht. „Was liegt am Namen?" sagte sie. „Was kann's Dich kümmern, was ich bin und wie ich heiße? Ich bin Deine Margot, das kann Dir genug sein. Du hast mir Dein Wort gegeben, mir nie nachzuforschen, mir nicht nachzugehen, wenn ich Dich verlasse. Ich baue darauf, daß Du dies Wort hältst."

Ich hatte ihr dies alles feierlich versprechen müssen und that wirklich nie etwas, um zu erfahren, wer sie sei, zumal mir das Nichtwissen lieber als das Wissen war . . . .

Dennoch dachte ich über sie nach, wie über ein wunderliches Räthsel. Wer war dies eigenthümliche Geschöpf? Welchen Grund hatte sie, trotz aller Vertraulichkeit, mir ihren Namen, ihren Stand, ihre Wohnung, ja selbst den Stadttheil, in dem sie wohnte, so consequent zu verheimlichen? Verließ sie, wenn sie zu mir kam, eine ehrbare Familie, Vater und Mutter, einen Geliebten, vielleicht gar einen Gatten? Was führte sie überhaupt zu mir? War es wirkliche Neigung, war es der Wunsch, manchmal das Leben einer Studentin, einer Grisette des Quartier latin mitzumachen?

Ich wurde darüber nicht klug.

Mein Leben hatte sich indeß freundlicher gestaltet. Mein Naturell wies mich aus der Gesellschaft der Flücht-

linge fort und in andere Kreise. Ich war mit Emil
Augier, dem französischen Dramatiker, bekannt geworden
und verkehrte ziemlich viel mit ihm. Ich kam auch öfter
zu Madame Kalergi, der wunderbaren Blondine, die
Heine später in seinem Gedicht „der weiße Elefant" so
seltsam gefeiert hat.

Die Welt war noch in großer Unruhe. Die Honveds
standen wieder vor Pest und hatten die Lager bezogen,
die vordem die österreichische Armee inne gehabt. Das
republikanische Venedig rüstete zum hartnäckigsten Wider=
stand. Die Franzosen waren in Civita=vecchia gelandet
und rückten gegen Rom. Die heilige Stadt verschanzte
sich unter Mazzini's Dictatur mit Barrikaden und er=
wartete Garibaldi als ihren Retter.

Unter solchen Umständen und Zeichen wurde der
erste Jahrestag der Verkündigung der Republik durch die
Nationalversammlung gefeiert und zwar mit dem größten
Gepränge. Ein prachtvoller Morgen hatte am vierten Mai
eine zahllose Menge auf den Eintrachtsplatz gelockt, wo
die Bürgergarde und die reitende Artillerie der National=
garde ihre Aufstellung genommen hatten. Die Aus=
schmückung des Platzes mit den zahllosen dreifarbigen
Wimpeln an hohen Masten war von überraschendster
Großartigkeit. An den Obelisken war ein Altar gelehnt,
an welchem eine kurze kirchliche Feier gehalten worden
war. Das Pariser Volk strömte daran vorüber, den
elyseeischen Feldern zu, harmlos und spectakelfroh, wie
zu Louis Philipp's Zeit. Ich war mit Heinrich Seuffert

hinausgezogen, wir plauderten von hundert Dingen und
ich hatte einen Einfall, an den ich noch oft erinnert
worden bin, weil er fast prophetischer Natur war.

„Das Blau-Weiß-Roth der französischen Tricolore," hatte
Senffert im Hinblick auf die zahllosen Bündel von Fähn-
chen gesagt, die lustig vor uns im Winde flatterten, „hat
doch etwas ungemein Munteres und entspricht dem auf-
geweckten Naturell, das man den Franzosen zuschreibt.
Unser Schwarz-Roth-Gold ist dagegen ernst und schwer-
fällig."

„Da gebe ich Ihnen Recht," erwiderte ich, „es
ist von düsterer Feierlichkeit. Es ist aber auch absolut
unmöglich, daß eine ganze Stadt Fahnen in unseren alten
Reichsfarben ausstecke, denn Goldbrocat ist zu theuer.
Wird das Gold durch Gelb ersetzt, ist das Ganze un-
schön. Was also sollen unsere Farben sein?

Wir brauchen allerdings Schwarz als die Farbe eines
ernsten und beharrlichen Volkes. Das Blau hat Goethe
ein „reizendes Nichts" genannt und so ziemt es den
Franzosen. Wenn wir als Symbol einer möglichen Neu-
geburt das preußische Schwarz-Weiß, als die Farben des
größten deutschen Stammes annehmen und dazu ein
frisches süddeutsches Roth legten, hätten wir die schönste
Tricolore der Welt."

Abends stiegen mächtige beleuchtete Ballons in die
Luft und das schönste Feuerwerk, das ich je gesehen,
beleuchtete den ungeheuren Raum taghell. Ganze Zauber-
paläste, aus Flammen gebaut, erschienen und verschwanden,

dabei wirbelten die Trommeln und erſcholl die Marſeillaiſe.
Es war für mich ein Feſt, dem ich keins vergleichen
konnte.

Am anderen Morgen trat ich meine Reiſe in die
Heimat an.

Viertes Buch.

I.

Als ich Mitte Mai 1849 wieder in Frankfurt ein-
traf, hatte der fünfte Act des Trauerspiels dort schon
begonnen. So laute und furchtbare Stürme waren im
Parlamente, das die Paulskirche wieder bezogen hatte,
noch nicht erlebt worden. Die Zahl der Abgeordneten
war stark geschmolzen, die meisten österreichischen Deputirten waren ausgetreten oder rüsteten sich gleichzeitig mit
dem Erzherzog-Reichsverweser zur Abreise. Das Centrum,
die erbkaiserliche Partei, war übel daran. So lange hatte
sie ihre Anhänger mit dem Argumente hingehalten: wie
würden wohl Leute wie Heinrich von Gagern, Dahlmann,
Vincke einen Kaiser machen wollen, wenn sich die Seele
ihnen nicht längst verschrieben hätte? Nun hatte der
König die ihm von der Majorität angebotene Kaiserkrone
abgelehnt. Dazu trat die Auflösung der Berliner Kammer.
Die Anrufung russischer Hilfe von Seite Oesterreichs
ließ auf weitgehende zusammenhängende Pläne der Regierungen schließen. Die Nationalversammlung oder viel=

mehr ihre Ueberbleibsel sahen dem Tage entgegen, an dem man sie auseinandertreiben werde.

Einer meiner ersten Gänge hatte meinem Freunde Trütschler gegolten, dem ich mich im vorigen Jahre aufs Engste angeschlossen hatte.

Adolf von Trütschler, Mitglied der Frankfurter Linken, gehörte durch Blutsverwandtschaft und Verschwägerung den ältesten Familien Sachsens an. Er besaß zwei schöne Rittergüter im Voigtlande. Er war ein Mann von etwa zweiunddreißig Jahren, von mittlerer Größe, schlank, hatte ein schönes Gesicht, blaue Augen, schlichtes, blondes Haar. Er war im höchsten Grade talentvoll, liebenswürdig, voll Offenheit, dabei ruhig, gelassen, voll Sachkunde in juristischen, technischen und landwirthschaftlichen Dingen.

„Ich bin zum Regierungscommissär für die Pfalz ernannt," sagte Trütschler sofort, „und gehe morgen nach Kaiserslautern ab. Komm mit, begleite mich! Es ist etwas Herrliches, ein Volk zu sehen, das für seine Freiheitsrechte einsteht!"

„Meinst Du denn," fragte ich nach längerem Besinnen, „daß die Bewegung dort Aussicht auf Erfolg hat?"

„Hätte ich denn die Aufgabe übernommen, wenn ich nicht an ihre Durchführbarkeit glaubte?" erwiderte Trütschler. „Die Pfalz tritt mit ihrer gesammten Bevölkerung für die von Frankfurt votirte Reichsverfassung ein."

„Mein Gott, die Reichsverfassung!" rief ich. „Ihr seid ja todt, habt ja nur noch eine Schein-Existenz. Wie

sollte die von Euch votirte Reichsverfassung lebendig
werden?"

„Du bist lange fortgewesen," war die Antwort.
„Du kennst die Situation nicht mehr. Es hat ein gewaltiger
Umschwung in der öffentlichen Meinung stattgefunden. Das
Frankfurter Parlament ist nicht todt, wie Du meinst, es
ist jetzt eigentlich stärker, als je zuvor. Tausende und
Tausende, die den Gang der Versammlung nicht immer
gebilligt, haben sich jetzt ihr angeschlossen, um nicht allen
Boden unter den Füßen zu verlieren. Die Reichsver=
fassung, vom Parlamente votirt, tritt in Kraft. Aller=
dings auf begrenztem Terrain. Sie wird sich weiteren
Boden, glaube mir, schon noch erobern. Die Pfälzer
sind ein gar besonnener Stamm. In diesem Lande ist
nicht von Anarchie und socialem Umsturz die Rede, man
will nur ein zu Recht anerkanntes Gesetz vertheidigen,
wofern es gefährdet sein sollte. Die Erhebung dort ist
nichts als der Unwille eines durch seine freien Insti=
tutionen durch und durch politisch gewordenen Volks über
die Schmach gröbster Rechtsverletzungen. Wir haben am
elften April im Parlamente die feierliche Erklärung vor
der deutschen Nation abgegeben, an der Reichsverfassung
einschließlich des Reichswahlgesetzes unwandelbar festzu=
halten. Jeder von uns ist durch sein Ehrenwort gebunden.
Die Reichsverfassung ist unsere Fahne. Man irrt, wenn
man glaubt, die Sache sei aus. Die Revolution tritt in
ihr zweites Stadium. Im Süden wird sich die deutsche
Frage entscheiden."

„Heute Abends werde ich Dir sagen können, ob ich Dich begleite," war meine Antwort.

Unmittelbar darauf fand ich einen Brief meiner Mutter vor, die mich auf's Dringendste zur Heimkehr auf- forderte. Ich zeigte Trütschler den Brief.

„So gehe heim," sagte er. „Mit einem getheilten Herzen sollst Du nicht mitkommen. Ich bin nun auch seit Jahr und Tag vom Hause fort. Ich sehne mich nach meiner Frau und meinen lieben Kindern. Auch auf meinen Gütern wäre ich dringend nöthig. Aber es geht nicht anders. Wir haben uns feierlich verpflichtet, für die Reichsgrundgesetze mit Gut und Blut einzustehen und jeden Angriff darauf, er komme woher es auch sei, ab- zuwehren. Wir haben eine Pflicht zu üben. Es ist übrigens auch Zeit, daß wir, nachdem wir hier so lange gesprochen und sprechen gehört, etwas vollbringen."

„Ueber mir ist das Los geworfen, daß ich in allen Dingen nur ein halber Mensch sein soll," sagte ich.

In innerem Zwiespalt, voll Gram, die Ideale meines Herzens nicht verwirklichen zu können, reiste ich unmittel- bar darauf von Frankfurt ab.

In Karlsbad angekommen, folgte ich mit athemloser Bewegung den Vorgängen in der Pfalz. Es ging nicht gut dort, man gerieth immer mehr auf eine abschüssige Bahn. In Baden, wo eine Militärmenterei ausgebrochen und der Großherzog entflohen war, wurde ein Landes- ausschuß gebildet, der sich mit der provisorischen Regie- rung der Pfalz verbrüderte, worauf in militärischer Be-

ziehung die Rheinpfalz und Baden ein Land bilden sollten.
Nun wurden 120.000 Mann Preußen, Mecklenburger,
Hessen gegen die Pfalz und Baden dirigirt. Die Höfe,
die sich ein ganzes Jahr lang über keinen einzigen Plan
zum Heile Deutschlands hatten einigen können, einigten
sich jetzt rasch. Es kam zu blutigen Entscheidungen.
Die Hauptschläge waren gegen Baden gerichtet. Das
Corps unter Peuker, dessen Kern hessische und mecklen-
burgische Contingente bildeten, rückte unaufhaltsam vorwärts und im Treffen von Waghäusel wurde die Insur-
rectionspartei, deren Oberbefehl der Pole Mieroslawsky
übernommen hatte, vollständig geschlagen. Die Regierung
und die stark zusammengeschmolzene constituirende Versammlung floh nach Offenburg und von da nach Freiburg.
Auch die Murglinie erwies sich als unhaltbar, Peuker
bedrohte die Insurgenten im Rücken. Ein Rest badischer
Truppen und Freischärler ließ sich in Rastadt einschließen,
konnte sich aber nicht halten. Viertausend Mann streckten die Waffen und wanderten in die Kasematten.

Mit den Preußen war das Standrecht eingezogen,
Baden war plötzlich eine preußische Provinz geworden.
Wochenlang war die Karlsruher Zeitung Nummer für
Nummer angefüllt mit Steckbriefen und Fahndungen gegen
Personen, die wegen Theilnahme am Aufstand verfolgt
wurden. Unter den Spitzkugeln der Sieger verbluteten
Dortü, Biedenfeld, Neff, Elsenhans, Tiedemann u. s. w.

Auch Trütschler war gefangen genommen worden.
Am dreizehnten August fand in Mannheim die Verhand-

lung gegen ihn statt. Er hielt vor dem Kriegsgerichte eine fast dreistündige meisterhafte Vertheidigungsrede, die alle Anwesende auf's Tiefste erschütterte, aber über die von wildem Parteihaß erfüllten Richter nichts vermochte. Nach neunstündiger Verhandlung, der auch seine Frau mit den drei Kindern beiwohnte, wurde Trütschler einstimmig zum Tode verurtheilt und das Urtheil sofort, Abends acht Uhr, vollzogen.

Hunderttausende hatten zu jener Zeit bei mehr oder minder feierlichen Gelegenheiten den Schwur geleistet, „mit Gut und Blut" für die „Reichsverfassung" einzustehen. Trütschler war Einer gewesen, der diesen Eid ernst genommen hatte.

Ich habe meinem Freunde ein treues Gedächtniß bewahrt, doch erst dreiunddreißig Jahre nach seinem Ende war es mir vergönnt, sein Grab zu besuchen.

Schon lange vor dem Zusammenbruch der Bewegung in der Pfalz und Baden hatte das deutsche Parlament ein klägliches Ende gefunden. Die Nationalversammlung war nach Stuttgart übersiedelt. Einhundert und acht Mitglieder trafen dort ein und wurden von Ergebenheitsadressen zahlreicher würtembergischer Städte, Orte und Vereine begrüßt. Ein an sich höchst trauriges Local, die Fritz'sche Reitbahn, war ihnen eröffnet. Aber schon nach der ersten Sitzung wurde ihr mitgetheilt, daß weitere Sitzungen in Stuttgart und Würtemberg nicht mehr zugegeben werden könnten. Am 18. Juni waren die dem Sitzungslocale zunächst gelegenen Straßen militärisch abgesperrt. Als gegen Drei ein Zug von Abgeordneten, Uhland, Schott und der Präsident Löwe an der Spitze, auf das Parlamentslocal zugehen wollten, ritt ihnen ein Major entgegen und forderte sie auf, auseinanderzugehen. Reiterei sprengte heran und hätte Uhland beinahe über den Haufen geritten. Das Volk wich und alles war vorüber.

Das deutsche Parlament hatte einen Verlauf genommen, wie die Abschiedssymphonie des deutschen Meisters, in der ein Musiker nach dem andern das Licht ausbläst und verschwindet. Doch zum Finale war es nicht gekommen; die letzten hatte ein Wetterschlag auseinander gejagt.

Heroischer, aber kaum weniger traurig, hatte fast gleichzeitig die Bewegung in Ungarn geendet. Im Juni waren die Russen von mehreren Punkten aus zur Unterstützung der Oesterreicher unter Jellacic und Haynau eingerückt. Sie drangen vor, nahmen Pest-Ofen und siegten bei Temesvar. Kossuth übergab im August die Dictatur an Goergey und ging in die Türkei, Goergey aber streckte am dreizehnten August mit dreißigtausend Mann und hundertzwanzig Kanonen die Waffen vor Rüdiger. Die Führer des Aufstandes flohen, endigten am Galgen oder wurden zu Pulver und Blei begnadigt.

Nur Komorn wurde noch von Klapka — bis zum 27. September - vertheidigt.

Die vergrabenen Reichskleinodien sollten erst vier Jahre später wieder aufgefunden werden.

Auch in Italien war die Ruhe wieder hergestellt worden. Venedig war im August in den Besitz Oesterreichs zurückgekehrt, die Mittelstaaten nahmen ihre früheren Souveräne wieder auf, in Rom lag die Republik in den letzten Zügen, die französische „Schwesterrepublik" ward die Zerstörerin der römischen.

Der gleichzeitige Zusammenbruch aller anständischen Bewegungen konnte gar nicht vollständiger sein.

Furchtbar war das Schicksal der deutschen Abgeordneten, die in Frankfurt und anderswo die deutsche Volkssache vertheidigt hatten. Steckbrieflich verfolgt, flüchtig, zu Rechenschaft und Strafe gezogen, suspendirt, abgesetzt, polizeilich und gerichtlich geplagt, blickten die meisten auf zerstörte Lebens- und Vermögensverhältnisse und waren mit ihren Familien dem Mangel und dem Elend preisgegeben.

Von den Zweihundert, welche in Frankfurt die entschiedene Linke gebildet hatten, war kaum Einer unversehrt geblieben. Dreiundvierzig lebten im Exil in der Schweiz, in Frankreich, Belgien, England, Nordamerika (darunter Fröbel, M. Hartmann, A. Ruge, Schlöffel, Heinrich und Ludwig Simon, Titus, Wesendonk, Wiesner, Würth, Zitz.) Verurtheilt waren Temme, Trampusch (Oesterreicher, 3 Jahre Spielberg), Dr. Zimmer (Oesterreicher, fünf Jahre), Zimmermann aus Spandau (zwölf Jahre), Heubner (Dresden) (zum Tode verurtheilt, zu lebenslänglichem Gefängnisse begnadigt), Hensel aus Zittau (zwölf Jahre), Damm (fünfzehn Jahre), Brentano und

Werner zu lebenslänglichem Zuchthaus. Standrechtlich
erschossen waren R. Blum und v. Trütschler. Es war
eine furchtbare Liste, die sich aufrollte, wenn man an
seine Bekannten und Freunde zurückdachte.

Die Idee und der Rausch der Zeit hatte diese
Männer erfüllt und sie auf einen Standpunkt gehoben,
von welchem aus das Einzelleben und sein Glück als
etwas Unwesentliches betrachtet wurde. Nun mußte man
fast die Todten als die Glücklicheren preisen, weil sie
dem Widerspruch zwischen der Welt und ihren eigenen
Idealen entrückt waren.

Im Innersten getroffen, zog ich mich von allem
Verkehr zurück und irrte auf den einsamsten Waldpfaden
von Karlsbad umher. Was war im Ganzen und Großen
durch die Revolutionen gewonnen, welche die Welt während
zweier Jahre erschüttert und so viel Opfer gekostet hatten?
Die Antwort war: Das alles sei Werden, sei Entwickelung. Man beruhigte sich, der Philosophie jener Zeit
gemäß, damit: durch diese Gegensätze müsse die Sache
hindurchgehen. Aber dies Beruhigungsmittel war trüge-
risch und schlug auf die Länge nicht an. In diesen furcht
baren dialectischen Proceß, wo die „Idee durch das logisch
sich Widersprechende hindurchzugehen habe", hineingeworfen,
konnte man lange auf den Rückschlag warten. Würde
man ihn noch erleben? War ein Ende abzusehen?

Was konnte jetzt Einer schreiben, der so tief wie
ich mit dem Gemüthe an der Bewegung von 1848
betheiligt gewesen war? Das Auge blickte gleichsam in

eine vom Sturm verheerte Gegend hinaus. Es war wie
nach einem Erdbeben. Da war kaum etwas aufrecht
stehen geblieben. Ich fühlte mich krank vor Gram und
Enttäuschung. Ich sann und sann, schließlich condensirte
ich meine Frankfurter Erinnerungen in ein satyrisches
Gedicht „Der Sohn des Atta Troll". Es ist ein bitter=
schmerzliches Gelächter über den braven, vertrauensvollen,
ehrlichen, aber total unpraktischen deutschen Michel, der
mit der Revolution so wenig anzufangen wußte und sich
nach Verlauf eines Jahres fast wieder um alle seine
„Errungenschaften" gebracht sieht; mehr ein Product des
dem Schmerze verwandten Humors, als der Komik. Es
ist im Spätherbst bei meinem damaligen Verleger er=
schienen, hat damals viele Leser gefunden, ist aber jetzt
verschollen und vergessen.

II.

Waffengeklirr.   Schwere Zeit.

Es sah indeß kriegerisch aus. Oesterreich machte
Miene, die Ordnung der Zustände in Deutschland dictiren
zu wollen. An der Grenze Böhmens wurde   und
ebenso in Vorarlberg — ein „Observationscorps" auf=
gestellt, und auf fünfzigtausend Mann verstärkt. Prag
sah täglich neue Soldatenschaaren, zahllose Transporte
von Munition und Geschützen. Theresienstadt und Josef=

stadt wurden die Knotenpunkte militärischer Vorbereitungen, man wußte nicht, was aus diesen Hexenküchen
hervorgehen werde. Man hörte, daß diese Aufstellungen
decimirt wurden durch Seuchen, die man aus der Tief-
ebene Ungarns mitgebracht.

Trotz der jämmerlichen Finanzlage sagte man: Oesterreich sei mächtiger als je zuvor, seine Stellung in Italien
und Deutschland stärker als je. Im Bunde mit den
Mittelstaaten werde es Preußens Politik vereiteln und
diesen Nebenbuhler zur Unterwerfung unter den alten
Bundestag zwingen.

Die Czechen waren in großer Bewegung und sammt
und sonders höchst unzufrieden. Die österreichische Centrali-
sation bedrohte sie in allen ihren Erwartungen. 1848
hatten sie sich aus Furcht vor einer großartigen Gestaltung des deutschen Reiches in die Arme Oesterreichs
geworfen, und: „Erhaltung des österreichischen Gesammt-
staates" zu ihrer Losung gemacht. Nun, da die Revolution erstickt war, sahen sie sich nicht besser behandelt, als
die Besiegten. Sie sahen sich von jeder Hoffnung auf
Erringung eines selbständigen Lebens abgeschnitten, es
schien, als ob ihre Sprache, eben erst wieder zu einigen
Ehren gebracht und durch die patriotischen Anstrengungen
ihrer Publicisten neu belebt, nie in die Sphäre parlamen-
tarischer Aeußerung treten solle.

Hawlitschek war aus Wien, wo er sich vergeblich
um die Erlaubniß zur Wiederherausgabe seiner Zeitung
bemüht hatte, zurückgekehrt und wanderte in seinem slova-

kischen Costüm finsterer als je durch die Gassen Prag's. Ich begegnete ihm nie, ohne mit ihm zu reden, denn wir waren im Clementinum auf derselben Bank gesessen und so sprachen wir auch jetzt miteinander.

In Wien hatte ihm ein Minister gesagt: „Es ist tief bedauerlich, daß in die slavische Nation ein solcher Geist politischer Bewegung gefahren ist. Das ist ganz unnatürlich, widerspricht dem Wesen des Slaven. Erinnern Sie sich doch an die Worte, die einst Abgeordnete Ihres Volkes an den Ungarkönig Asmus richteten. Sie sagten: „Wir sind Slaven, spielen die Flöte und wissen nichts von Politik!"

Hawlitschek antwortete:

„Freilich sind wir arme Flötenspieler, die von Politik nichts verstehen. Aber wir haben einen reichen Onkel, der spielt die Baßgeige. Und wenn der nicht herbeigekommen wäre, hätten alle Könige Europa's nicht ihr Tedeum aufspielen können."

Es ist begreiflich, daß solche Antwort die Petition Hawlitschek's um Weitererscheinen seiner Zeitung nicht förderte.

Der März, ein Monat der Reminiscenzen, brachte Prag zwei bedeutungsvolle Tage. Der 13. März, der Jahrestag der Wiener Revolution, wurde doch gefeiert, wenn auch nur mit einer Todtenmesse, die diesmal wahrlich den Namen einer „stillen Messe" verdiente. Um zehn Uhr Morgens versammelte sich die Studentenschaft in der Theynkirche. Vor dem Altar brannte ein dickes,

coloſſales Wachslicht und auf einer ſchwarzen Tafel, die
mit Flören umhangen war, ſtanden nur die Worte:
13. März 1848. Ein Geiſtlicher las die Meſſe für
dieſen Todten, nach dem er ſich nicht näher erkundigt
hatte und mag ſogar, wie die Ritualien es befehlen, den
Herrn im Namen des Verſtorbenen um ein freudiges
Auferſtehen gebeten haben.

Seltſamer Act, eine ergreifende Erinnerung für
Jeden, der ihm beigewohnt! Mindeſtens tauſend Studenten
füllten die Kirche, Deutſche und Slaven, und gedachten
der damals Gefallenen. Die Feier blieb ungeſtört von
der Polizei; als ſie von ihr Kunde erhielt, war Alles
bereits vorüber. Auch wurden die Veranſtalter der Feier
nicht unter's Militär geſteckt, wie es im vorigen Jahre
den Studenten in Wien geſchehen, die eine Gedächtniß=
feier in der Stefanskirche abhalten wollten. Niemand
konnte ihre Namen erfahren.

Lärmend hatte ſich neben dieſer ſtillen Geiſterbeſchwö=
rung das Feſt der „Conſtitutions-Octroyirung" am 4. des
Monats ausgenommen. Schon mit frühem Morgen begann
ein Trommeln und Blaſen, die ſtarken Heeresmaſſen, die
in und um Prag garniſonirten, waren mit grünen Reiſern
auf den Czako's den Hradſchin hinaufgezogen, wo ein
Tedeum geſungen worden war. Bald donnerten die
Batterien vom Zwinguri der Marienſchanze und er=
innerten die ſtille Bevölkerung daran, was ſie ſich von
der neuen Regierungsform zu denken hätte. Geradezu
merkwürdig war dieſe Conſtitutionsfeier in einem Lande,

in welchem auch nicht eines der Grundgesetze aufrecht-
erhalten geblieben war und in dem eine dictatorische Regierung mit einer Willkür schaltete, wie sie kaum noch in
der Geschichte dagewesen. Auch blieb es der officiellen
und officiösen Presse allein vorbehalten, den Tag zu
preisen, weil man durch die Constitution „wenigstens
einen Boden erhalten", auf dem sich später, wenn der
Säbel bei Seite gelegt wäre, ein gewisser Rechtszustand
einführen ließe.

Indeß erwartete man in Prag von Tag zu Tag
die Publicirung der Kriegsurtheile über einen größeren
Theil der unglücklichen jungen Leute, die seit dem Mai
des vorigen Jahres in den Gefängnissen des St. Georgs-
klosters schmachteten und die durchaus an einer „weitver-
zweigten Verschwörung" schuldig sein sollten. Aber Commissionen reisten von Prag nach Breslau und von Breslau nach Dresden, ohne etwas auffinden zu können. Die
Zahl der Gefangenen war allmälig auf Achtzig heran-
gewachsen; es waren beinahe ohne Ausnahme Studenten.
Sie waren ihren gesetzlichen Richtern entzogen, wurden
von einem Kriegsgerichte wegen problematischer Verbrechen
abgeurtheilt, die sie lange vor Einsetzung dieses Ausnahms-
gerichtes begangen haben sollten. Dennoch wagte keine
Stimme diese Thatsachen zur Sprache zu bringen.

Alles fragte sich, wie lange dieser Zustand einer
schrankenlosen Militärherrschaft dauern solle? Man glaubte
ihr Ende nahe. Da wurden Plakate über Verschärfung
des Belagerungszustandes an die Ecken geschlagen.

Und in der „kaufmännischen Ressource“, angeblich
aus Deutschen bestehend, fanden sich hundert und drei
Mitglieder, die dem Fürsten Windischgrätz vor seiner
Abreise nach Wien einen silbernen Lorbeerkranz über-
reichten. Ihre Adresse und die Antwort des Fürsten
ließen sie für ihr Geld als Annonce in der Zeitung
einrücken, ihre Namen hinzuzufügen, hatten sie weislich
vergessen.

III.

Abreise nach England. — Dr. Schutte.

Zögernd war ich nach Prag zurückgekehrt und verhielt mich dort ganz still. Aber so still man sich auch
verhielt, man konnte den fortwährenden Provocationen
doch nicht entgehen. Eines Tages, es war im Mai,
als ich über den Graben ging, erblickte ich die Don
Quichote-Figur des Kreuzercigarrengrafen. Er „stellte
mich“, indem er seinen Stock in die Erde bohrend, vor
mir stehen blieb.

„Nun, mein Lieber,“ sagte er, „jetzt müssen's ja
ganz zufrieden sein?“

„Warum?“

„Warum? Sie haben ja immer gesagt, der Volkswille soll regieren. Jetzt regiert ja der Volkswille!“

„Daß ich nicht wüßte!“

13*

„So? Sehen's das noch immer nicht ein: jetzt regiert der Volkswille. D' Völker wollen nicht frei sein. Sie und der Hartmann wollen frei sein. Aber wegen Ihnen zwei kann man die Weltgeschichte nicht anders machen. Guten Morgen!" — Damit zog er weiter.

Mir war die Luft zum Ersticken. Ich sehnte mich fort und meine Eltern waren damit einverstanden, daß ich reise. Lange schon hatte ich mich erfolglos um einen Paß beworben, jetzt war ich entschlossen, mich auch ohne Paß aufzumachen. Mein Ziel war England, das ich durchaus kennen lernen wollte. Anfangs Juni saß ich, in der Bahnhofsrestauration zu Hannover, als Jemand die Hand auf meine Schulter legte. Ich blickte auf und gewahrte zu meinem größten Erstaunen den „Bürger" Schütte, den ich seit Frankfurt nicht mehr gesehen, und der nun lachenden Gesichtes vor mir stand. Er war wie gewöhnlich sein und elegant mit wohlgepflegtem Schnurrbärtchen.

„Nun, was sagen Sie!" begann er nach kurzem herzlichen Gruße. „Waren das doch idyllische Zeiten, als Metternich und Sedlnitzky regierten! Jetzt Kriegsgerichte fortwährend in Action, alle Verfassungsgesetze aufgehoben, Ungarn eine vom Baron Gehringer administrirte Provinz geworden, der blanke Absolutismus."

„Ja, es ist weit gekommen, in der That."

„Drei Dinge haben es so weit kommen lassen," fuhr Schütte fort, „eine Regierung, die jedesmal davon lief, wenn es Wirrnisse gab, die Unbildung der Massen und — die Talentlosigkeit der Führer."

„Sie waren ja im October wieder in Wien?" fragte ich.

„Allerdings. Kaum war es in Wien losgegangen, als ich schon hineilte, mich der Sache zur Verfügung zu stellen. Da war ich — aber ich fand die Meinigen vom März ganz verändert! Die Wiener wollten jetzt lediglich mit einheimischen Kräften arbeiten. Sie wollten keine Einmischung von Fremden mehr. Man hat mich überall ausgebissen und schließlich kalt gestellt. Man hat sogar — denken Sie nur! — verbreitet, ich sei ein Emissär der Jesuiten! Ach, diese einheimischen Kräfte! Wie schlecht haben sie es angegriffen! Ungeschickte Lehrbuben haben mit dem gefährlichen Elemente des Feuers gespielt und endlich Haus und Hof in Brand gesteckt! So etwas, wie der Mord Latour's darf doch bei einer geleiteten Bewegung nicht stattfinden! Nicht wahr? Ich bin aus Aerger krank geworden, bekam einen Magenkatarrh, wurde gelb wie eine Quitte! Krank, wie ich war, stand ich noch immer aufrecht, aber man hörte nicht mehr auf meine Stimme. Sie wissen, ich war immer ein Prediger der gesunden Vernunft. Ich hätte alles anders gemacht."

„Sie gehörten ja zu Denen, deren Auslieferung Fürst Windischgrätz verlangt hat. Wie sind Sie doch aus dem belagerten Wien herausgekommen?"

„Ganz einfach, einfach," erwiderte Schütte. „In der Zeit nach dem ersten November, als Fürst Windischgrätz die Stadt schon eingenommen hatte, hielt ich mich in sicherem Versteck, zog aber sorgfältig Erkundigungen

ein über die Maßregeln der Behörde denen gegenüber,
die die Stadt verlassen wollten. Der dreisteste Weg
schien mir der sicherste, darum wünschte ich vor allem zu
wissen, ob man unter Umständen mit der Eisenbahn abreisen könne? Ich erfuhr, daß dazu eine besondere Mini-
sterial-Genehmigung erforderlich sei, welche durch Ausfüllung
gedruckter Formularkarten ertheilt werde. Eine solche
Karte war bald in meinem Besitz, sie lautete auf den
Ministerialbeamten Müller. Was ich aber nicht erfahren
hatte, war, daß die Farben der Karten, um Unterschleife
zu erschweren, täglich wechselten. Am bestimmten Tage
mache ich mich auf, erreiche ungefährdet den Bahnhof und
nehme meinen Platz im Coupé ein, ohne durch irgend
eine Controle molestirt zu werden. Der Zug füllt sich,
man hatte die Passagiere in möglichst wenige Wagen zu-
sammengepreßt, zur Erleichterung der Uebersicht. Die
Abfahrtszeit rückt heran, da erscheint Militärmannschaft,
die den Perron und die Ausgänge besetzt, zugleich tritt
ein Polizeicommissär an jedes Coupé mit den Worten:
„Legitimationskarten, bitte!“ Unbefangen reiche ich die
meinige hin. Der Commissär schaut sie verwundert an.
„Aber das ist nicht die heutige Farb',“ sagt er. Mein
Mißgriff wurde mir klar, die Lage war kritisch. Doch
hier galt kein Besinnen. Ich blickte dem Mann scharf
in's Gesicht mit den Worten: „So lesen's doch, wer ich
bin, Sie Esel!“ Und ein unterthäniges „Verzeihn's Ei'r
Gnad'n!“ brachte mir die Karte zurück. Zwei Minuten
später dampften wir schon ins freie Land hinaus.“

„Das hatten Sie klug angestellt," meinte ich, „Sie haben von Glück zu sagen."

„Wie man es nimmt," erwiderte Schütte. „Als es in Wien bekannt wurde, wie ich entkommen, da sagten meine Feinde: nun könnt Ihr doch nicht länger an Schütte's Zweideutigkeit zweifeln? Er ist einfach auf der Eisenbahn abgereist, als alles vorüber war. Und von da war nur noch ein Schritt zur Behauptung, daß ich während des October mit dem Fürsten Windischgrätz correspondirt habe. Auch das hat man gesagt."

Schütte hätte noch lange weiter erzählt. Das Glocken= zeichen, der Ruf: Einsteigen! der Aufbruch eines Theils der Reisenden machte den Erzählungen ein jähes Ende. Wir trennten uns in der Zuversicht, recht bald wieder auf einander zu stoßen, aber im Buch des Schicksals war vorausverzeichnet, daß wir uns nie mehr sehen sollten. — Nur hören sollte ich noch von ihm.

IV.

Arthur und Odo Russell.   Englische Eigenthümlichkeiten. — Eine Unterhaussitzung.

In London in den ersten Tagen des Juni ange= kommen, folgte ich einer Einladung der Lady William Russell, die während mehrerer Winteraufenthalte in Karls= bad meinen Eltern befreundet worden und uns Allen sehr

zugethan war und zog in das Haus derſelben: Parklane,
Audley Square.

Lady William Ruſſell war eine geniale Frau von
imponirender Erſcheinung und faſt männlichem Geiſte.
Sie war eine vollſtändige Gelehrte, las lateiniſche und
griechiſche Autoren im Original und hatte die Erziehung
ihrer beiden jüngeren Söhne, Arthur und Odo, ſelbſt
geleitet.*) Voll Dranges, alles zu kennen, hatte ſie ſich
in der Einſamkeit des Karlsbader Winters ſogar auf's
Hebräiſche geworfen und bei einem kleinen jüdiſchen
Graveur Unterricht genommen, um den Pentateuch und
den Kohelet im Original leſen zu können. Ein langer
Aufenthalt auf dem Continent hatte ſie ſtark entengländert
und von vielen Vorurtheilen befreit. Mir hatte ſie ſeit
Jahren eine große Theilnahme bewieſen, hatte mich,
meinem Vater entgegen, in meinen ſchriftſtelleriſchen
Plänen unterſtützt und vermuthlich auch vor polizeilicher
Verfolgung geſchützt. Ich weihte ihr dafür eine unbe-
dingte Verehrung.

Es war die Zeit der vornehmen Londoner „Seaſon".
Alltäglich gegen Zwei ſtieg Lady Ruſſell in den herrlichen Galawagen, um durch die Straßen des vornehmen
Viertels zu rollen, von fünf zu fünf Minuten anzu-
halten und Karten auszuwerfen, während wieder vor
ihrer Thüre endlos Galawagen vorfuhren und Karten

---

*) Arthur Ruſſell iſt jetzt Lord Ruſſell, Odo jetzt Lord
Ampthill, engliſcher Botſchafter in Berlin.

abgegeben wurden, die auf silbernen Platten gesammelt, einen Berg bildeten. Ebenso hatten meine jungen Freunde jede Nacht ein Ballfest in der Aristokratie mitzumachen. Die Sitte des High life verlangte, daß sie jede Nacht zur Zeit, da andere Leute schlafen, sich in hellbeleuchteten Sälen herumtreiben, bei sommerlicher Hitze tanzen, den Magen mit warmem Theewasser und Gebäck überladen und musikalischen Genüssen fröhnen mußten. Zur Zeit, als ich aus dem Theater kam, also kurz vor Mitternacht, hatten sie sich in die allerengsten Stiefeln gezwängt und waren mit ihrer Toilette fertig geworden; bald darauf hörte ich sie im Wagen davonfahren, der sie in der Morgenstunde zwischen Drei und Vier wieder abholen sollte.

Solche Lebensführung auf der höchsten Höhe gesellschaftlicher Existenz ist wohl bedauernswürdig und der Gipfelpunkt des Unsinns. Man muß das Leben der englischen Aristokratie aus einiger Nähe angesehen haben, um recht zu begreifen, wie es, von allen andern nicht zu reden, einen Byron aus einer so ungesunden Atmosphäre hinaustrieb, in sonnigeren Climaten ein natürlicheres Leben aufzusuchen und in seinem Don Juan die bittersten Satyren auf dies High life zu schreiben. Meine beiden jungen Freunde schätzte nur ihre in der Fremde genossene Erziehung und ihr gesundes Naturell. Sie machten alles wie ein in London nun einmal nicht zu umgehendes Ceremoniell mit, ohne sich über den Werth oder Unwerth dieses Treibens einer Täuschung hinzugeben.

Ich blieb den ganzen Vormittag allein: alles schlief im Hause. Ich konnte meine Kaffeemaschine anzünden und frühstücken, konnte im benachbarten Park spazieren gehen oder zu Hause in einem großen Bücherzimmer die ungeheuren Bücherschätze der Familie benutzen. Ich machte vom letzteren nach Kräften Gebrauch.

Nach ein Uhr fand ich mich wieder im Dining-room ein, wo ein großer Tisch mit allerlei kalten Platten besetzt war. Noch immer waren meine jungen Freunde nicht erschienen. Aber die Zeitungen waren eingelaufen und ich konnte, wenn ich danach Verlangen trug, schon die ausführliche Beschreibung der fashionable assembly lesen, der sie beigewohnt. Der abgeschmackte Cultus, der sich in der detaillirten Beschreibung aristokratischer Bälle und routs, in der Hereinziehung von Familienangelegenheiten in die Oeffentlichkeit, in der begeisterten Schilderung von Damentoiletten äußert, war damals noch auf England beschränkt. Erst mit der Kräftigung der guten Gesinnung und ihrer Zurschautragung ist dieser Ton auch auf den Continent gelangt.

Nach Zwei erschienen meine Freunde, ich setzte mich mit ihnen an den Frühstücktisch, der mir ein Mittagstisch war, und es wurde aufs Heiterste geplaudert, bis für sie die Stunde schlug, ins Amt zu gehen. Jeder arbeitete im Ministerbureau, Odo in Downingstreet bei Lord Palmerston, Arthur bei seinem Onkel, Lord John Russell.

Es war um die Zeit der englischen Demonstration in den griechischen Gewässern, die Zeit der Blokade des

Piräus durch die englische Flotte. In der Debatte, die diese Expedition im Unterhause herbeigeführt hatte, coalisirten sich die Oppositionen aller Farben gegen das Ministerium: die Tories, weil sie die Whigs stürzen wollten, die Peelisten und die Manchestermänner, weil ihnen Palmerston zu subjectiv, zu eigenmächtig war. Die Führer aller Parteien ergriffen das Wort: Disraeli, Graham, Robert Peel, Richard Cobden. Das Ergebniß war eine nicht große Majorität, gerade genügend, daß das Ministerium nicht abzutreten brauchte. Palmerston hatte seine Politik in einer volle fünf Stunden dauernden Rede vertheidigt. Das erschütterte Ministerium sammelte sich wieder.

Längst war mir ganz in der Nähe von Audley Square, in der St. Jamesstraße, ein kleines Haus mit freier Aussicht auf den Park gleichen Namens aufgefallen; es war so sonderbar roth und gelb übertüncht. Es wurde mir noch weit merkwürdiger, seitdem ich erfahren, wem es gehöre. Dort wohnte Edward George Lytton Bulwer, von seiner Gattin getrennt mit einer etwa zwanzigjährigen, sehr schönen Tochter, die er unlängst aus einem deutschen Pensionate zurückberufen hatte. Mehrmals sah ich Vater und Tochter auf kleinen schwarzen Ponys vorüberreiten. Bulwer stand erst am Rande der Vierziger Jahre, war aber schon, wie ich hörte, von Gebrechen des Alters, Schwerhörigkeit und Anderem geplagt. Ich sah und verehrte in ihm den größten lebenden Meister im Romanfach, einen Dichter von umfassendster Menschen-

kenntniß, feinster Psychologie, größter Kunst der Gruppi=
rung; ich machte aber wiederholt die Bemerkung, daß er
in England nicht in dem Ansehen stehe, das seinem
europäischen Rufe entsprach. Man nergelte an seinem
Charakter, nannte ihn eitel und selbstgefällig; seinen
Büchern wurde vorgeworfen, daß sie Immoralität beschönig=
ten und vergoldeten. Man hatte bereits angefangen,
ihm den allerdings weit volksthümlicheren Dickens gegen=
überzustellen. Meine Bewunderung seines Genies war
grenzenlos, ich wurde immer ganz ingrimmig, wenn ich
erklären hörte: Bulwer ist aus der Mode! Ums Leben
gerne hätte ich einmal an die Thüre des grell roth und
gelben Hauses gepocht und dort Zutritt gesucht. In jedem
anderen Lande hätte ich es gethan, hier hatte ich nicht
den Muth dazu. Die Furcht vor dem starken englischen
Conventionalismus und Formalismus hielt mich zurück.
Habe ich darum vom Dichter des Ernest Maltravers als
Menschen eine zu geringe Meinung gehabt? Ich habe
mir darüber heute noch keine feste Ansicht gebildet.

Wie unerschüttert war dies England, während die
übrige Welt in Krämpfen lag und die Grundlagen einer
neuen gesellschaftlichen Ordnung suchte, in seinen royali=
stischen und feudalen Ueberzeugungen geblieben! Noch
ganz unlängst hatte man dies an einem schlagenden
Exempel studieren können. Die Witwe des letzten Königs,
Königin Adelaide war gestorben. Es war über ihren
persönlichen Charakter so gut wie nichts zu sagen, dessen=
ungeachtet hüllte sich Groß und Klein, Arm und Reich

auf Monate in tiefe Trauer. Es war nun einmal so
Styl. Man sah keinen „anständigen" Menschen ohne
seinen Flor am Hute. Die Frauen gingen ganz in
Schwarz. Selbst die in London so furchtbar zahl=
reichen Antivestalinnen stationirten jetzt in Trauer auf
dem Trottoir. Niemandem erschien das komisch. Um
diese Zeit hatte Reinhold Solger, einer der besten
deutschen Publicisten in der damaligen Presse etwas bei
Herrn Tussaud, dem Eigenthümer eines großartigen, ein
ganzes Haus occupirenden Wachsfigurencabinets zu thun.
Auf seine Anfrage bemerkte ihm die Dame an der Casse,
Herr Tussaud werde heute kaum zu sprechen sein, da er
sämmtlichen Wachsfiguren Trauer für die Königin=Witwe
anzulegen habe. Und so war es in der That. Selbst
die Puppen aller berüchtigten Mörder in den sogenannten
cabins of Horror erhielten ihren schwarzen Flor und
trauerten sechs Wochen lang nach Vorschrift des Hof=
marschallamts. Ganz London fand dies sehr sinnig
und anstandvoll und der Franzose Tussaud, der so voll=
ständig auf die „englischen Gefühle" eingegangen, wurde
eine allbeliebte Persönlichkeit.

Eines Nachmittags nahmen mich meine jungen
Freunde nach Pembroke=Lodge mit, wo ihr berühmter
Oheim mit seiner Familie in einer parkartigen Anlage
wohnte. Er empfing uns freundlich. Lord John Russell
war gleichsam das Duodezmodell eines Mannes, klein
und auf den ersten Blick unscheinbar. Sein Köpfchen,
das er in einen großen Cylinderhut zu vergraben pflegte,

war winzig, das Haar dürftig. Sein Gesicht, von sphinx=
artigem Schnitte, hatte den Ausdruck gedankenvollen
Ernstes und tiefer Ruhe mit einem Beisatz von Schwer=
muth. Der Mund war breit, von zwei tiefeingegrabenen
Linien eingefaßt, aber schön geformt, die Lippen meist
wie in tiefer Meditation fest aneinandergepreßt .... So
erschien Lord John als ein gar stiller Mann und es war
schier unbegreiflich, wie diese winzige Figur der Träger
der Politik einer Weltmacht und der Führer einer großen
Partei sein sollte.

Dennoch ist er dies unleugbar gewesen.

Der bei der Partei des Absolutismus verhaßteste
Mann war damals Lord Palmerston. Aehnlich, wie bei
den heutigen Ultramontanen die „Freimaurer" alles Arge
verschulden, sollte damals „Lord Feuerbrand", wie er
genannt wurde, an Allem schuld sein, was den Wünschen
und Absichten einer zügellosen Reactionspartei irgendwo
in die Quere kam. Begreiflich war Lord John, als sein
Partner in der Regierung, auch übel angeschrieben. Es
kam die Rede darauf und Lord John bemerkte, daß schon
die alten traditionellen Grundsätze seines Hauses ihn auf .
eine andere Bahn wiesen, als die, welche den jetzigen
Machthabern auf dem Continente genehm sei. Er stehe
zu Jenen, die das Selbstbestimmungsrecht der Völker
anerkennten und respectirten.

Ich sah das Parlamentshaus und wohnte einer
Sitzung des Unterhauses bei. Ein ungeheures Gebäude
gothischen Styls hat das 1834 durch Feuersbrunst größten=

theils zerstörte Haus ersetzt. Die Fronte mit den zahllosen Fenstern will gar nicht enden, die Thürme und
Thürmchen geben dem Palast der gesetzgebenden Körper
Aehnlichkeit mit einer Kathedrale, das Streben nach
malerischer Wirkung hat dem Charakter des Neubaues
geschadet, dem mehr Würde und Einfachheit zu wünschen
wäre. Zutritt zu erhalten ist sehr schwer, es bedarf der
Intervention eines Mitgliedes des Hauses. Man durchwandert anfangs den alten Theil des Gebäudes und in
den Hallen und Gängen stehen alle Gestalten des alten
Englands auf. Hier wurde Cromwell zum Lord-Protec-
tor ernannt, hier wurde Gericht gehalten über Thomas
Morus, Jane Grey, Essex, Carl I. In den Corridoren
hängen Bilder, stehen Bildsäulen: John Hampden, Falk-
land, Walpole, Burke, Pitt, Fox.

Im Princip sind die Sitzungen geheim. Es wird
angenommen, daß die Abgeordneten von der Anwesenheit
der Personen, denen sie Eintrittskarten verschafft haben,
gar nichts wissen. Es würde genügen, daß ein Mitglied
des Hauses sagte: Herr Speaker, ich bemerke dort auf
der Gallerie Personen, die mir nicht zum Hause zu
gehören scheinen — der Speaker müßte die Tribüne
sofort räumen lassen. Dessenungeachtet gibt es eine
reporter's gallery und dahinter eine lady's gallery.
Man nimmt an, daß sie nicht existiren.

Die gentlemen of the house of commons sitzen
meist von ein Uhr Nachmittag bis zwei oder drei Uhr
Morgens. Merkwürdige Wahl der Zeit, wird man sagen,

aber hier ist ja alles anders als sonstwo. Der „Speaker",
eine ungeheure weißgepuderte Perrücke auf dem Kopfe,
sitzt in einer Art von hölzernen Nische, die durch grüne
Vorhänge und Schirme vor dem Licht geschützt ist —
er wohnt mehr der Versammlung bei, als daß er ihr
präsidirt. Er ist so unbeweglich, daß man meint, er
schlafe. Er hat das Haupt unbedeckt, während alle Uebrigen,
Minister und Abgeordnete, den Hut auf dem Kopf haben,
wie die Juden in der Synagoge.

Dem Tische der Secretäre gegenüber sitzen die
Minister auf einer Bank: hier saß Lord John, hier Lord
Palmerston, den ich nach den Bildern im Punsch sofort
erkannte.

Die Versammlung bestand aus wenig mehr als
fünfzig oder sechzig Mitgliedern. Die Debatte hatte
ganz den Charakter einer Privatunterhaltung. Gegen
Sieben lichteten sich die Bänke, es war die Essensstunde
herangekommen. Gegen Neun füllten sie sich wieder. Die
Reden wurden etwas lebhafter, behielten aber ihren
ruhigen Charakter. Nur mein eiserner Vorsatz, bis gegen
Ende auszuharren, hielt mich fest. Es mochte um Mitternacht sein, als man zur Abstimmung schritt. Der
„Sprecher", der die ganze Zeit keinen Laut von sich
gegeben, erhob sich und sprach die drei Worte: strangers
must withdraw! (Wer hier fremd ist, muß sich zurückziehen.) Ich meinte gehen zu müssen, aber die Zuhörer
auf den Galerien regten sich nicht. Es war nicht von
ihnen die Rede. Von ihnen wird ja angenommen, daß

sie nicht da sind.

Nun verliest der „Sprecher" die Frage, die zur Abstimmung gelangt, und fordert die, welche mit ay (ja) stimmen, rechts, die mit no (nein) stimmen, links abzugehen, auf.

Die tellers (Zähler) stellen sich auf, die Parlamentsmitglieder defiliren in zwei Reihen. Die Zähler verkünden die Ziffern, der Sprecher verkündet die Majorität und die Sitzung ist zu Ende.

V.

Coventgarden. — London bei Nacht.

Marietta Alboni war in London, ihr Name war an allen Ecken zu lesen. Es wurde Meyerbeers Prophet gegeben, sie sang die Fides. Begreiflicher Weise zog es mich hin, aber ich erfuhr eine schwere Enttäuschung. Ich wurde von den Censoren, den Hütern guter Sitte, die rechts und links von der Casse sitzen, zurückgewiesen. Mit einem verächtlichen Blick auf meinen Rock und einem Schütteln des erhobenen Zeigefingers ertönte mir gleichzeitig von beiden Seiten der Ruf: French cut, sir! No admittance, sir! (Französischer Schnitt, mein Herr! Kein Zutritt, mein Herr!) und mir blieb nichts übrig, als Kehrt zu machen.

Ich hatte nicht gewußt, daß in Coventgarden auch für den Besuch der Galerien ein schwarzer Frack und weiße Halsbinde unerläßliche Bedingung seien.

Im Fortgehen dachte ich: es ist auch so gut. In der Rolle einer alten Frau will ich Dich nicht zuerst wiedersehen, schöne Marietta! Du sollst fortleben in meiner Erinnerung wie bisher, schön, blühend und ewig jung!

Um so sorgfältiger in meiner Toilette war ich Tags darauf, wo Lady Russell ihre Loge hatte und mich in dieselbe einlud. Sie war im ersten Range. Ringsum saß lauter patrizisch' Blut, edle Abkunft von höchster Reinheit. Jeder im weiten Halbkreise konnte seinen Stammbaum gleich arabischen Vollblutpferden auf eine unabsehbare Reihe von Ahnen zurückführen. Und sollte doch ein Geringerer da sein, so hatte er mindestens eine halbe oder ganze Million jährlicher Rente zu verzehren.

Man gab die Hugenotten. Mario und Julia Grisi, beide jung, beide schön, eins in das andere verliebt, sangen den Raoul und die Valentine, mit Stimmen, wie ich ähnliche noch nie gehört, mit einem leidenschaftlichen Spiel, wie ich es noch nicht gesehen. Aber das war auch alles. Die Ausstattung war weniger als mäßig, das Ensemble schlecht, die Zwischenpausen von willkürlicher Länge.

Das Publicum des ersten Ranges machte einander von Loge zu Loge Besuch. Die Damen musterten

mit dem Opernguder die Diamanten ihrer Gegenüber;
die Aufmerksamkeit wendete sich nur in den Haupt=
momenten der Scene zu.

Unvergeßlich sind mir die Bilder vor dem Opern=
hause, wenn das vornehme Publicum den hellen Räumen
entströmte.

Diese Grandezza der harrenden Lakaien, der Ernst
und die beinahe priesterliche Hoheit des heranfahren=
den Kutschers, das Sichbäumen der edlen Pferde unter
dem Wink der Peitsche, das Aufschreien der Fußgänger,
die überfahren zu werden fürchteten, das plötzliche
gemeine Fluchen des Oberpriesters mit der Peitsche,
wenn solch' ein Elender sich in Gefahr gebracht, der
Lärm der davonfahrenden Carossen, dem Tosen einer
Meeresbrandung vergleichbar — das war alles sehr
merk= und denkwürdig. Ein paar hundert Schritte weiter
konnte man dann sicher sein, einem weiteren Bilde des
Londoner Nachtlebens zu begegnen: einem halbverhun=
gerten Weibe, mit einem Kinde an der Brust, ein Bild
des Jammers, doch zu gewöhnlich, um von Jemandem
beachtet zu werden, einer obdachlose Familie, die auf der
Gasse übernachten zu wollen schien.

Schnapsbuden wie Paläste waren aufgethan mit
großen Spiegelfenstern, auf denen in Goldbuchstaben:
Thalmilch, Bergesthau geschrieben stand, mit bunt=
bemalten Fässern und marmornen Büffets, die im Schein
des Gaslichtes funkelten: in ihrer Umgebung Gruppen
von Weibern mit bleichen eingefallenen Gesichtern,

Gesichtern, trockenem Husten, ekelhaften Lumpen. Ich suchte rasch die nächste Kutsche, um in mein stilles Quartier von Audley Square zurückzukehren . . . .

VI.

Das britische Museum und die Reste von Niniveh. — Der Keilschriftleser.

Unter den Schätzen, welche das britische Museum besitzt — Spolien einer Welt, durch eine weltbeherr= schende Nation in einem riesigen Palaste aufgespeichert — waren die neulich herübergebrachten Ueberreste aus Niniveh nicht die am wenigsten sehenswerthen. Sie er= regten eben ungeheures Aufsehen.

Schön genug, daß man sie ohne ästhetisches Miß= behagen beschauen kann, nachdem man die Friese des Parthenon, die Ueberreste des Tempels von Aegina und die Bildwerke des athenischen Bacchustempels gesehen hat, sind sie durch ihr culturhistorisches Interesse überaus anziehend, indem sie den Beschauer mit packender Gewalt in die Zeit jener babylonischen Weltmonarchie hinüber= versetzen, welche ungefähr ein Menschenalter vor Beginn des trojanischen Kriegs durch Ninus und seinen Sohn Ninyas gegründet wurde, von Niniveh und Babylon aus Phönicien und Palästina eroberte, ganz Westasien be= herrschte und erst 550 vor Christi Geburt durch die Perser zertrümmert wurde. Mehrere hundert Tafeln,

mit flach erhabenen Basreliefs bedeckt, erschließen uns
eine ganz eigenthümliche Welt, fremder und seltsamer als
Alles, was sogar die egyptische Vorwelt uns geboren,
indeß die langen Inschriften in Keilschrift, welche allen
Raum bedecken, der nicht mit bildlicher Darstellung er=
füllt ist, uns wie seltsame Räthsel erscheinen, die uns
ein Letztes und Verschlossenstes noch zu entfalten scheinen.
Zu ganzen Stunden konnt' ich troß aller Ungunst der
Räumlichkeit vor diesen wunderbaren Ueberresten stehen,
die einer besseren Aufstellung in neuerrichteten Sälen
entgegensahen und mich in ihnen vertiefen.

Ich sah die Monarchie vor mir in ihrer vollen
naiven Urform. Um die Person des gottähnlichen und
gottbeschützten Kaisers gruppirt sich ein ganzes Leben von
Feldzügen und Triumphen, von Opferungen und religiösen
Ceremonien. Vor seinen Pfeilen erliegt die Revolution,
welche in der Gestalt des Greisen, des unreinen Thieres,
dargestellt wird. Unter seinen Händen entzündet sich auf
dem Altare das heilige Feuer, denn der Monarch ist nicht
nur unbeschränkter Herr der Leiber, sondern auch als
erster Priester Herr der Seelen. Um seinetwillen fallen
hier unter den Geschossen der Feinde die Krieger von
den Sturmleitern hinab in die Gräber und Ströme,
welche die Festungen schützen, ihm gehört alle Beute des
Sieges, mag sie nun in den goldenen Gefäßen ausge=
raubter Tempel oder in den Frauen der bezwungenen
Stämme bestehen. Und seltsam! nicht der oder jener
Herrscher ist es, den diese Tafeln verherrlichen, es ist die

Monarchie an und für sich, abstrahirt von ihren jedes-
maligen Trägern, und nur ganz zufällig in dem oder
jenem Herrscher vergegenwärtigt.

Aus wie viel verschiedenen Jahrhunderten daher auch
diese Tafeln stammen, sie zeigen uns immer denselben
oder doch einen allen früheren ganz ähnlichen König, der
den Kampf gegen Aufrührer oder Feinde besteht. Im
langen engen Gewande steht er größer als die Uebrigen
in der Mitte seiner Leibwache da und führt den Kampf
an. Selten ist er zu Wagen, meistens zu Fuß, zunächst
von zwei Personen begleitet, von denen die eine seinen
Köcher trägt, die andere ihm den Sonnenschirm über den
Kopf hält. Er, in gemessener Ruhe und Würde, schießt
den Pfeil ab. Sein Schutzgott, ein phantastisches Idol,
das in Wolken über seinem Haupte schwebt, schießt zu
gleicher Zeit und so ist es natürlich, daß der König nie
sein Ziel verfehlt. Auf anderen Basreliefs sitzt er wieder
zu Thron und empfängt Gesandte, welche an ihrer Tracht
als Bewohner fremder Gegenden zu erkennen sind. Lange
Züge von Frauen werden mit gebundenen Händen und
schmerzvoll gesenkten Gesichtern entgegengeführt: er wird
mit den Schönsten unter ihnen gar bald seinen Harem
füllen. Wir finden ihn zuletzt vor dem Altare, den
Göttern das heilige Feuer anzündend. Priester, welche
Geierköpfe haben und Schlachtmesser in den Händen
halten, bringen ihm das Opferthier.

Alle diese Figuren sind großartig, würdevoll und
doch leben sie nicht, es sind keine Menschen. Sie wollen

schreiten und haften mit beiden Fußsohlen an dem Boden; sie handeln scheinbar und doch kann sich Niemand darüber täuschen, daß ihnen die lebendige Wärme fehlt. Man denkt an die Menschen der griechischen Mythe, an ihr Thun und Wesen, ehe ihnen Prometheus das belebende Feuer herabgebracht.

Lange Inschriften erläutern diese bildlichen Dar= stellungen; sie erschienen mir stets wie höchst anlockende Räthsel. — Ich schäme mich nicht, zu gestehen, daß ich noch vor wenig Monaten geglaubt hatte, die Keilschrift sei unentziffert geblieben. Sah ich diese seltsamste aller Schriftarten, in welcher sich stets dasselbe Zeichen, der Keil, in verschiedenen Stellungen und immer wechselnder Verbindung wiederholt, da schien es mir, diese Schrift, welche sich bei keinem lebenden Volke mehr erhalten hat, müsse ebenso unlesbar bleiben, als die, welche die Natur auf dem Rücken einer Eidechse oder einer Schlange ein= geschrieben. Dem ist aber nicht so. Der Menschengeist, der der Hieroglyphenschrift Egyptens Herr geworden ist, ist auch mit der Keilschrift fertig geworden. Wie? Das sollte ich bald erfahren.

Durch einen Freund unseres Hauses, Major Forbes, der alljährlich nach Karlsbad zu kommen pflegte, lernte ich einen jungen Gelehrten kennen, der täglich im Britisch=Museum beschäftigt war. Mister Makay, so hieß er, hatte dem Obristen Rawlinson jahrelang in Persien zur Seite gestanden und sich mit diesem an den Aus= grabungen betheiligt.

„Und Sie können wirklich dieſe Inſchriften leſen?"
fragte ich den jungen Mann.

„Sie machen mir nicht mehr Schwierigkeiten," er=
widerte dieſer mit ſchlichter Beſcheidenheit, „als dem
Studenten die Ueberſetzung einer Stelle aus dem Xeno=
phon oder Thucydides."

Ich war außer mir vor Erſtaunen.

„Die Sache begreift ſich ſehr leicht," ſagte Makay.
„Wir haben, theils in Felſen eingegraben, wie in Hama=
dan und in Beſiſtun, theils auf wohlerhaltenen Mauern,
wie in Perſepolis, Inſchriften gefunden, welche dreiſpaltig
geſchrieben und in drei Sprachen abgefaßt waren. Drei
Völkerfamilien wohnten dort auf demſelben Sprachgebiete
und zwiſchen ihnen herrſchte Gleichberechtigung der Idiome.
Jedes Feld zeigte ein eigenes Alphabet. Eins war in
Keilſchrift, eines der beiden anderen perſiſch, das gab den
Schlüſſel. Es war nicht mehr ſchwer, die Eigennamen
herauszufinden. Dieſe mußten allenthalben gleich ſein,
das gab das Alphabet der Keilſchrift. Auf ähnliche
Weiſe hat vor ungefähr fünfzig Jahren die griechiſche
Schrift auf dem Stein von Roſette zur Entzifferung
hieroglyphiſcher Inſchriften geführt."

„Als dieſer Schlüſſel einmal gefunden war," fuhr
der junge Gelehrte in ſeiner Darlegung fort, „ſprangen
alle Thüren auf. Die Tafeln zu Beſiſtun, Perſepolis
und Natſch lieferten mehr als achtzig Einzelnamen, deren
Ausſprache durch die perſiſche Orthographie feſtgeſtellt
wurde und für die man auch babyloniſche Aequivalente

erhielt. Mit Hilfe der bekannten Worte galt es die un-
bekannten zu entziffern. Es mußten alle semitischen
Analogien herhalten, damit man, die persische Uebersetzung zur Seite, den Sinn der Sätze verstehen lerne,
die man nun bereits lesen gelernt hatte. Die Sprache,
in welcher die Inschriften verfaßt waren, war weder
hebräisch, chaldäisch noch syrisch, aber die elementaren
Worte und die grammatikalische Construction zeigten bald,
daß man es mit einer verloren gegangenen semitischen
Sprache zu thun habe. Manche Worte waren mit solchen
derselben Bedeutung in syrischer, hebräischer oder ara-
bischer Sprache identisch."

Wir standen während dieses Gespräches vor einer
Tafel von besonders schöner Arbeit, die soeben ausgepackt
worden war.

„Könnten Sie mir sagen, was auf dieser Tafel
steht?" fragte ich Mister Makay.

„Wenn Sie in einer Stunde wiederkommen, will
ich Ihnen die Uebersetzung vorlegen," war die Antwort.

Ich kam wieder. Herr Makay hatte bereits die
Inschrift entziffert. Sie lautete:

„Dies sind die Thaten Temenbar des Zweiten, des
Sohnes Sardanapals, im zehnten Jahre seiner Herrschaft!"

„Ich kreuzte zum achten Male den Euphrat. Ich
nahm die Städte ein, welche zu Aralura gehören und
gab sie meinen Kriegern zur Plünderung."

„Herausgehend aus dem Lande Thaluna ging ich weiter in die Länder, welche dem Arama unterthan sind.“

„Ich nahm die Hauptstadt Arnia und gab sie und hundert Städte der Nachbarschaft der Plünderung anheim. Viel gab es der Böswilligen; ich schlug sie und nahm ihre Schätze mit mir.“

„Sodann stieg ich hinab in die Ebenen von Sambura, verheerte die Städte Arama's, Königs des Ararat, verheerte auch alles Land und die Quellen des Euphrat.“

„Ich wohnte dort bei den Quellen, die den Euphrat bilden, baute Altäre dem großen Gotte Rimon und setzte Priester ein, den Gottesdienst zu leiten.“

„Dann zog ich in das Land der Arianen und nahm die Huldigung von sieben und zwanzig persischen Königen entgegen.“

„Ich besetzte darauf die Städte Kathidra, Tarzane und Kharthar, so wie alle Städte, die von diesen abhängen. Viel waren dort der Uebelgesinnten. Ich confiscirte ihre Güter, gab ihr Land der Plünderung und sah bald das Reich zu meinen Füßen.“

„Aber in den Stämmen Thetina war eine Empörung ausgebrochen. Ich überwand sie mit Hilfe des mächtigen Gottes Assarac. Ich nahm den Thetina gefangen sammt seinen Söhnen und Ministern und hing sie auf an den Bäumen. Die Verführten begnadigte ich, nachdem ich ihnen ihr Gut weggenommen. Ich setzte

Arhasit und Sirzasisba zu Statthaltern ein. Dann for=
derte ich einen großen Tribut, bestehend aus Gold, Silber,
Ebenholz und edlen Steinen, führte unsre Sprache ein
und ließ ein großes Dankopfer feiern in der Stadt
Kamala.“

„Dies waren die Thaten Temenbars im zehnten
Jahre seiner Herrschaft.“

Selten noch hat mir ein Blatt so viel zu denken
gegeben, wie das, welches ich soeben in den Händen
hielt.

Die Inschrift war aber auch angesichts der eben
erlebten Feldzüge und Niederwerfungen von einer ent=
setzlichen Actualität.

Ich mußte mich fragen: Hat sich die Welt und
ihre Geschichte seit dreitausend Jahren in ihrem Wesen
eigentlich verändert? Haben alle Versuche der Menschheit,
eine Ordnung zu schaffen, in der jeder Einzelne seiner
Würde als Mensch und als integrirenden Gliedes des
Ganzen sich bewußt wird, irgend welchen Erfolg gehabt?
Alles ist auf die Gewalt gebaut und das Gesetz der
Erbfolge gibt Leben und Glück von Millionen dem Zu=
fall und der Willkür anheim. Auf einen schwachen und
schlaffen Sardanapal folgt ein gewaltsamer Temenbar.
Mit den siegreichen Despoten sind die Götter und das
Priesterthum. Was ist der Unterschied von damals und
heute? Hier ist alles schroff, nackt und kalt gesagt, was
unsere Zeit mit einem Wust von Beschönigungsphrasen
umhüllen würde. Ist es aber wesentlich ein anderes,

als das, was sich heute vor unseren Augen begibt? Es sind eiserne Furchen gezogen, in denen sich die Geschichte bewegt. Ein Thor derjenige, der sie nicht begreift!

VII.

Deutsche im Exil. — Im Carlton-Club.

Ich hatte in London viele Bekannte gefunden, darunter versprengte Reste der Revolution, wie Moritz Hartmann, Reinhold Solger, Ludwig Bamberger, Arnold Ruge. Auch Adolf Stahr, den ich zuletzt in Heidelberg gesehen, und Fanny Lewald tauchten flüchtig auf. Ich lernte Franz Pulsky kennen, einen geistvollen und liebenswürdigen Mann, der an Kossuth's Seite eine bedeutende Rolle gespielt hatte. Und damit zu den Revolutionären der Gegensatz nicht fehle, war auch Ladislaus Rieger da. Dieser, damals noch ein junger Mann, unverheiratet, hatte in Wien auf Seite der Regierung gegen die Revolution gestanden und nur allzuoft auf die Häupter der Deutschen und der Liberalen ein Strafgericht durch orthodoxe Slaven herbeigerufen. Nun hatte aber gar bald die Auflösung des Reichstages zu Kremsier den slavischen Hoffnungen ein Ende gemacht, die Slaven hatten einsehen gelernt, daß das österreichische Cabinet sich nur ihrer bedient habe, um dem deutschen Liberalismus entgegenzutreten und die Bundesgenossen nicht besser, als

die Besiegten zu behandeln gedenke. Vorläufig waren
Rieger und seine Freunde ebenso bankerott mit ihren Theo=
rien, wie wir mit den unsrigen. Wir trafen uns als
Landsleute und schlossen Frieden. Seine Laufbahn schien
beendigt, wie die unsrige beendigt war.

Mit Moritz Hartmann konnte ich mich leider, zumal
in politischen Fragen, nicht mehr so verständigen, wie
ehedem. Wir waren zu lange getrennt gewesen. Mich
hatte der Ausgang der Dinge von Achtundvierzig belehrt,
daß man mit gegebenen Kräften rechnen müsse. Ich
wünschte unter den gegebenen Verhältnissen eine völlige
Sonderstellung Oesterreichs und Deutschlands. Daraus,
meinte ich, könne Deutschland keinen Vortheil ziehen, daß
es zu seinem eigenen einheimischen Knechtungsapparat
noch den mit fremden Elementen über und über gesege=
neten Knechtungsapparat des österreichischen Gesammt=
staates erhalte. Man müsse vorerst die Trennung der
unglücklichen Ehe Deutschlands mit Oesterreich wünschen.
Was später zu wünschen, sei Sache zukünftiger Er=
wägung. Das nannte nun Hartmann einen Abfall von
der deutschen Demokratie, die unter keinerlei gegebenen
Verhältnissen eine Sonderstellung Oesterreichs und Deutsch=
lands adoptire, vielmehr überall theoretisch die Einheit
beider Länder aufrechterhalte. So war er ein „Groß=
deutscher", ich aber sollte, was beleidigend klang, ein
„Kleindeutscher" geworden sein. Das war ich allerdings
geworden und bin es geblieben. Es gab allerlei Debatten
und Hartmann, mit großem Selbstgefühl ausgestattet,

führte sie in einer Weise, daß ich an ihnen kein Ge=
fallen fand. Wir fingen schon an, verschiedene Wege zu
gehen.

Von meinem alten Mentor, Major Forbes, war ich
in Carlton=Club in Pall Mall eingeführt worden. Die
vornehmen Club=Häuser wie Carlton, Travellers u. s. w.
sind der Stolz des Engländers. Eine Fronte von edlen
Quadern, Gesimse, mit Marmor und Granit verbrämt,
ungeheure Spiegelfenster, dunkle Marmorsäulen zwischen
den Fenstern kündigen schon von draußen einen Tempel
der guten Welt an. Wir betreten ein prachtvolles Treppen=
haus, es empfängt uns die Pracht säulengetragener, mit
Fresken, Medaillons, Arabesken, Zierathen aller Art
decorirten Hallen, es öffnen sich Lese=, Spiel= und Ge=
sellschaftszimmer, mit allem modernen Comfort ausgestattet.
Das Ganze ist so exclusiv, der Zugang so schwer möglich,
wie die Passage des Kameels durch das bekannte
Nadelöhr.

„Hier kommen Wenige herein!" sagte Freund Forbes
mit erhobenem Finger. „Sie müssen wissen, daß selbst
hohe Familien ihre Söhne gleich nach der Geburt als
Candidaten zur Aufnahme vormerken lassen . . . ." Und
dabei sah er mich mit einem Blicke an, als wolle er sagen:
„Fühlst Du nun auch, mein Junge, was ich für Dich
gethan habe? Weißt Du jetzt, wer ich eigentlich bin, ich,
der humane, schlichte Mann und doch Einer, der hier zu
Hause ist, ja Einer, der auch Dir den Eintritt in dies
Heiligthum öffnen konnte?"

Indeß wandelten wir über weiche Teppiche und
Läufer durch eine Reihe von Lesezimmern. Schwere
Tische von Mahagoniholz, mit grünem Tuch bekleidet,
waren mit Zeitungen und Monatsschriften bedeckt, niedere
Divans und behagliche Lehnstühle, mit dunkelgrünem
Leder tapezirt, luden zum Sitzen ein. Der Besuch war
sehr spärlich — allerdings war es noch um die Nach=
mittagsstunde und diese Räume mögen sich erst in später
Nacht beleben — da und dort saß eine feierliche unnah=
bare Persönlichkeit, den Hut auf dem Kopfe in eine
Zeitung versunken, kaum daß irgendwo zwei Personen
im Gespräch miteinander in der Fensternische standen.

Forbes ging an eine Thüre — ein ungeheurer
Büchersaal that sich dem Blicke auf. „Hier stehen vierzig
tausend Bände zu Ihrer Verfügung!" sagte er. Wir
wanderten wieder eine Strecke und blickten in ein Restau=
rationslocal mit prachtvollem Buffet. „Hier werden Sie
es gut, aber nicht wohlfeil finden," sagte er. „Hier ist
für alle Bedürfnisse gesorgt. Es gibt sogar ein Rauch=
zimmer, allerdings im dritten Stock, unter dem Dache,
für Die, welche der häßlichen Gewohnheit des Rauchens
fröhnen . . . . Und nun lasse ich Sie allein. Sie sind
hier eingeführt. Ihr Name steht im Buche, die Diener=
schaft kennt Sie, Sie können so oft kommen, wie Sie
wollen und so lange bleiben, als Sie mögen. Sie dürfen
sich wie zu Hause fühlen, jeder Engländer fühlt sich zu
Hause in seinem Club. Sehen Sie, da sind kleine Tische
mit allem, was man zum Schreiben braucht. Papier

und Couverts tragen den Stempel des Hauses: Carlton=
Club. Schreiben Sie jetzt gleich ein paar Briefe, vor
allem einen an Ihre Eltern. Wie werden die staunen,
wenn sie „Carlton=Club" auf dem Blatte lesen! Und nun
noch Eines: ich habe eine dringende Bitte an Sie zu
stellen! Sie haben eine verzweifelte Neigung, im Zimmer
Ihren Hut ablegen zu wollen. Es ist allerdings sehr
heiß, aber das darf nicht sein, der Hut muß auf dem
Kopfe bleiben. Ihn abzunehmen, ist so schrecklich vulgär.
Das gibt es nur auf dem Continente."

Darauf entfernte sich mein Freund, nachdem wir ein
kräftiges shake-hands gewechselt, aber unsere Hüte nicht
gerückt hatten, und ließ mich als Leser in den pracht=
vollen Räumen zurück. Die Novitäten der Presse, die
eben Sensation erregten, lagen auf dem Tische. Ich hatte
die Wahl zwischen Ledru Rollins „Verfall Englands,"
Carlyle's „Later days pamphlets," und den berühmten
Artikeln des „Morning Chronicle," „The Labour and
the Poor".

VIII.

Londoner Studien. — Durch das schottische Hochland.

Eines Tages im Juli schlenderte ich, kurz vor der
Essenszeit, in Regentstreet. Es war um die Stunde, in
welcher die fashionable Damenwelt Londons ihre Wall=

fahrt durch die Kaufläden antritt. Eine Equipage hielt vor einem Juwelierladen, zwei Damen, die eine alt, mit grauen Löckchen, die andere jung und zierlich, stiegen aus, während ein Bedienter den Schlag hielt. Ich erkannte die junge Dame auf den ersten Blick als Margot.

„Ist's möglich!" rief ich, auf sie zutretend. „Hier in London treffe ich Sie wieder?"

„Sie irren sich, Monsieur," erwiderte mir Margots unverkennbare Stimme. „Ich habe nicht das Vergnügen, Sie zu kennen" —

Und sie verschwand im Laden.

Was sollte ich mir denken? Margot, die mich nicht kennen wollte! In ihrer Toilette ganz verwandelt, Juwelen einkaufend, sie, die so einfach dahergegangen und sich über ein bescheidenes Frühstück freuen konnte! Margot als Dame. Denn daß ich mich irre, davon ist keine Rede. So kann die Natur nicht spielen, daß sie zwei so ähnliche Gesichter, zwei so ähnliche Stimmen schafft. Es ist Margot. Seltsames Mädchen, wie spielst Du mit mir!

Ich war weiter gegangen, nun fiel mir ein, den Kutscher zu fragen, wer und was die Damen seien. Ich kehrte um; der Wagen fuhr eben mit ihnen davon.

Ich fragte mich, was meine Freundin habe veranlassen können, sich vor mir zu verleugnen und kam zur Annahme, daß blos ein äußerer Grund, die Anwesenheit der alten Frau, dies Benehmen veranlaßt haben könne.

So erwartete ich mehrere Tage einen Brief, der
mir Aufklärungen geben würde. Aber ich wartete ver=
geblich; es sollte eine lange Zeit vergehen, bis Margot
wieder vor mir auftauchen sollte.

Es iſt ſelbſtverſtändlich, daß ich meinen Aufenthalt
in London nach beſten Kräften zu nutzen beſtrebt war.
Ich beſuchte Sanct Paul, die Weſtminſter-Abtei mit ihren
hiſtoriſchen Grabſteinen — Byron iſt nicht da, wohl aber
der Schmierer Southey — durchwanderte zu wiederholten
Malen das gigantiſche Muſeum, das mit ſeinen auf=
geſtapelten Schätzen geradezu verblüffend wirkt, beſah
den Tower, Bukinghampalaſt, die National-Gallerie und
Hampdencourt mit ſeinen Raphael's und Mantegna's.
Ich beſah auch den Themſetunnel und durchwanderte die
unermeßlichen Räume der Docks.

Nachdem ich auf ſolche Weiſe die Stadt kennen
gelernt, ſollte ich wenigſtens einen oberflächlichen Begriff
von den berühmten engliſchen Landſitzen erhalten. Meine
beiden jungen Freunde geleiteten mich nach Woburn, wo
der Senior ihrer Familie einen Theil des Jahres reſi=
dirte. Wir durchwanderten herrliche aber unbewohnte
Räume, Wohnzimmer, in denen, von keinem profanen Auge
geſehen, alte Van Dyks und Holbeins an den Wänden
hängen, Cabinete, in denen mehr als die Waffen mich
die Jagdſtücke von Snyders intereſſirten. Wir ſahen die
Gärten mit ihren Gewächshäuſern, Treibkaſten, Pfirſich=
ſpalieren, Trüffel= und Spargelbeeten, kurz, allem, was ein
engliſcher Großer zum Leben unentbehrlich braucht. Wir

kosteten schon im August süße, riesengroße Trauben. Nun
wandelten wir durch die Anpflanzungen, wo bald hier,
bald dort ein Fasan mit trägem Flügelschlage aufflatterte.

Nun folgten weitere Ausflüge auf's Land. Wir
besuchten Salisbury, die merkwürdige Stonehendge, Old
Sarum, Ashby de la Zouch, mit den Ruinen der Burg,
die aus Walter Scotts Ivanhoe bekannt ist, endlich
Plymouth. Beim herrlichsten Wetter wurde eine Dampf-
boot-Fahrt durch den Canal unternommen, bei der wir
auf der Insel Wight, in Ryde und Cowes Halt machten.
Es waren schöne, sonnige Tage, an denen ich des Inter-
essanten überviel sah.

Ende Juli trat ich eine Reise nach Schottland an,
das mich, als das Heimatland meiner Mutter, unwider-
stehlich anzog.

Ich war in Glasgow wieder mit dem „Pfaffen
Mauritius" zusammengetroffen; auch Ladislaus Rieger,
der dieselbe Tour in Absicht hatte, stellte sich ein, wir
beschlossen gemeinsame Fahrt. Zuerst sahen wir Edinburg,
die Stadt, der an malerischer Wirkung keine Europa's,
selbst Neapel nicht, gleichkommt. Wir hatten uns in
einem Hôtel der Highstreet einquartiert und befanden uns
dort sehr wohl. Zu wiederholten Malen wanderten wir
nach Calton-Hill, besichtigten die verblichene Pracht von
Holyrood und genossen von der Höhe des Castells die
Aussicht auf die labyrinthischen Gassen der Stadt, die
blauen Gebirgsketten des Hochlands und das weithin-
gebreitete Meer.

15*

Nun wurde das Hochland durchwandert. Die roman=
tischen Seen Loch Long und Loch sine, das reizende
Inverary hielten uns mehrere Tage fest. Eine projec=
tirte Fahrt nach der Insel Staffa, der Fingalshöhle und
dem Riesendamm (giants causeway) wurde leider durch
den Eintritt schlechten Wetters vereitelt.

Meine schottische Reise ging unter seltsamen psycho=
logischen Processen vor sich. Hundert Bände von Walter
Scott hatten mich, da ich fast noch ein Knabe war, mit
Edinburg, Holyrood, dem schottischen Hochland, seinen
Seen, Höhlen und Haiden bekannt gemacht. Nun sah
ich mit Augen die Orte wieder, die ich zuvor, von den
Gebilden der Dichtung belebt, im Geiste geschaut. Hier
fand ich mich zurecht, dort fühlte ich mich verwirrt. Die
Wahrheit blieb in den meisten Fällen hinter dem Phan=
tasiebilde zurück.

Wieder in Edinburg eingetroffen, nahm ich Abschied
von Moritz Hartmann, der nach Rotterdam abging. Ich
habe ihn, merkwürdig genug, seitdem er, in einen schot=
tischen Plaid gehüllt, eine Hochlandsmütze auf dem Kopfe,
zu Schiffe stieg, nicht wiedergesehen. Unsere Correspon=
denz gerieth in's Stocken und nach und nach hatte keiner
mehr das Bedürfniß, den andern aufzusuchen. Der
„schönste Mann des deutschen Parlamentes" hatte sich
allmälig, verwöhnt durch Frauengunst und gesellschaft=
liche Erfolge, sehr verändert, er hatte ein Wesen angenom=
men, das mir theatralisch erschien. Das Leben hatte
uns, seitdem wir auf derselben Schulbank gesessen, in

gar verſchiedene Formen gegoſſen; wir verſtanden uns
nicht mehr. Jugendfreundſchaft iſt ein Kriſtall, der zu=
weilen aus kaum nachweisbaren Urſachen verwittert und
den keine Kunſt mehr erhalten und zuſammenfügen kann.

Mitte Auguſt war ich wieder in London, nahm
aber den Rückweg über Paris, um Heine wiederzuſehen,
deſſen Tage gezählt ſchienen.

IX.

Paris. — Heine und der Circusdirector. — Anzeichen des nahenden
Empire.

Ich traf Heine diesmal in einem beſſeren Geſund=
heitszuſtande, als ich erwartet hatte. Im Vergleich zum
vorigen Jahre hatten ſich ſeine Schmerzen gemäßigt und
ſeine Stimmung gehoben. Ich konnte mich ihm täglich
nähern.

Trotzdem in den damals tonangebenden deutſchen
Kreiſen kein Schriftſtellername ſchlimmer angeſchrieben
ſtand als der ſeinige, war doch im Allgemeinen und
beſonders bei der in Trümmern noch vorhandenen libe=
ralen Partei das Intereſſe für den kranken Dichter ein
lebhaftes geblieben und ein Deutſcher, der in Paris
geweſen war und Heine beſucht hatte, konnte ganz gewiß
ſein, von Fragen beſtürmt zu werden: ob er vielleicht
wieder anfkommen könne? Ob er denn wirklich fromm

geworden? Ob er noch schreibe und ob die Welt von ihm noch Bedeutendes zu erwarten habe?

Ich zog, in der Voraussicht solcher Fragen, eine schriftliche Beantwortung derselben vor und theilte Heine eines Tages mit, daß ich den Vormittag damit zugebracht, einen Artikel über ihn zu schreiben, den ich der in Prag erscheinenden „Deutschen Zeitung" zugedacht habe; ich wolle denselben morgen abschicken.

„Zeigen Sie mir ihn zuvor," rief er, „zeigen Sie mir ihn zuvor. Ich will ihn lesen! Bringen Sie mir ihn morgen mit. Ohnehin sind Sie auf morgen Abends Sechs zu mir zu Tische geladen, Sie werden die schrift= liche Einladung bei Ihrer Rückkehr schon zu Hause finden!"

„Sie geben ein Diner, dem Sie nicht beiwohnen können?"

„Ich werde vom Krankenzimmer aus assistiren."

Als ich am andern Tage eine Weile vor der an= beraumten Stunde zu Heine kam, zog ich sofort mein Feuilleton aus der Tasche. Als ich an die Stelle gekom= men war: „Heine ist mit der Composition von Gedichten beschäftigt, wenngleich seine gelähmte Hand die Feder kaum zu halten vermag, wir haben sogar von ihm eine neue größere Dichtung „„Die Insel Bimini"" zu erwarten," rief er lebhaft: „Nichts von Gedichten! Das ist jetzt Nebensache. Mit der Composition seiner Memoiren."

Ich äußerte meine Freude darüber, daß er die Arbeit fortführe, mit der ich ihn bereits in Montmorency beschäf= tigt gesehen, er fuhr fort:

„Ich arbeite seit Jahren daran. Das Buch wird drei Bände haben, mindestens drei Bände. Einzelne Partien sind ganz fertig, auf's Sorgsamste ausgearbeitet. Eine solche Partie will ich demnächst veröffentlichen, vermuthlich unter dem Titel „Bekenntnisse". Doch zuerst in französischer Uebersetzung. Gerard de Nerval hilft dabei mit. Eben bin ich wieder mit der Ausfüllung von Lücken beschäftigt. Es verschwindet eine nach der anderen. O, ich bin fleißiger, als Sie denken . . . ."

Dabei hatte er einen Bleistift ergriffen, zog auf meinem Blatte einen Strich durch das Wort „Gedichte" und die „Insel Bimini" und corrigirte „mit der Composition des stattlich heranwachsenden Buches seiner Memoiren" herein.

Indeß wurde das nebenanstehende Zimmer, das den stolzen Namen Salon führte, aufgethan. Mathilde erschien, festlich gewandet. Der runde Speisetisch war feierlich gedeckt, auf dem Büffet erblickte das verwunderte Auge einen ungeahnten Luxus von Tellern, Gläsern und Flaschen.

Die Gäste, die Madame Heine erwartete, waren mir seit Jahren bekannt, hatten sich aber im Laufe der Zeiten verändert. Madame Arnault war aus einer Pariser Bürgersfrau eine Weltdame geworden. Ihr Gatte, vor zwei Jahren noch Schnittwaarenhändler, war durch glückliche Börsenoperationen in den Stand gesetzt worden, das Hippodrome, den großen Circus am Eingange des Bouloguer Wäldchens zu kaufen, und machte damit die

glänzendsten Geschäfte. Er hat den unleugbaren Instinct,
wie man es anfangen muß, das Publicum zu beschäftigen
und es steht ihm aller Wahrscheinlichkeit nach bevor,
Millionär zu werden.

„Sie kommen spät, sieben Uhr ist vorüber, das
Essen droht zu verderben," sagt Heine zu der eintretenden
Freundin seiner Frau, die ihr Töchterchen, ein fünf=
jähriges, schwarzlockiges Kind mitgebracht hat. „Wo
bleibt Ihr Mann, warum ist er nicht mitgekommen?"

„Er hatte noch Geschäfte, muß aber gleich er=
scheinen."

„Gleich! Er läßt immer warten, wenn man ihn
einladet; das ist unerträglich."

„Que voulez vous!" seufzt Elise, „ich kann ihn
nicht ändern." Schon fängt Heine an, ernstlich unwillig
zu werden. Da rollt ein Cabriolet in die Hausflur.
„Er ist's," sagt die junge Frau und der Barnum des
Hippodrome, den langhaarigen Filzhut auf dem Kopf
behaltend, tritt in's Zimmer.

Herr Arnault ist eine jener Gestalten, die man vor=
züglich in den Foyers der großen Oper und auf dem
Turf der Wettrennplätze begegnet; ein schöner Mann von
ungefähr fünfunddreißig Jahren mit bleichem, südlichem
Gesichtsausdruck und pechschwarzem Haar und Barte. Seine
Toilette ist überaus sorgfältig, seine Manieren sind brüsk,
und wie wir sehen werden, von einer unangenehmen
Familiarität. Er spielt mit einem kleinen Stöckchen, das
einen schönen goldenen ciselirten Knopf hat, und ahnt

eigentlich eben so wenig wie dieses Stöckchen, wer der
Mensch ist, bei dem er zu Besuche ist.

„Wie geht's Ihnen, Heine?" fragte er, „wohl
recht schlecht? Bei Gott, Sie sehen nicht viel besser
aus, als ein Todter. Mein Lebtage habe ich keinen
Menschen gesehen, dem das Sterben so schwer gefallen
wäre, wie Ihnen. Apropos: Das Hippodrome macht
unglaubliche Geschäfte."

Um Heine's Mund spielt ein ingrimmiges Lächeln,
Solch' einen Menschen muß man ertragen, weil er der
Mann seiner Frau ist. Doch noch eins! Der Mensch
klopft fortwährend mit seinem Stöckchen auf der Bett=
decke des Kranken herum. Was weiß auch so ein Ge=
sunder davon, was Nerven sind!

Er bemerkt oder achtet den Eindruck nicht, welchen
er erregt. „Ja, das Hippodrome," fährt er fort, „macht
unglaubliche Geschäfte! An jedem Tag, an dem schönes
Wetter ist, streichen wir mindestens zehntausend Fran=
ken ein. Nicht wahr, das läßt sich hören, lieber Heine?
Ich will es meinen! Aber mein Gehirn bringt auch
die unglaublichsten Sachen zu Tage, je ne fais poète,
ich verwirkliche Tausend und eine Nacht, ich speise, so
zu sagen, die Pariser mit Wundern!"

„Sie haben doch gehört," fährt er fort, und sein
Teufelsstöckchen klopft immer beängstigender an der Bett=
decke des Kranken herum — „daß Poitevin, dieser ver=
wegenste, größte, außerordentlichste aller Aëronauten, der
alle frühern Luftschiffer, alle Greens und Gales mit ein=

begriffen, aus dem Felde, ich will sagen aus der Luft geschlagen hat, zu Pferde mit seinem Luftballon in die Höhe steigt? Nun, nächste Woche soll er auf einem Esel sitzend in die Luft fahren! Ich nenne dies: Ascente à la Sancho Pansa! — Sancho Pansa ist eine Figur aus einem spanischen Roman. Eine köstliche Idee, nicht wahr? Und die Verfolgung der Kabylen durch franzö=sische Spahis? Auch diese Farce ist von meiner höchst=eigenen Erfindung, und ohne Renommage — ganz köst=lich! Die Spahis sind Knaben, die auf kleinen Corsikaner=pferden sitzen, die Kabylen, auf eben solchen Pferden, sind Affen. Jeder Affe ist als Kabyle angezogen, hat einen weißen Burnuß an und eine Flinte zur Seite. — Sie sollten sehen, lieber Heine, wie die weiße Kapuze zu den braunen Affengesichtern steht! Die Spahis ver=folgen die Kabylen; sie erreichen sie und hauen mit ihren Säbeln ein, die Affen schreien, die kleinen Corsikaner=pferde greifen aus — es ist die komischste Jagd, die Sie sehen können . . . . Nun, das ist etwas für die Kinder und Grisetten. Für die Männer gibt es andere Dinge! Da ist der Char du printemps — ein Wagen, von zwölf Schimmeln gezogen, darauf wohl an zwanzig Mädchen, alle schwebend in den verschiedensten und verwegensten Stellungen, in fleischfarbenen Tricots, nur auf das Oberflächlichste in Gaze drapirt — luft=schwebende Bajaderen, die Beine nach oben gestreckt und nach allen Seiten hin! wirkliche Houris! es ist kaum zu glauben! Houris nämlich, lieber Heine, nennt man bei

den Mohamedanern die Mädchen des Paradieses! Ha,
was für Nymphen habe ich für's Hippodrome geworben!
Die schönsten Mädchen, die in Paris und in ganz Europa
zu finden sind! Wie Schade, Heine, daß Sie krank
sind! C'est la, mon vieux, que vous auriez fait vos
farces!"

Der Hohlkopf glaubt durch diese Erzählungen Heine
sehr gut zu unterhalten. Er ist kein Menschenkenner.
Der Kranke hat sich während der langen Auseinander=
setzung der Vergnügungen des Hippodrome unwillig auf
seinem Bette herumgeworfen und Laute von sich gegeben,
die Herr Arnault für Ausrufe der Anerkennung und
Bewunderung hält, die jedoch nichts Anderes sind, als
gute deutsche Kernflüche. Bei dem letzten Satze des
Dandy, der mittlerweile sogar seinen Fuß auf den Rand
des Bettes setzen wollte, richtet er sich auf, sieht mich
an und sagt auf deutsch: „So ein durchwegs gesunder
Mensch ist ein halbes Thier!"

Aber Herr Arnault ist doch nicht fertig. „All dies
Zeug," sagt er, „gibt viel zu thun, und ich werde mich
mit der Sache nicht länger abgeben, als nöthig ist. Jeden
Tag fünf Tausend, vielleicht auch fünfzehn Tausend
Franken einzunehmen, ist freilich eine schöne Sache, aber
man muß nichts, auch das Beste nicht zu lange treiben.
Sobald ich eine Million Franken am Hippodrome ver=
dient haben werde, verkaufe ich ihn, verdiene noch fünfzig=
tausend beim Verkauf und ziehe mich dann ganz zurück,
um auszuruhen. O glauben Sie mir, lieber Freund,

man zerbricht sich den Kopf genug bei meinem Geschäfte
und man ist oft recht müde! Man muß die unglaublich=
sten, die pyramidalsten Sachen erfinden, und nur ein
Mensch von Geschmack und Phantasie ist einer solchen
Stellung gewachsen. Wäre ich nicht seit Jahren ein
Kenner von Opern, vom Ballet und Allem, was dazu
gehört, gewesen, ich hätte all mein Vermögen beim Hippo=
drome einbüßen müssen. Ja man muß sich dabei den
Kopf zerbrechen, mehr als ein Dichter. Und dabei die
Gefahr, lieber Heine, die Gefahr! Wenn Sie etwas
schreiben und es Ihnen nicht gefällt, so ist nur ein
Stück Papier verdorben und Sie können es wegwerfen.
Das ist nicht so bei mir! Eine mißlungene Erfindung
kann mich halb ruiniren!"

„Sehen Sie," fährt er fort, indem er sich endlich
niedersetzt, „eben jetzt trage ich in meinem Kopfe —
hier — —", Herr Arnault zeigt mit dem Zeigefinger
einer weißen eleganten Hand auf den „edlen Thron des
Verstandes" — „eine Idee, bei der ich vierzigtausend
Franken entweder verliere oder gewinne! Ich nenne
das Zeug (er articulirt sehr deutlich): Ein Fest in Peking!
— Peking, müssen Sie wissen, ist die Hauptstadt des
chinesischen Reiches. Auf einer prächtigen Estrade, im
Vordergrund eines Tempels, der mit den Standbildern
von Götzen geziert ist, — die Chinesen, müssen Sie wissen,
glauben noch an Götzen — sitzen die Mandarine im
Kreise herum. Die Mandarine sind so zu sagen die
Pairs, die Senatoren, die Aristokraten des Landes — —".

Der Director ist erst im Anfange seiner Erzählung begriffen, aber Heine, dessen Ungeduld sich bis zur Wuth gesteigert hat, richtet sich ungewöhnlich rasch auf, blickt mich an, und sagt auf deutsch mit einer Stimme, in welcher sich Wehmuth und Ingrimm mischen: „Hören Sie dieses Thier, das mir erklärt, wo Peking liegt und was die Mandarinen sind — es verdient täglich zehntausend Franken! Fragen Sie doch einmal nach, was mir Julius Campe für eine Auflage meines Buches der Lieder zahlt?"

Und mit einem komischen „Du lieber Himmel!" sinkt er wieder aufs Kissen. „Das Weitere nach dem Essen, lieber Arnauld," sagt er mit verzweifelter Miene, „der Braten wird nicht eßbar sein, wenn Sie mir noch vor Tisch Ihr ganzes Fest von Peking genau erklären wollen......"

Als ich drei Stunden später durch das Gewühl, das um diese Zeit den Boulevard bevölkert, meinen Rückweg ins Quartier St. Germain antrat, begegnete ich einem Zuge von Wagen, vor dem die Spaziergänger schweigend stehen blieben und der in seiner Begleitung von reitenden Gendarmen ein äußerst begräbnißmäßiges Aussehen hatte. Es war mir im Laufe des Tages gesagt worden, daß man die Leiche Louis Philippes nach Paris zu bringen beabsichtige und so dachte ich denn gleich daran, daß dies wohl der todte Exkönig, der seinen schweigsamen Einzug in seine ehemalige Residenz halte.

Ich hatte mich geirrt. Es war nicht der todte König, sondern der lebendige Präsident und zukünftige Kaiser, der von einer Gastreise durch Nordfrankreich und von den Seemanövern in Cherbourg ins Elysée zurückkehrte. Ein paar Gruppen, die sich über das stille Fiasco des Einzugs freuten, belehrten mich darüber sofort.

Aber als ich weiter ging, traf ich auf andere Gruppen, die heftig durcheinander sprachen und ihre Reden mit leidenschaftlicher Mimik begleiteten. „Wenn Paris auch schweigt," sagte ein feingekleideter Herr, „so spricht dagegen die Provinz laut genug. In drei Wochen haben wir das Kaiserreich!" Weiterhin ließen es Arbeiter in reinlichen Blousen nicht an Schimpfworten auf den Polizeichef Carlier und sein „Lumpengesindel", die sogenannte Decembergesellschaft, fehlen. Ich fragte, was vorgefallen sei?

„Nichts eben Schreckliches oder Ungewöhnliches," war die Antwort. „Jemand hat auf dem Wege des Präsidenten den Ruf: Vive la Republique hören lassen, da haben ihn die Polizisten verhaftet."

„Es ist nicht ganz so," warf ein anderer Blousenmann ein, „der, der gerufen hat, ist entwischt. Dafür haben sie einen Unrechten gefaßt."

So standen damals die Dinge in Frankreich.

Auf dem Börsenplatze angekommen, warf ich meinen Artikel in den Schalter. Einige Tage darauf war er gedruckt und wurde von zahlreichen Blättern, unter andern auch von der „Allgemeinen Zeitung" nachgedruckt. Die

Nachricht, daß die Welt Memoiren von Heine erhalten
solle, erregte Aufsehen, sie war neu. Wie man sieht,
war sie von Heine selbst ins Leben gerufen worden.

X.

Retro! — Trübe Aussichten.

Die bescheidenen Mittel, die mir eine neue Auflage
meiner Dichtungen verschafft, waren durch Reisen und den
Aufenthalt in der Fremde aufgezehrt; es blieb nichts
übrig, als den Rückweg in die Heimat anzutreten. Rückwärts, rückwärts, Don Rodrigo!

Aber mir graute vor der Rückkehr, wenn ich der
in der Heimat herrschenden Zustände gedachte.

Auch meine Stellung zu meinem Vater war keine
solche, daß es mich heimgezogen hätte. Er hatte abermals in Karlsbad eine bedeutende ärztliche Praxis er-
worben, hatte aber an derselben nie Geschmack finden
können. Die vielen an diesem Curorte unumgänglichen
chemischen Untersuchungen — ich erinnere nur an jene
bei Diabetikern — von häßlicheren Dingen gar nicht zu
reden — widerte ihn, der voll künstlerischen Sinnes war,
furchtbar an. Er hätte einst gar zu gern seinen Sohn
in dieser Praxis an seine Stelle treten lassen, und dieser
Sohn widerstrebte. Da hatte er die Praxis ganz aufgegeben und verbrachte den Sommer in Karlsbad nur

noch aus stiller Anhänglichkeit an den Ort und seine Umgebung, theilweise auch als Brunnengast. Mich be= trachtete er als einen Verblendeten, der consequent darauf ausging, seine Lage unangenehm zu gestalten.

Es kam der Tag der Abreise, es kamen die letzten Abschiedsbesuche. Es war ein heller, sommergleicher Tag im Spätherbst, ein hellblauer wolkenloser Himmel stand über Paris und dem Gewühl seiner Gassen. Ich verließ mein Zimmer in der düstern Cour du commerce und schritt über den Pont neuf, von dessen Höhe sich die Cité mit ihren Thürmen und Zinnen so phantastisch ausnimmt, schritt den Quai entlang, unter dem der Strom mit tausend Lichtern glitzerte und befand mich wieder im Tuileriengarten, der mir mit seinen Blumen= parterren und Bassins, seinen schattigen Kastanienalleen und seinen Statuen so lieb geworden. Da wogte ein Gewühl von Herren und Damen, kleine Mädchen schlugen Ball, Knaben ließen kleine Schiffchen auf der Wasser= fläche der Bassins fahren. Es war das unendliche, stets erneuerte, nie versiegende Leben des Ortes. Und der starre Oppositionsmann, der Spartakus Foyatier's, stand noch immer da, das kurze Gladiatorenschwert in der Linken, die geballten Fäuste gegen das Königsschloß gekehrt.

Alles mahnte mich zur Eile. Ich erinnerte mich, daß ich in der Rue de Castiglione noch einen Lands= mann zu besuchen habe und schritt aus dem Garten hinaus.

Der Freund war nicht zu Hause. Ich wollte ein paar Zeilen für ihn zurücklassen und schrieb diese in der Loge des Portiers. Als ich sie überlas, mußte ich lächeln.

Ich hätte kaum anders schreiben können, wenn ich auf dem Punkte gestanden hätte, mir das Leben zu nehmen. „Es muß sein, ich scheide aus dieser herrlichen Welt," so ungefähr war es mir in die Feder gekommen.

Mein letzter Gang war in die Rue d'Amsterdam. Ich traf Heine aufrecht im Bette sitzend, beschäftigt, die lyrischen Gedichte des Romancero zu ordnen.

„Ich weiß weshalb Sie kommen," sagte er. „Sie kommen Abschied zu nehmen. Lassen Sie ihn kurz sein, jeder Abschied erschüttert jetzt meine Nerven. Ich werde recht allein sein, wenn Sie fort sind."

„Wir werden uns wiedersehen," sagte ich.

„Ich glaube es kaum," erwiderte Heine. „Diese Vor= rede des Todes hat nun schon zu lange gedauert. Sie kann nicht ewig währen und mehrere Bände stark werden. Plötzlich, mitten in einer spannenden Periode wird mein Leben abbrechen, wie manches schöne Capitel in einem Buche..... Nun leben Sie wohl, ich könnte Ihnen beinahe zürnen, daß Sie mich aus der gespensterhaften Ruhe gestört haben, in der ich liege und in der ich meistens von der kommenden Stunde nur das weiß, daß ihrer vierundzwanzig einen Tag geben. Doch nein, seien Sie gedankt für die Stunden, die Sie an meinem Bette zu=

gebracht haben, seien Sie innig gedankt. Ich werde nun wieder recht einsam sein . . ."

Ich sah ihn an. Thränen standen in seinen Augen. Thränen in Heine's Augen, in den Augen des Mannes, den die Welt so oft als herzlos gescholten! Ich konnte nicht widerstehen, unbezwingbare Rührung erfaßte mich . . . Ewig unvergeßlich steht dieser Augenblick vor meiner Seele. Ich faßte die Hand und drückte sie.

„Möge das endlose Sterbelied des Schwanes der Rue d'Amsterdam Sie nicht zuletzt gelangweilt haben," flüsterte der Kranke und wandte sich ab.

Ich ging und wie die Bilder einer Phantasmagorie flohen die Menschen und Häuser an meinen aufgeregten Sinnen vorüber.

Eine Stunde später saß ich in der Ecke des Eisenbahnwagens und sah mich mit Dampfeseile fortgeführt. Der Tag war, meiner Stimmung gemäß grau und trüb geworden; lagernde Wolken am Horizont schienen böses Wetter bringen zu wollen. Paris, ein Meer von Dächern und Thurmspitzen verlor sich allmälig, nur die Ausläufer der Vorstadt umgaben mich, auf der Höhe des Montmartre drehten sich fast beängstigend die Flügel der Windmühlen. Leb' wohl!

Ja, lebe wohl! Ein so kurzes Wort thut alles ab, alle peinlichen Zuckungen des Schmerzes, der Entsagung, der Muthlosigkeit. Wie viele Lebewohl waren in diesem einen enthalten! Auch ein schmerzliches: Lebewohl der Jugendzeit! war mit dabei. Diese lag schon hinter mir.

es galt, mit ihr abzuschließen! — In den nächsten Tagen würde ich mein achtundzwanzigstes Jahr beendet haben.

XI.

Die große dreifache Reaction. — Das caudinische Joch.

Kaum hatte ich auf der Grenzstation meinen Fuß auf den Boden des Vaterlandes gesetzt, als mir schon meine Papiere aus dem Koffer genommen wurden. Darauf war ich vorbereitet gewesen und hatte vor meinem Eintritt in die Heimat jedes mißliebige Zeitungsblatt beseitigt. Der Entwurf eines Trauerspieles und eine angefangene Erzählung „Der Müller vom Höst", waren das einzige Confiscirbare. Ich konnte ruhig sein. In der That erhielt ich die Papiere, die auf die Prager Stadthauptmannschaft gewandert waren, zwei Wochen später nach gehöriger Durchprüfung durch den Polizeidirector Herrn Sacher-Masoch unbeanstandet zurück.

Es war für Oesterreich eine Zeit gekommen, mit der verglichen der Zustand vor 1848 ein beneidenswerth glücklicher, ein wahrhaft arcadischer genannt zu werden verdiente.

Die Spuren der Zerstörung waren an Häusern und Straßen beseitigt, aber wie sah es in der bürgerlichen Gesellschaft aus! Der Staat hatte neue politische Ein-

16*

richtungen erhalten, aber alle waren darauf berechnet,
jede Verfassungsidee, jede nationale Regung in der Idee
eines rein absolutistischen, abstract einheitlichen Oester=
reichs zu begraben.

Das Bild der Reaction war scheußlich und wider=
wärtig. Vereins= und Versammlungsrecht waren mit der
Einführung des Belagerungszustandes in den Hauptstädten
verschwunden, die Presse war unter die allerschärfste
Polizeiaufsicht gestellt worden. Von den Rechten einer
Volksvertretung war nichts mehr zu hören.

Noch immer saßen Kriegsgerichte und Untersuchungs=
commissionen beisammen, fast jeder Tag brachte Nach=
richten von ihrer Thätigkeit. Die „Intelligenzblätter"
der Regierungszeitungen waren noch immer mit Steck=
briefen und Fahndungen angefüllt, das Hauptblatt publi=
cirte Strafurtheile. Ein System war aufgestellt und im
Gange, das heute, noch so ruhig angesehen, als ein
unmenschliches und mehr als barbarisches bezeichnet wer=
den muß.

Allerdings muß Der, der sich in den Kampf begibt,
die Selbstvertheidigung des angegriffenen Theils in der
Ordnung finden und den übeln Ausgang zu tragen
wissen. Anderntheils aber sollte die siegreiche Macht nicht
durch Umfang und Härte ihrer Strafurtheile über das
durch Nothwendigkeit Gebotene und das in der Zeit
Zulässige hinausgehen.

Ob diese Linie des Nothwendigen und Zulässigen
in der Periode der großen Reaction eingehalten worden

sei, möchte ich sehr bezweifeln. Von 1848 bis 1852 waren im Bereich des Kaiserstaates bereits Zweitausendeinhundertundsiebenundzwanzig Todesurtheile über politische Verbrecher erfolgt und vollzogen worden.

Diese Ziffer erscheint heute phantastisch und unmöglich. Aber sie ist authentisch. Sie stammt aus den Aufzeichnungen eines Mannes, der über diese Dinge Buch führte und Namen und Tag der Hinrichtungen genau notirt hat.

Alle Gefängnisse, alle Festungen waren mit Personen angefüllt, welche sogenannte politische Vergehen verbüßten. Der zufällige Besitz einer verbotenen Druckschrift, ja eines werthlosen Geldzeichens, der sogenannten Kossuthnote, konnte zu jahrlanger Haft und Untersuchung führen.

Der harmloseste Mensch konnte ins Unglück kommen. Ein Exempel unter vielen ist der Fall des Bauers Konrad Deubler, Wirth in der protestantischen Gemeinde Goisern. Dieser war ein Freund philosophischer Lectüre; eine Linzer Buchhandlung schickte ihm Bücher zu. Eines Tages kömmt ein Reisender zu ihm, bleibt eine Weile in seiner Herberge und durchstöbert seinen Bücherschatz. Es ist M. G. Saphir. Nach seiner Rückkehr schreibt er einen Aufsatz über den sonderbaren Bauer Deubler. Er wußte wohl, was er that.

Unmittelbar darauf erscheinen höchste Herrschaften in Deubler's Wirthschaft. Sie durchsuchen in seiner Abwesenheit seinen Bücherschatz und tragen mehrere Bände daraus fort. Tags darauf kommen Gendarmen und

Teubler wird mit eilf anderen politischen Verbrechern nach Graz geführt. Das Grazer Gericht findet keine Schuld an ihm, es sind keine zweckmäßigen, aber auch keine verbotenen Bücher. Teubler kann wieder heimgehen. Aber höheren Orts ist man gegen seine Freilassung. Die Gendarmen erscheinen ein zweitesmal. Teubler wird gefesselt wie ein Räuber und Mordbrenner von Gefängniß zu Gefängniß geführt und endlich auf eine mährische Festung gebracht. Er ist mit Einbrechern und Mördern eingekerkert. Erst nach vier Jahren öffnet sich ihm das Gefängniß und er darf als „freigelassener Sträfling" wieder zu Haus und Familie heimkehren.

Eine schöne Erfindung waren auch die „Internirungen". Man setzte den Mann, der mißfällig geworden war, mit einem Polizeicommissär in einen Wagen und führte ihn von seiner Familie fort, oft hundert Meilen weit in einen kleinen Ort, wo er unter Polizeiaufsicht zu leben hatte. Ein Exempel dieser Kategorie ist Hawlitschek, der im Jahre 1851 von Prag nach Brixen gebracht wurde. Er erkrankte dort an Heimweh. Endlich freigelassen, starb er an der Lungensucht, zu der er wahrlich zuvor keine Anlage gezeigt hatte.

Alles das verbreitete über das Leben ein schauderhaftes Gefühl der Unsicherheit. Man stand in einem rechtlosen Staate. Briefe wurden geöffnet. Ein Passus darin, der übler Deutung fähig, konnte die schlimmsten Folgen haben. Die Angeberei und der Spähdienst der Polizei standen in Blüthe. Die Verdrehung eines am

Wirthshaustisch geführten Gesprächs durch ein urtheilsloses Polizeiorgan konnte das Unglück eines ganzen Lebens herbeiführen.

Wenn dieser Zustand Jeden, auch den Harmlosesten drückte, um wie viel mehr den bereits malâ notâ Bezeichneten! Wie aber den, der, mit Heine zu reden, „mancherlei Erschießliches" geschrieben! Dem hing ein Damoklesschwert an einem Haare über dem Haupte, das jeden Moment herabfallen konnte.

Man kannte viele unter den Spionen und Denuncianten und durfte ihnen die Verachtung, die sie einflößten, nicht zeigen, denn was konnten diese Leute, wenn sie sich beleidigt glaubten, Alles ersinnen! Man mußte zu ihren Provocationen schweigen, mußte sie reden lassen und durfte nichts entgegnen. Zehnmal des Tages ballte sich die Faust in der Tasche und man gedachte der Goethe'schen Verse:

Ueber's Niederträchtige
Niemand sich beklage,
Denn es ist das Mächtige,
Was man Dir auch sage.

Der Blick in die Zukunft war desolat. Von einer Aenderung der Weltverhältnisse war voraussichtlich auf Jahre hinaus keine Rede. Die Jünglinge neuen Schlages, die in der Wiener Aula und anderswo aufgelodert, saßen gefangen und durften über ihre Illusionen nachdenken. Das curirte alle anderen von ihren Ideen. Den Universitäten sollte nun ein ganz anderer Geist eingeblasen werden. Vom Rhein und von Baiern wurde eine ganze Schaar von Gelehrten bezogen, um da, wo die gute Gesinnung ausgegangen schien, einen besseren Geist einzuführen. In diesem Sinne wurden alle Schulen und Bildungsanstalten reformirt.

Die religiöse Heuchelei kam an die Tagesordnung. Der Hochadel ging mit dem Beispiele voran und fand vielfach Nachahmung. Vom Minister Bach, der vor Kurzem noch ein arger Freigeist gewesen, ist bekannt, daß er das Schier-Unglaubliche auf dem Gebiete frömmelnder Schauspielerei leistete. Alles, was vorwärts kommen wollte, besuchte kopfhängerisch die Kirche zumal in den Stunden, wo man sicher war, ein großes Publicum dort anzutreffen und recht bemerkt zu werden. Unser Staatsanwalt W. Ambros erregte Aufsehen, indem er jeden Sonntag, ein Gebetbuch in der Hand, durch die belebtesten Gassen den Weg zum Hochamte in die Domkirche auf dem Hradschin antrat.

Zur politischen und religiösen Reaction trat auch die literarische: sie war ebenso durchgreifend, wie die auf den beiden anderen Gebieten. Die Presse schlug, fast ohne Ausnahme, den servilsten Ton tiefster Unterwürfigkeit an. Die officielle und officiöse Presse herrschten unumschränkt. Der Demokratie wurde alles Böse aufgeladen, sie hatte den Frieden der Welt gestört. Ihre Exilirten wurden beschimpft und verhöhnt, ihre Todten im Grabe vermehrt; und sie hatte kein Organ mehr zu ihrer Rechtfertigung. Wer mit der Bewegung sympathisirt hatte, wurde über Bord geworfen, war ein abgethaner Mann; nur wer sich correct gehalten, der besaß Talent. Vor allem waren die „politischen Poeten", die „Leute vom Vormärz" in den Bann gethan: es war nur eine Schaar „wüster Schreier" gewesen. Aber die Zeit mußte doch Dichter haben, man nahm sie, wo man sie eben fand: es kam die Zeit der loyalen Dichter. Freiherr von Zedlitz, und ein jetzt ganz verschollener Wiener, Rudolf Hirsch, das waren die neuen Geister. Von Oskar von Red-witz' Amaranth sollte eine neue Aera der Poesie datiren.

Die großen Journale hatten die Losung erhalten, nur das anzuerkennen, was mit den Principien von Thron und Altar zusammenhing. Eine erlogene heuch-lerische Schönfärberei aller Gefühle, eine pietistisch ange-strichene Sentimentalität waren an der Tagesordnung.

Ich war zu tief mit allen meinen Gefühlen an der Bewegung von 1848 betheiligt gewesen, als daß nicht diese Zustände die nachhaltigste Einwirkung auf mein Gemüth gehabt hätten. Ja, 1849 hatte alle Träume und Ideen der Humanisten ad absurdum geführt! Es war uns, die eine andere Zeit für die Völker so nahe gewähnt, ungefähr so zu Muthe, als hätten wir etwas unendlich geliebt, was sich zuletzt als ein Phantom zu erkennen gegeben. Gewiß, die Völker hatten eine schreck-liche Unreife bekundet, die Fürsten und ihre Rathgeber eine schreckliche Ueberlegenheit. Man hatte sich über die Bildung des Volkes, über dessen Muth und Ausdauer einer furchtbaren Selbsttäuschung hingegeben: kein Wunder, daß ein Zug kalter Enttäuschung alle Spitzen der Partei erfaßte. Im Allgemeinen aber ging aus den Ereignissen für uns alle die Aufforderung hervor, alle unsere Ueberzeugungen einer Revision, einer durchgängigen kritischen Prüfung zu unterziehen. War unser Programm darum gescheitert, weil wir uns in den Mitteln zum Zwecke verrechnet, wie denn auch das alltäglichste Werk einer Hand mißräth, der die praktische Geschicklichkeit der Ausführung abgeht, oder litt es an innerer Unausführbarkeit? Das war die große Frage.

Der römische Dichter ist mit seinem Urtheil rasch fertig. Für ihn steht fest, daß der Erfolg über den Werth der Dinge entscheide. Die richtigen Principien sind ihm die, bei denen man sich wohl befindet. Stultorum magister eventus est, Thoren kann nur der Ausgang belehren. Wir Modernen dagegen wissen, daß es viel Vortreffliches gibt, das vom Erfolge nicht gekrönt wird. Und doch haben wir alle einen großen Respect vor dem Erfolge. Was dagegen Mißerfolg hat, sagen wir uns, muß entweder schlecht angefangen worden sein oder an und für sich nichts taugen. Was Mißerfolg hat, stellt sich eben dadurch als „ein Unrechtes, oder wenigstens als ein zur Zeit noch nicht Zulässiges" hin.

So kam es, daß man sich sagte: Du hast Alles, was Du bisher gedacht hast, auf seinen Gehalt hin von Neuem zu prüfen. Vielleicht gedeiht die Menschheit wirklich nur in jenen alten, constanten Formen, die Dir so sehr mißfielen!

Wenn Du nicht umsonst gelebt haben willst, mußt Du neu zu denken anfangen!

Oder: Du hast Dich mit Deinen Freunden nur in der Zeit geirrt. Der Zeiger der menschheitlichen Entwicklung rückt auf seinem Zifferblatte nur unendlich langsam vor. Vielleicht hast Du mit den andern das gewollt, wofür die Stunde noch lange nicht geschlagen hat. Wirst Du's erleben, daß sie schlägt?

Große, herzbeängstigende Fragen!

Und inzwischen war abzuwarten, ob ihrerseits die neuen Institutionen, die uns gegeben worden waren, sich durch Erfolg und Dauer als die richtigen und berechtigten bewähren würden.

XII.

Augustin Smetana. — Die Geschichte eines Excommunicirten.

Am 1. Februar 1851 sah halb Prag einem Begräbnisse zu, das unter Umständen vor sich ging, die ein beredtes Zeugniß vom Geiste jener traurigen Epoche ablegten.

Angesichts einer großen, schweigenden Volksmenge wurde ein verspätetes Opfer der vorhergegangenen Bewegungsjahre, Augustin Smetana, zu seiner letzten Ruhestätte geführt, ohne Kreuz und geistliches Geleite, aber auch ohne Sang und Klang und ohne Kränze.

Ich war dieſem Manne ſchon ſeit vielen Jahren befreundet.

Schon in den erſten Märztagen 1848 war es ge= weſen, daß mehrere befreundete Geſinnungsgenoſſen die Gründung eines liberalen Blattes anſtrebten und mich zu einer Unterredung darüber in's Kloſter der Kreuz= herren beſchieden. Dr. Smetana, der ſeit Exner's Ab= gang nach Wien deſſen Lehrkanzel ſupplirte, ſollte an die Spitze der Zeitung treten. „Ein Kloſterinſaſſe Haupt= redacteur!" dachte ich. „Was kann da zu Stande kommen!" Und ich ging lediglich aus Neugier hin . . . . Ich war zu früh gekommen, der Doctor war noch abweſend, man wies mich in ſein Zimmer und erſt nachdem ich eine ganze Weile mich an der Ausſicht aus den Fenſtern dieſes herrlich gelegenen Hauſes geweidet, trat ich an die Bücherſchränke heran, die eine breite Wand entlang ſtanden. Mein Erſtaunen war groß: ich ſah die ganze radicale Denkerwelt damaliger Zeit bei einander verſammelt. Strauß „Leben Jeſu" ſtand neben Bruno Bauers Synoptikern, Ruge und Echtermayer's „Jahrbücher" waren da neben L. Feuerbach's Werken.

Indeß war Smetana mit den Uebrigen eingetreten, ein blaßgelber hagerer Mann in den Dreißigen, mit milde ſinnenden Zügen. Man ſetzte ſich. Er entwickelte in den Grundlinien, wie er ſich ein Blatt denke, das für liberale politiſche Inſtitutionen wirken, namentlich aber für die Befreiung der Geiſter auf religiöſem Gebiete mit Nachdruck eintreten ſollte.

Wir hatten nur politische Veränderungen im Auge. Das Hereinziehen des religiösen Moments schien uns störend und conflict-drohend. Auch über die Art, wie Smetana auf föderalistischer Basis czechisches und deutsches Element zu versöhnen gedachte, konnten wir uns nicht vereinigen. Die Debatte verlief resultatlos — aber ich hatte eine interessante Persönlichkeit kennen gelernt.

Ich kam von da ab öfter mit dem supplirenden Professor zusammen, den ich inzwischen aus seiner Schrift „die Grundzüge des gegenwärtigen Zeitalters" näher kennen gelernt hatte.

Smetana war, nur durch die äußerlichsten Umstände veranlaßt, Theologe und Geistlicher geworden. Er war der älteste Sohn einer zahlreichen Familie; sein Vater fungirte als Kirchendiener bei St. Heinrich. Natürlich war die Familie dürftig; es galt, die Söhne rasch zu versorgen. Und was sollte der Knabe werden, der immer schwächlich und kränklich gewesen, und Tag und Nacht über seinen Büchern saß? Die Wünsche der alten Frau, die in der Kirche Wachslichtlein verkaufte, mochten alle erfüllt scheinen, als ihr Sohn zum Priester geweiht und Caplan, zuerst in einem Dorfe bei Karlstein, später in Eger, wurde.

Aber fortwährende Beschäftigung mit der deutschen Philosophie führte allmälig in den Ansichten des jungen Mannes und Gelehrten eine völlige Zersetzung und Umbildung herbei. Nach Prag zurückgekehrt, wo er supplirender Professor der Philosophie wurde, vermied er auf's

Aengstlichste das dogmatische Gebiet, wollte die Kanzel ver=
lassen und sich auf den Katheder beschränken. Wofern
ihm dies nicht möglich, war es seine Absicht, Oesterreich
zu verlassen.

Die Meinung, für die Wissenschaft lebende Männer
fänden in der Stille der Zelle, geschieden von den Inter=
essen und Reibungen der Welt, die ungestörteste Muße,
ist ziemlich verbreitet, aber nur eine ungenaue Kenntniß
des Klosterlebens verleiht ihr den Schein der Wahrheit.
Die geistige Einengung, der gemüthtödtende Formendienst,
der eintönige, nur durch Feste und deren Feier unter=
brochene Müßiggang, die gegenseitige, oft zur Denuncia=
tion sich steigernde Spionage sind dazu angethan, gewisse
Gemüther zur Verzweiflung zu bringen. Ein solches
Gemüth war das Smetana's. Der Aufenthalt im Ordens=
hause ward ihm allmälig unerträglich. Seine Ansichten
standen mit dem Kleide, das er trug, im Widerspruch.
Da war das Jahr Achtundvierzig gekommen. Obwohl
kein Mann der That, schüchtern und vor der Berührung
mit der Welt bangend, verhehlte er doch seine Sympa=
thien und Ueberzeugungen nicht, und gab ihnen sogar,
als die Prager Studentenschaft eine Todtenfeier für die
in Wien im Märzaufstand Gefallenen hielt von der Kanzel
herab einen beredten Ausdruck. Bald darauf, wenige
Tage nach unserer ersten Unterredung war er aus dem
Kloster geschieden und hatte eine Privatwohnung bezogen.

Er wollte aufhören, Geistlicher zu sein. Kein welt=
licher Ehrgeiz, keine Leidenschaft des Herzens, nicht etwa

der, freilich auch berechtigte Wunsch, ein weibliches Herz
sein zu nennen, einzig nur der Drang des Forschers und
Gelehrten, der uncontrolirt die Wahrheit nach seiner
Weise suchen will, trieb ihn hinaus. Und nun begann
eine Kette von Verfolgungen, die, immer anwachsend,
sein Leben verbitterten und ihm jede Ruhe raubten. Er
bestand auf nichts, als auf dem Rechte, in seiner eigenen
Studirstube leben zu können, und dies war nur um so
natürlicher, da er, seitdem er den Katheder für sich ver=
schlossen sah, die Redaction der „Union" übernommen
hatte. Zuerst ließ man es bei Ermahnungen und im
Tone der Mäßigung gehaltenen Aufforderungen zur Rück=
kehr bewenden, als aber sich die Reaction im ganzen
Staatsleben immer kraftvoller geltend machte, wurden
auch die Mahnbriefe der Oberen immer drängender und
drohender. Da — eines Tages brachte ein Freund die
verbürgte Nachricht, daß die Geistlichkeit das brachium
seculare aufbieten und den abtrünnigen Sohn mit Gewalt
zur Rückkehr in's Kloster zwingen werde. Smetana mußte
eine Versetzung in eine ferne Provinz, Internirung, viel=
leicht gar Haft im gefürchteten weißen Thurme auf dem
Hradschin, dem geistlichen Correctionshause, erwarten.
Diesen Schlag zu pariren, schien ihm nur auf eine Weise
möglich: Er gab Tags darauf in seinem Blatte die
Erklärung ab, daß er „in Folge seiner Ueberzeugung
von der Unhaltbarkeit des katholischen Lehrbegriffes auf
gehört habe, Priester und Mitglied des Kreuzherren=
Ordens zu sein".

Das Aufsehen, das diese Erklärung machte, war sehr bedeutend. Jedermann wollte die Nummer, die das seltsame Actenstück enthielt, besitzen. Das Redactions-Comité entließ ihn, und bei der Furcht und der Engherzigkeit, die unter dem damaligen Drucke an der Tagesordnung waren, wendeten sich selbst Freunde und Bekannte, die Entrüsteten spielend, von ihm ab.

Aber auch die Excommunication ließ nicht lange auf sich warten. Sie kam freilich ohne den crassen Pomp und das phantastische Schreckniß, die sie im Mittelalter begleitete; dennoch aber traf sie Smetana in seiner eigenthümlichen Lage bitter genug. Seine Eltern waren beide noch am Leben. Man denke sich einen alten, grauen Kirchendiener, der das Blatt, das die Excommunication seines Sohnes enthält, austheilen muß; man denke sich eine alte Frau, „ein Lichtelweib", die hören muß, wie ihr Stolz, ihr Herzblatt, ihr lieber Sohn, als Ketzer und Verlorener erklärt wird; . . .

Und damit alles zusammen komme, meldeten sich bei dem Hartbetroffenen nun auch die Anzeichen eines rasch fortschreitenden Brustleidens, das ein Leben der Entbehrung in früheren Jahren geweckt, Studium, Nachtwachen, Kummer über Verfolgung gezeitigt hatten. Bald hieß es, Smetana sei von den Aerzten aufgegeben und nur eine Luftveränderung könne sein Leben noch eine Zeitlang hinhalten.

Smetana war dadurch, daß eine Krankheit, die bereits lange in ihm gelauert, nun zum Ausbruche kam,

zu einem Object geworden, an welchem fanatische Cleri
cale beweisen konnten, wie dem Abfall von der Mutter
kirche schon hier auf Erden die Strafe auf dem Fuße
folge. Man konnte ihn auch erfolgreicher molestiren,
als z. B. einen Collegen von ihm, der wie er im Jahre
Achtundvierzig das Kloster verlassen hatte, aber trotz der
über ihn verhängten Excommunication sich einer vortrefflichen Gesundheit und des heitersten Humors erfreute.
Diesem, einem liebenswürdigen jovialen Weltmann und
trefflichen Gesellschafter, war gar nichts anzuhaben; er
wurde daher fortwährend ignorirt, während Smetana in
den Vordergrund geschoben und zum Gegenstand des
Angriffs in clericalen Journalen gemacht wurde. Wohl
ihm, daß sein Leben selbst, das Leben eines stillen bescheidenen Forschers, keinen Makel bot, an dem man ihn
fassen konnte, und man sich einzig an seine Schriften
und Artikel halten mußte!

Er hatte indessen Prag verlassen und eine Hof-
meisterstelle in Altona angenommen; bei Campe in
Hamburg war ein größeres Werk von ihm, „Die Kata
strophe in der Philosophie" erschienen. Ich habe diese
Schrift nicht gelesen, wohl aber ist mir von Männern,
die auf diesem Felde competente Richter sind, gesagt
worden, daß sie überaus werthvolle Gedanken, des ori
ginellsten Denkers würdig, enthält. Wenn auch Smetana
nicht das glänzende Talent eines Lamenais verliehen
war, die Wärme seines Gemüths, sein schwunghafter
Idealismus, der eine bevorstehende Revolution des durch

die Cultur der Naturwissenschaften befreiten Menschen
geistes vorhersagte, sind eine über jeden Einspruch erhabene
Thatsache.

Auch jetzt noch sollte kein Freudenstrahl über sein
zertrümmertes Leben hereinbrechen. Das neue Werk, sein
Hauptbuch, sein Vermächtniß an die Nachwelt, fand der
theilweise abstrusen Sprache wegen nicht die Aufnahme,
die der Verfasser gehofft hatte. Smetana blieb nach wie
vor ein verborgener Denker. Noth und Armuth brachen
über ihn herein. Es hatte ihn aus dem Kloster, wo er
gemächlich hätte leben können, aus dem Hause mit der
schönen Aussicht auf den Strom, wo der Humpen nie
leer ward, hinausgetrieben und nun sah er die hohl-
wangige Sorge Tag um Tag in seiner engen Studien-
kammer sitzen. Mußte er nicht oft die rothberockten Pfleg-
linge beneiden, die in den Mauern des alten Hospitaliter-
hauses behäbig umhergingen! Warum war er nicht bei
bequemer Versorgung geblieben? Wie viele Glaubenslose
tragen die Klerik und verkünden Wunder, an die sie nicht
glauben; wie viele schlechte Gläubige der alten Monarchie,
im Herzen Constitutionelle oder gar Demokraten, dienen
irgend einer bestehenden Ordnung, bis die Stunde kommt,
die diese zerstört. Nicht die Einheit des Glaubens und
Wollens mehr, die öconomische Nothwendigkeit hält unsere
zerfressene, in ihren Besten erschütterte Welt von heute
zusammen.

Es war in den letzten Tagen des Jahres 1850,
als der Excommunicirte wieder in seine Vaterstadt zurück-

kehrte, doch nur um in ihr zu sterben. Er sah die
Seinigen wieder, ein Schatten dessen, der ehemals war.
Bald konnte er das Bett nicht mehr verlassen.

Einen seltsamen, und mich dünkt, herzzerreißenden
Anblick mochte ihm jetzt seine alte Mutter gewähren.
Mit dieser einfachen Frau, für die der Kampf in der
Brust des Sohnes, der Widerspruch der freien Persön=
lichkeit mit der Macht der Ueberlieferung und Autorität
ein ewiges Geheimniß geblieben war, deren mit der
Muttermilch eingesogenen Glauben kein Bildungsferment
zersetzt hatte, und deren Leben in der Kirche zu Ende
gelaufen war, wo sie unter Rosenkranz-Abbeten, von
Betstuhl zu Betstuhl gehend, den Gläubigen die bunt=
bemalten Wachslichtlein verkauft und diese zum Heil
dahingeschiedener Seelen angezündet hatte, war inzwischen
eine merkwürdige Verwandlung vorgegangen. Das Elend
und die Verfolgungen, die ihren Sohn noch auf dem
Sterbebette Schlag auf Schlag trafen, hatten sie an der
Barmherzigkeit der irdischen Vertreter Christi ganz irre
gemacht, so zwar, daß sich ihre Zweifel an die Religion
selber hinanwagten. Nur ein oberflächliches Auge ver=
möchte da die Umbildung zu freierer Denkungsart erkennen;
in Wahrheit mußte es als der Ausdruck eines an Ideen=
zersetzung grenzenden, wilden, unermeßlichen Mutter=
schmerzes gelten! Es mußte den Kranken auf eine fürchter=
liche Weise berühren, wenn er sah, wie diese Frau, die
ihr Lebelang gewohnt gewesen, von ferne herbeizueilen,
um einem Geistlichen die Hand zu küssen, jetzt mit

17*

Flüchen auf den Lippen vor den zeitweiligen Besuchern ihres Sohnes davonlief . . . .

Und es kamen viel, viel Besuche! Hatte man ihn früher nicht ruhig leben lassen, so ließ man ihn jetzt nicht ruhig sterben, und drängte ihn unablässig zum Widerruf.

Zuletzt kam noch der Cardinal = Erzbischof, als oberster Seelenhirt, zu ihm, um ihn zur Rückkehr in den Schooß der Kirche zu bewegen. „Wenn Sie sich bekehren," sagte der Kirchenfürst, „so ist es gar wohl möglich, daß Ihnen Gott Ihre verlorene Gesundheit zurückerstattet!" Der Kranke lächelte schmerzhaft, er wußte wohl, daß eine zerstörte Lunge nicht wieder athmungsfähig werde. Mit gebrochener Stimme bat er, ihn ruhig zu lassen, und beharrte bei seiner Ueberzeugung. Er hätte sagen können: „Die Zeit der Wunder ist vorüber. Lassen Sie das Wunder geschehen, nachher will ich glauben; aber fordern Sie nicht vorher meinen Uebertritt als Bedingung meiner Heilung!"

Als sich diese geistlichen Besuche vermehrten, wurde in dem Kranken das Mißtrauen rege, daß man nach seinem Tode, der alle Augenblicke eintreten konnte, das Gerücht von seiner Buße und seinem Widerruf in Umlauf setzen könne. Dem wollte er zuvorkommen. Er bat einige Freunde, abwechselnd bei Tag und Nacht sein Krankenbett zu umgeben. Dies geschah.

Am vorletzten Januar 1851 schlief er ein und erwachte nicht mehr.

Smetana war kaum verschieden, als sein Todesfall schon jedermann in der Stadt bekannt war und den Gegenstand des allgemeinen Gesprächs bildete. Die Oberin im ****** Nonnenkloster, die eben beim Mittagstische saß, hielt plötzlich mit dem Zerlegen des Bratens inne, legte, wie von einem Gedanken erfaßt, die Hand an die Stirne und sagte dann nach längerem Nachdenken: „Um diese Zeit wird es dem armen Smetana wohl schon schlecht gehen!" Sie meinte nach ihren Begriffen von jenseitiger Topographie und der Schnelligkeit der Seelenbeförderung, daß der Excommunicirte jetzt bereits in der Hölle angelangt und der Justiz höllischer Peiniger überliefert sein dürfte.

Eines in Allem war bei dem Leichenbegängnisse, das für den folgenden Tag angesagt war, ein ungewöhnlicher Menschenzudrang zu erwarten; die Menge aber, die sich einfand, überstieg jede Voraussetzung. Auf dem oberen Theil des Roßmarktes, wo das Haus, in welchem Smetana verschieden war, lag, hatten sich mindestens zehntausend Menschen versammelt, und standen, dicht gedrängt, wie Pflastersteine, bei einander. Selbst Handwerker hatten ihre Werkstätten geschlossen und die Arbeit verlassen, um mit dabei zu sein.

Während draußen die Polizei ihre liebe Angst vor revolutionären Demonstrationen hatte, waren im Zimmer, wo der Todte lag, die Anverwandten in nicht minderer Sorge. Wir hatten vollauf damit zu thun, ihnen zuzusprechen. Clericale Persönlichkeiten hatten allenthalben

verbreitet, das „Volk" würde aus Wuth gegen den in
Unglauben Geschiedenen seinen Sarg beschimpfen, vielleicht
gar seine Leiche entehren. Es ist ein alter Kniff derer,
die das Volk hetzen, zu behaupten, daß sie nur es sind,
die seine gerechte Entrüstung zügeln. Als die Menschenmenge immer mehr anschwoll, blickten die Anverwandten
ängstlich aus den Fenstern heraus, um die Physiognomie
der Menge zu studiren und ihre Stimmung kennen zu
lernen. Sie war geheimnißvoll ernst. Als die Fackel-
träger ausblieben, die sonst gewöhnlich den Sarg hinab-
tragen, wuchs die Verlegenheit. „Rufen wir ein paar
junge Leute herauf, daß sie uns helfen," meinte Einer.
„Nein," sagte Dr. Pinkas, „die Polizei würde sich die
Namen der jungen Leute notiren und ihnen Unannehmlichkeiten bereiten; greifen wir selbst zu, an uns ist nichts
zu verderben!" Er faßte den Sarg, wir folgten seinem
Beispiele: es ging die Treppe hinab. „Nun kann's uns
schlecht gehen!" flüsterte ein Furchtsamer, „weiß Gott,
wie die Menge gesinnt ist   "

Da rief eine tiefe, ernste Stimme mitten in der
allgemeinen Stille: „Hut ab!" und wie mit einer einzigen Handbewegung entblößten sich die Häupter von
mindestens zehntausend Menschen.

„Im Namen Seiner Excellenz des Statthalters!
Ich befehle, daß der Leichenzug seinen Weg nicht durch
die Marien- und Basteigasse, sondern direct durch das
Roß-Thor nehme," ließ sich die scharfe, schneidige Stimme
eines Polizei-Commissärs vernehmen.

Kein Glockengeläute ließ sich hören, ohne Priester und Ministranten setzte sich der schwarze Wagen in Bewegung. Kein schwarzumflortes Kreuz war darauf.

„Schneller! Schneller!" rief der Commissär noch einmal, und der Kutscher setzte die Pferde in so scharfen Trab, daß der alte Pedell der Universität in seinem langen rothen Talar, das Pedum in der Hand, kaum nachkommen konnte.

Eine Minute später war der Wagen durch das Roß= Thor verschwunden.

Ich habe die von Augustin Smetana zurückgelassenen Denkwürdigkeiten, die Erzählung eines kampf= und leid= vollen Lebens einige Zeit nach seinem Tode unter dem Titel: „Die Geschichte eines Excommunicirten" heraus= gegeben. Ich erwähne dies nur als historische Notiz, denn als Charakter ist Smetana gänzlich veraltet, und dürfte unserer Epoche beinahe unverständlich erscheinen. Heute hat die Kirche keine Häretiker, keine Abtrünnigen mehr, nirgendwo vernimmt man von einem Austritt, einem Abfall. Neue und schwer begreifliche Dogmen, wie das der unbefleckten Empfängniß und der päpstlichen Unfehlbarkeit sind inzwischen decretirt worden; ein mini= maler Theil der katholischen Priesterwelt hat sich eine Zeit lang gegen sie gesträubt, sie bald darauf aber freu= dig aufgenommen. Auch die altkatholische Bewegung ist kläglich im Sand verlaufen. Alle katholischen Priester haben sich im Stande gefühlt, das von ihnen verlangte Opfer des Intellects, den sacrifizio del intelletto zu bringen, keiner macht sich mehr Gewissensnöthen, die demüthige Unterwerfung, die opferirendige Hingabe an die geoffenbarten Dogmen ist allgemein. Die allein-seligmachende Kirche triumphirt auf allen Punkten.

XIII.

König David und das Weib des Urias.   Verschiedene Kritiken.

Auf meiner schottischen Reise hatte ich einmal einen ganzen Tag zu Schiffe verbracht.

Die See war unruhig, der Himmel stark umwölkt. Den ganzen Tag über sah ich nichts als das graue Meer und höchstens am Horizonte ein Schiff, das mit Wind und Wellen kämpfte und endlich im Nebel verschwand.

Um doch eine Lectüre zu haben, hatte ich mir das einzige Buch, das in der Cajüte zu finden war, auf's Verdeck genommen. Es war das alte Testament, die Stiftung irgend eines Bibelvereines. Ich schlug die Geschichte des Königs David auf und las bei der Musik von Wind und Wellen darin stundenlang fort. Abends hatte ich Fleetwood, eine kleine öde Hafenstadt, erreicht und als ich schlafen gehen wollte, fand ich abermals eine Bibel auf dem Nachttische liegen. Ich las von dort, wo ich stehen geblieben war, weiter. Die Geschichte dieses merkwürdigen Emporkömmlings, dem jedes Mittel recht war, um sich zum Throne emporzuschwingen, der die

Priesterpartei bald schlau zu benützen wußte, bald diese mit Füßen trat, der die lockere Macht seiner Vorgänger zu einer festen Despotie zusammenzubinden verstand, unter den schimpflichsten Umständen verjagt wurde und mit Schrecken zurückkehrte, der schließlich noch über's Grab hinaus Gericht hielt, um den Thron seines Sohnes und Nachfolgers zu sichern — diese Geschichte wirkte geradezu wie ein Brennstoff auf meine Phantasie.

Ich beschloß, diesen Charakter in einem Drama vor zuführen.

Noch heute scheint mir ein Charakter wie der des Königs David überaus interessant für Jeden, der ihn frei von kirchlichen Vorurtheilen zu betrachten und unabhängig von Lasuren und Deckfarben, die die revidirende Hand der Zusammensteller des A. T. aufgetragen, das wahre und ursprüngliche Bild sich herzustellen weiß. Für jedes Capitel seines Buches „vom Fürsten" hätte Macchiavell aus diesem Leben seine Belege nehmen können. David weckt bei seinen Zeitgenossen Bewunderung durch seine Tapferkeit, Zuneigung durch seine feine und heuchlerische Sanftmuth und ist unerschöpflich an Mitteln. Einmal zur Herrschaft gelangt, weiß er trefflich seine Racheacte als den Willen des Himmels darzustellen. Wie alle Despoten vereinigt er das Talent, den Volksinstincten zu schmeicheln mit einem tiefen Bewußtsein des zur Zeit eben Noththuenden. Seine Leidenschaften beherrscht er fast vollständig aus dem dunklen Hintergrunde seines Gemüthes heraus. Seine Verbrechen bereut er nur, wenn

sie an den Tag kommen. Die Basis seiner Natur ist
eine Mischung von List und Kühnheit, von heißem natio-
nalen Sinne und kaltem Egoismus, die Grundidee seines
Lebens ist: den Thron seiner Race zu erhalten. Dies
Problem gelingt ihm vollständig, denn die Größe und
Herrlichkeit Salomons ist einzig die Frucht seiner Arbeit.

Das ist freilich nicht die populäre, im großen Publicum lebende Ansicht über den Sohn Isai's, und das
Drama, das ihn in diesem Sinne vorführte, mußte noth-
wendigerweise auf Widerspruch und Anfechtung stoßen.
Aber auch meine Auffassung des jüdischen Volkes war
der landläufigen Annahme zuwider. Es war die Auffassung, die ich mir seinerzeit in Frankfurt in den Ge-
sprächen mit Feuerbach und Ruge gewonnen hatte.

Diesen Männern war das alte Testament ein höchst
unheiliges Buch und Israel ein Stamm mit stark ab-
stoßenden Zügen, in dessen Natur Grausamkeit und Sinn-
lichkeit beisammen war.

Namentlich die Episode von David und Urias hatte
mich interessirt, sie mußte einen Dichter, der vor dem
Starken und Gefährlichen nicht erschrickt, reizen. Oder
ist es nicht ein sehr merkwürdiger Fall, wenn die Keusch-
heit eines Weibes so wichtig wird, daß sich eine ganze
Staatsaction daran knüpft? Ein Gewalthaber hat das
Weib seines populärsten Feldherrn während dessen Abwesenheit verführt, es sind Folgen da, ein Liebeshandel,
der ursprünglich der Politik ganz fern gestanden, ist durch
die öffentliche Stellung des Liebhabers in eine Sphäre

gezogen, wo er die ganze Staatsordnung zu erschüttern
beginnt. Was ist begreiflicher, als daß der rücksichts-
loseste Gewalthaber zuerst die Sache zudecken will —
ein Ehebrecher ist es ja gewohnt, mit einem anderen zu
theilen. Hier aber stößt er auf den Seelenadel, den
Idealismus des Weibes, das da sagt: „geschehe mit mir,
was da will! Ich füge keine zweite Schuld mehr zu
meiner ersten und gestehe alles meinem Gatten, sobald
er mein Gemach betritt."

Nun hat aber David nicht nur den beleidigten
Gatten, sondern auch das Priesterthum zu fürchten, das
den theokratischen Charakter des Staates aufrecht erhalten
will und über die sittliche Ordnung in Israel wacht.
Die Aufdeckung eines königlichen Ehebruchs muß mit
Zuhilfenahme der erzürnten Volksinstincte zu einem Siege
der Hierarchie führen. Da ergreift der Ehebrecher das
rücksichtslose Mittel, den Gatten hinzuopfern und den
einzigen Mitwisser mit gewaltsamer Hand zu entfernen.
Indeß hängt die vorher nicht zu berechnende Fügung über
ihn, daß sich seine Schuld, statt zu verschwinden, verdoppelt
hat. Das Gerücht stellt sich ihm als eine unbekämpf-
bare Macht entgegen, es behauptet seine Doppelschuld.
David muß um so mehr bestürzt sein, als er überzeugt
ist, daß sein Verbrechen sorgfältig zugedeckt wurde und er
nicht glauben konnte, daß seine That Folgen schwerster,
tragischester Art nach sich ziehen werde.

Zur Bestürzung, die ihn ergriffen, tritt der Umstand, daß das Volk plötzlich in sittlicher Empörung, das

Priesterthum voll hierarchischer Gelüste, das Heer, durch
den Meuchelmord des populärsten Feldherrn aufgeregt,
sich feindlich gegen ihn kehren, daß ihm alle Macht ent-
schwindet, da er eben alle Blitze des Himmels zu seiner
Rettung nöthig hätte. Die Königin muß, wie das ärmste
Weib, vor der Richterbank erscheinen und kömmt dem
Urtheil zuvor, indem sie sich selbst richtet, der König muß
zusehen! Seine Krone wird ihm von Priesterhand vom
Haupte genommen und von derselben Hand in kluger
Berechnung auf den früheren, nunmehr geschändeten Platz
gesetzt.

David, wie willenlos, wie im Schlafe, läßt die
feindlichen Hände auf seinem Kopfe wühlen. Er betrachtet
sich nicht als einen Schuldigen, sondern lediglich als einen
Machtlosen, wie denn von allem Anfang an seine Weltanschauung den Schwerpunkt in der Gewalt gesucht und
gefunden hat. Daher richtet er sich, kaum in die Höhe
wieder emporgeschnellt, als Einer auf, der die ausein-
andergefallenen Bündel der Macht zusammensucht, mit
dem stummen, aber brennenden Vorsatze, sich unendlich zu
rächen, wieder nicht etwa darum, seine Feinde zu strafen,
sondern um den Wiederbesitz der Macht anzukündigen
und die erfahrene Demüthigung als ein Verbrechen, sein
Verbrechen als etwas nicht Geschehenes, als ein Mährchen
hinzustellen.

Da angelangt scheint er sich zu fragen: Was ist
mit mir vorgegangen? Habe ich vielleicht nur schwer
geträumt?

Das war die Episode aus Davids Leben, die sich vor mir aufbaute, und mich so tief anregte; diese eng geschlossene, auf sich selbst beruhende Handlung wurde die Wirbelsäule meines Stückes. Ich ließ es nicht erst als Theatermanuscript, sondern sogleich in Buchform drucken, denn auf der Bühne, zumal der damaligen, war es nicht zulässig.

Das Anstößige im Stücke war aber gerade das, was ich schier wörtlich aus dem alten Testamente her= übergenommen:

„Und David sprach zu Uria: Gehe hinab in Dein Haus und wasche Deine Füße. Und da Uria zu des Königs Haus hinaus ging, folgten ihm nach des Königs Geschenke.

Und Uria legte sich schlafen vor die Thür des Königs= hauses, da alle Knechte seines Herrn lagen und ging nicht hinab in sein Haus.

Und da man dies David ansagte, sprach David zu ihm: Bist Du nicht über Feld gekommen? Warum bist Du nicht hinab in Dein Haus gegangen?

Und Uria sprach: Die Lade und Israel und Juda bleiben in Zelten und ich sollte in mein Haus gehen, daß ich esse und trinke und bei meinem Weibe liege? So wahr Du lebst und Deine Seele lebet, ich thue solches nicht!

Und David lud ihn, daß er vor ihm aß und trank und machte ihn trunken. Aber Uria ging schlafen mit seines Herrn Knechten und ging nicht hinab in sein Haus.

Da ſchrieb Morgens David einen Brief an Joab
und ſandte ihn durch Uria." (II. Buch der Könige.
11. Capitel.)

Der rohe und ſinnliche Stachel, den dieſe Scene
in der Bibel hat, ſollte, meiner Anſicht nach, durch meine
eigenthümliche, unſerer höheren Cultur gemäße Führung
der Sache ganz und gar aufgehoben werden. Meine
Bathſeba war eine der bibliſchen entgegengeſetzte. Die
Bathſeba der Bibel iſt ein ſchwaches und mit Davids
Ausweg einverſtandenes Weib, die meine war heroiſch
geartet. Sie iſt ſchon durch die bloße Andeutung des
Auswegs von ihrem Geliebten losgelöſt und wird dem
Gatten ihre Schuld geſtehen, ſobald er vor ihr erſcheint.
Statt ſeine Sclavin zu ſein, wird ſie ihn zum Richter
über ihre Schuld machen.

Dieſe Führung erſchien mir als eine vollſtändige
moraliſche Rettung . . . .

Sie erwies ſich aber nicht als eine ſolche, und ſoviel
Freude mir das Werk während ſeiner Hervorbringung
gemacht, da ich dabei Schritt für Schritt eine wachſende
Sicherheit der Bewegung auf dem neubetretenen Boden
fühlte, ſo wenig Freude machte es mir nachher. Man
war erſchrocken, einen geheiligten Helden wie David ſo
grell beleuchtet zu ſehen und imputirte dem Dichter das
als abſichtliche Profanirung der Quelle, was nur natürliche Conſequenz der dramatiſchen Ausarbeitung des Stoffes
war. Es fehlte nicht an Anklagen vom ſittlichen und
religiöſen Standpunkte aus, nur einzelne Kritiker, wie

z. B. Julian Schmidt betonten, daß ich einen Fortschritt über meine bisherige Dichtungen hinaus gethan. Adolph Stahr, mein Freund Joseph Bayer und der Königsberger Philosoph Rosenkranz lobten mit großen Einschränkungen. Ein Trost war mir ein Brief Heinrich Heine's. Er schrieb:

„Was nun Ihre Tragödie „Das Weib des Urias" betrifft, so habe ich sie mir zweimal vorlesen lassen und habe auch von den beigelegten Kritiken Kenntniß genommen. Das Stück hat einen sehr bedeutenden Eindruck auf mich gemacht und ich prognosticire Ihnen eine schöne Zukunft auf diesem Gebiete. Das Stück ist mit einem kühnen Verstande geschrieben und hat nur den Fehler, daß es der ganzen deutschen Sentimentalität in's Gesicht schlägt. Interessant war es mir, daß die Handlung eine solche, die fortwährend über die Zwecke der Personen hinauswächst. Dies gibt dem Drama etwas Ueberraschendes, ja Dämonisches und erinnert mich an Felsen, die, je weiter man geht, mit neuen überraschenden Zacken hervorschießen. Ihre Bathseba ist eine schöne, reine Gestalt, mit dem keuschesten Pinsel entworfen und im Gegensatz ihr Gemal der kalte Tyrann, voll Energie und Geistesgegenwart, der er wirklich gewesen. Im dritten Acte ist man wirklich in die Wüste versetzt: am schönsten aber scheinen mir die zwei letzten Acte gelungen zu sein. Wer solch ein Drama geschrieben, der mag sich freuen.

Ueber die Bornirtheit Ihrer Recensenten ist nichts zu sagen. Sie vermissen die patriarchalische Welt in

Ihrem Stücke, welches freilich kein biblisches im alten Sinne des Wortes genannt werden kann. Die Weltanschauung darin nennen sie raffinirt: als ob es eine Zeit gegeben hätte, wo die Juden nicht raffinirt gewesen wären!

Sie fragen mich, ob Sie Ihren Feinden entgegentreten sollen?

Nein, Polemik ist gegen Leute wie . . . . . . nicht zu führen. Solche Naturen sind nicht zur Anerkennung zu zwingen und man muß sie an ihrem Neid und ihrer Impotenz sterben lassen. Uebrigens kommt im Leben jedes Schriftstellers eine Zeit, wo er statt der Schmeichler, die ihn früher umgaben und Jener, die ihn ermunterten, nur Angreifer um sich sieht. Sobald einer emporwächst über die Köpfe, so wird ihm, als das Gleichgewicht der Schmierliteratur störend, der Proceß gemacht. Wohl Dem, der ihn überlebt, seinen Appetit behält und weder an seiner Gesundheit, noch in seinem Humor Schaden leidet . . . . Behalten Sie Muth und Schwungkraft und lassen Sie die Bitterkeit Ihres Herzens nicht überhand greifen . . ."

So urtheilte Heine. Laube dagegen, dem ich das Stück in Karlsbad zu lesen gab, war anderer Meinung. Er stellte mir mein Drama mit den kurzen Worten zurück: „Das Stück ist so unmoralisch, daß es Ihnen die Mohren in Timbuctu auspfeifen würden!"

„Vielleicht die Mohren," erwiderte ich. „Die habe ich aber auch noch nie für Kunstrichter gehalten. Der

Vorwurf der Unmoralität aber kann nur auf die biblische Erzählung zurückfallen, an der ich nicht allzuviel habe modeln wollen."

XIV.

Ein bürgerliches Trauerspiel.   Friedrich Haase   Das erstemal auf den Brettern.

Unmittelbar nach Erscheinen meines „Weib des Urias" ging ich an eine neue dramatische Arbeit: es sollte diesmal ein ganz und gar für die Bühne berechnetes bürgerliches Trauerspiel sein. Es sollte auf englischem Boden spielen und „Reginald Armstrong oder die Welt des Geldes" heißen.

Ich entwarf es im Sommer 1851 in einer einsamen Herberge am Gmundener See, „Am Stein" genannt, und führte es in Prag aus. Es sollte ein Stück einer Welt schildern, die den Werth des Menschen nach dem mißt, was er besitzt. Der Nebentitel war sonach ohne jede satyrische Anspielung als leidenschaftslose Bezeichnung des Schauplatzes gemeint, auf dem das Drama spielt.

Daß die Welt von heute mehr als jede vorangegangene Zeit den Besitz zum Werthmesser des Menschen macht, steht fest. Sie stellt die Forderung an das Individuum, daß es die Verhältnisse wie ein Baumaterial beherrsche, aus dem es sich die ihm zukommende Wohnung erbaue, die sodann als ein Maß des Menschen betrachtet

wird. Diese Anschauung, einerseits berechtigt, weil in
vielen Fällen der Besitz wirklich ein richtiges Maß der
Arbeit, der Bildung und der geistigen Selbständigkeit
des Individuums ist, ist andererseits der fruchtbare Boden
tragischer Conflicte. Diejenigen, die auf dem Besitze fußen,
werden mit hartem Hochmuth diesen Maßstab als den
alleingiltigen annehmen und der besitzlosen Intelligenz
keinen Platz neben sich einräumen wollen, diese wird
wieder mit gleicher Einseitigkeit diesen Maßstab verwerfen
und mit gewaltsamem Ungestüm das Schatzhaus des
Besitzes erobern wollen mit den Waffen des Geistes.
Dies die Grundlage des Stückes; sie ist von der Kritik,
die sich nun einmal schon daran gewöhnt hat, überall
Tendenz und Polemik gegen die bestehenden Mächte zu
wittern, wirklich auf's Komischste verkannt worden: die
Kritik schien zu glauben, der Verfasser habe einfach ein
Libell gegen die Reichen schreiben wollen!

Doch weiter. In dieser Welt des Geldes werden
diejenigen, welche mit ihrer Existenz auf dem Besitz
basiren, weniger Gefahr laufen, in Schuld zu verfallen,
als die, die außerhalb des goldenen Kreises stehen, und
so wird Ralph Woodstock ein wohlfeiles Lob der Ehren=
haftigkeit ernten, indeß Reginald Armstrong strauchelt
und fällt. Dieser, ein begabter und ehrgeiziger Mensch,
ist trotz aller Anstrengungen in seinen Versuchen, sich
eine seinem Geiste gemäße Stellung zu erobern, geschei=
tert, die Welt des Geldes wie jede compacte Gesellschaft,
abstoßend und gegnerisch gegen diejenigen, welche außer

ihr stehen, hat ihn eine Reihe von Zurücksetzungen und
Verletzungen erfahren lassen, die dieser leidenschaftliche
Gemüthsmensch nicht erträgt. Plötzlich, in einer bodenlosen Situation, bietet sich diesem unruhvollen und in
sich zerrissenen Geiste die Möglichkeit dar, auf die höchsten Spitzen der Gesellschaft gehoben und aus dem un-
gleichen Kampfe mit einer doch wieder ungerechten Welt
— ungerecht, weil sie ihren oft richtigen Maßstab allenthalben anwendet — erlöst zu werden. Die Verführung
trifft sein Gemüth eben in dem Augenblicke, wo ein anderes Verhältniß sich ihm als unmöglich erweist. Eine
schöne Mädchennatur schüttet als unerwartete Retterin
ein Füllhorn von Glücksgaben vor seinen Füßen aus und
sein Gemüth wird gefangen. Wirkliche Dankbarkeit erfaßt ihn und im Schwunge dieses Gefühls verpfändet
er sich einem Mädchen, für das er statt Liebe doch nur
das „edelste Mitleid" empfindet. Sein Gelöbniß, ihr
dennoch Alles sein zu wollen, ist aufrichtig.

Wenn er später dies Gelöbniß bricht, so ist's nicht
Schurkerei, es ist, weil seine Kräfte zur Ausführung
seines aufrichtigen Wunsches, Arabella zu beglücken, nicht
hinreichen. Nichtvorauszusehende Schicksalsschläge brechen
über ihn herein, verwirren und verwildern sein Gemüth,
und das Wort, womit sich seine verwundete Seele ent-
hüllt, tödtet seine Frau. Bisher konnten wir vielleicht
den Menschen hassen, der sich einer That unterfangen,
die mit seinem Wesen nicht im Einklange stand und er
nicht zu tragen vermochte; im Verlauf — — so meine ich

18*

wenigstens — müssen wir uns mit dem Menschen ver=
söhnen, der, nachdem eine Katastrophe, die, ohne daß er
sie voraussehen konnte, eintrat, ihn mit einemmale vom
tragischen Widerspruch, der ihn gebunden hielt, befreite,
Abschied nimmt von der Macht, Abschied vom Reichthum,
Abschied von allen Abgöttern seines früheren Lebens,
und sich im Letzten erheben will, was ihm übrig bleibt:
in der Verzichtleistung. Von seinem Freunde gelöst, der
den Ehrgeiz in ihm schürte, ist er nur um so selbständiger
geworden, Resignation und schwermuthvoller Ernst er=
füllen den sonst schwankenden, umhergeworfenen Menschen
Er will aus dem Leben scheiden. Warum muß ein
Auftritt mit seinem ehemaligen Freunde dazwischen
kommen, der sich ihm und seinem Freunde zum Verderben
wendet? Es muß sich herausstellen, daß der Abschluß
und die Versöhnung, zu der er in den früheren Scenen
kam, doch nur eine poetische Versöhnung war, daß die
Dämonen nur schlummerten und sein bereits auf's Tiefste
zerstörtes Leben jeder Heilung spottet.

Dies die einfache Seele des Stücks. War es nicht
vielleicht zu gewagt, ein Bild einer materialistischen Zeit
zu geben, vor dem in jedem Zuschauer gegenwärtige oder
erst gestern vergangene Züge seiner eigenen Geschichte
oder der seiner Bekannten wachgerufen werden mußten?
Zu gewagt, in einer nach dem Leben gezeichneten Studie
den faulen Punkt in der Gegenwart mit der Sonde zu
berühren und unbeschönigt zu nennen?

Nun, vorderhand schien sich alles auf's Beste anzu=
lassen. Die „Welt des Geldes" wurde, kaum daß der

letzte Bogen des Manuscripts trocken war, von der
Intendanz des Prager Theaters gelesen, angenommen und
zur Aufführung vorbereitet.

Die Proben begannen: natürlich wohnte ich den=
selben bei. Die Hauptrolle war einem ganz besonders
talentvollen Schauspieler, Eduard Grans anvertraut,
welcher Charaktere, wie die des „Reginald" mit wirklichem
Gefühlsleben wiederzugeben wußte; weniger für ihre
Rolle geschaffen war Fräulein Lechner. Die zweite Haupt=
figur des Stückes, den Advocaten Glendower, spielte
Friedrich Haase, ein damals noch ganz junger Mann,
für jüngere Charakterrollen engagirt.

Friedrich Haase war nun schon seit einigen Wochen
in Prag, kenntlich durch eine seltsame Tracht, einen Rock
von auffälligem Schnitt und übermäßiger Länge, einen
Hut, mit pastorenhaft breiter Krempe auf das reichgelockte
Haar gedrückt, pflegte er langsam und nachdenklich
durch die Gassen zu schreiten und so war er mir schon
lange aufgefallen, bevor ich ihn auf den Brettern sah.
Nun hörte ich ihn in derselben Tracht meinen Glendo=
wer sprechen. Aber wie? Mein Befremden, ja mein
Entsetzen konnte gar nicht größer sein! Den wilden,
unbändigen Mann voll verhaltener Leidenschaften, den
ich im Sinne gehabt hatte, gestaltete er in einen geleckten
Weltmann, einen Gecken, um. Wo ich den ungestümen
Erguß einer im Gefühl ihrer Ueberlegenheit schwelgenden
Natur, das Feuer eines von der Unwiderstehlichkeit seines
Systems berauschten Genies beabsichtigt hatte, fand ich

nur kalte Ironie, der das Wort zähe und widerſtrebend
von der Lippe träufelte. Ein Teufel, der, von Flammen
umleckt, geradenwegs aus der Hölle kommen ſollte, war
in einen froſtigen Sophiſten umgewandelt — ſtatt wilden
Feuers der Eishauch der Gemüthloſigkeit . . . .

Ich verzweifelte und hielt mein Stück für verloren.
Umſonſt vertheidigte ich meine Auffaſſung; der Künſtler
wich aus und meinte, er werde erſt bei der Aufführung
Licht und Schatten ins Gemälde bringen und — eine
ganz erſtaunliche Toilette machen!

Der unruhig erwartete Abend kam. Es war der
des 21. Februar 1852. Nichts fehlte, was zu einer
Première gehört, weder das Gedränge an der Caſſe und
die Aufregung derer, die keine Sitze mehr bekamen, noch
das ſtürmiſche Heranraſſeln der Equipagen und die unruhige
Erwartung des Publicums. Als ich vom Theater durch
das Guckloch im Vorhang ſchaute, erblickte ich ein zum
Brechen volles Haus. Und dabei ſpielte das Orcheſter
ſein Muſikſtück zu Ende und der Vorhang ging auf.

Ich, der hinter den Couliſſen ſtand, fühlte mich von
der Aufführung ſchrecklich unbefriedigt. Viele Schauſpieler
hatten nach der damals graſſirenden, genial ſein ſollen=
den Weiſe mangelhaft gelernt, mich aber traf jedes falſche
oder ausgelaſſene Wort wie ein gegen mich geführter
Streich. Dies wollte ich raſcher, dies langſamer geſpielt
haben. Haaſe, ſtatt meinen Bitten und Beſchwörungen
zu folgen, trieb ſeine eigene Auffaſſung, die des phleg=
matiſchen Engländers, auf die Spitze, und dehnte jeden

Satz mir zur Verzweiflung. Immer flogen ihm meine Gedanken voraus, ich verfluchte ihn aus Herzensgrunde.

Und doch! Was bedeutete mein subjectives Miß-behagen? Das Publicum war gepackt, der Applaus kam und wuchs von Act zu Act. Allerdings, Graus und Fräulein Lechner spielten vortrefflich. Kurz, die Auf-nahme war eine stürmisch begeisterte, wie man sich einer ähnlichen in Prags Theater-Annalen kaum erinnern konnte. Nachdem ich während des Stückes wohl zwölfmal vor die Rampen citirt worden, war schließlich des Heraus-rufens kein Ende. Athemlos rannte ich nach Hause, meiner guten Mutter, die nicht den Muth gehabt hatte, ins Theater zu gehen, meinen Erfolg zu melden. Und als schon in der nächsten Woche Briefe des Berliner, Münchner und Dresdener Hoftheaters die Annahme meines Stückes meldeten und dasselbe in Braunschweig und in Hannover sofort und mit bestem Erfolge gegeben worden war, durfte ich wirklich einer Zukunft auf dramatischem Felde entgegensehen . . . . .

XV.

„Reginald Armstrong" in Wien. — Friedrich Hebbel.   Ein Empfangs-abend.

Zur winzig kleinen Anzahl derer, denen der Auf-enthalt in der Paulskirche Glück gebracht, gehörte vor Allem Heinrich Laube. Er hatte sich, der Preuße, der

zum Curgebrauch) nach Karlsbad gekommen war, als die
Wahlen für's Frankfurter Parlament ausgeschrieben wur=
den, rasch entschlossen im benachbarten Elbogen als
Candidaten gemeldet und einen leichten Sieg davongetra=
gen. In Frankfurt hatte er sich, was bei seinen jung=
deutschen Antecedentien überraschend war, auf die rechte
Seite des Hauses begeben und mit Vorliebe den Oester=
reichern vom rechten Centrum, den Herren von Schmer=
ling, Andrian, von Somaruga angeschlossen. Nachdem
er im März 1849 aus dem Parlamente ausgetreten war,
fand sich leicht eine Veranlassung, · nach Wien zu gehen
und seit Ende 1849 war Heinrich Laube artistischer
Director des k. k. Hofburgtheaters.

Hätte ich damals auch nur einen Gran reifer Menschen=
kenntniß besessen, so hätte ich dafür Sorge tragen müssen,
daß mein nunmehr gedrucktes Stück, als es zur Versen
dung an die Directionen kam, unter keiner Bedingung
nach Wien oder Berlin gelange, denn an beiden Orten
war mein Name verpönt. Aber ich ˉbesaß diesen Gran
Menschenkenntniß nicht. Ich ließ mein Stück wahllos
an alle Bühnen abgehen und nachdem dasselbe auch in
Hannover und Oldenburg mit günstigem Erfolge gegeben
worden war, meldete mir Laube, daß auch er es auf=
zuführen gedenke. Am 15. Mai sollte die erste Auf=
führung stattfinden.

Das war eine seltsame Zeit, das Stück eines jungen
Autors zu bringen, vollends in einer Stadt wie Wien,
die keinen Fremdendurchzug hat. Abgesehen davon, daß

zur Zeit des erwachenden Frühjahrs das Publicum des
Theaters überdrüssig wird, selbst im Falle des größten
Erfolges würde dieser durch die sofort eintretenden
Theaterferien entzweigeschnitten werden.

Nur ein „reiner Thor" konnte auf diese Bedin=
gungen eingehen.

Leider war ich dieser reine Thor.

Was ich wohl heute einem Director schreiben würde,
der mir einen solchen Antrag stellen würde? Doch es
würde sich keiner getrauen, einem Manne, der das
Schwabenalter überschritten, den Antrag zu machen! Aber
die Jugend ist blind. Ich werde wohl dankbar gerührt
geantwortet haben. Ich machte mich sogar reisefertig
nach Wien.

Und doch war mir der Boden höchst unheimlich.
Aus Wien war mir noch nie im Leben etwas Gutes zu=
gekommen. In der dortigen Presse war ich von jeher
todtgeschwiegen worden. Dort war der Centralpunkt des
Systems, das alle meine Illusionen in Grund geschossen.
Schon im Vormärz hatte es mir dort nicht gefallen, nun
aber hatte sich der gutmüthige, nur einfach bornirte Ab=
solutismus von ehedem in einen gemüthlos branflos kano=
nirenden Militarismus verwandelt. Man hatte hier die
arbiträre Gewalt, die wie ein Schwert über dem Kopfe
aller Freidenkenden hing, doppelt und dreifach zu fürchten.
Briefunterschlagungen, Hausdurchsuchungen, Einkerkerungen
und Internirungen waren an der Tagesordnung. In
welche Fatalitäten konnte eine Denunciation auch den

Harmlosesten verwickeln! Um wieviel mehr Einen, der als Freund so manches justificirten Hochverräthers bekannt war!

Ich fühlte zudem, daß ich mich in geistigem Wider= spruch zu allen dort das Wort führenden Literaten be= fände. Die meisten meiner alten Freunde und Gesin= nungsgenossen lebten in der Verbannung, andere waren in das Lager der Macht gelaufen und bedacht, durch loyalen Eifer Verzeihung zu erkaufen; ein winziger Rest Gleichgesinnter, der noch dort aushielt, sah sich zu völliger Unbedeutsamkeit reducirt und war sehr kleinlaut geworden. In den größeren Zeitungen herrschten entschlossene Con= dottieri, Männer, die durch Granier de Cassagnac's Exempel begeistert, den Cultus der Gewalt in logische Formeln zu bringen suchten, die Allüren der regierenden Militärmachthaber copirten und deren Parolen wie auf= gegebene Themata ausspannen und variirten . . . .

Es war eben die Zeit der engsten Allianz mit Ruß= land; Kaiser Nikolaus befand sich seit den ersten Tagen des Mai in Wien. Da gab es fortwährend Revnen; auf jenen weiten öden Plätzen, die sich zwischen der innern Stadt und den Vorstädten hinzogen, sah ich durch Staubwolken Regimenter auf Regimenter hineilen wie bewegliche Mauern und in offener Calesche die riesige Gestalt des Czaren aller Reußen an der Seite des jugend= lichen schlanken Franz Josef vorüberjagen. In dieser Allianz Rußlands und Neu=Oesterreichs schien Alles erdrückt, was das Jahr Achtundvierzig als Forderung oder als Ziel geahnt.

Wenn mich diese politische Constellation ängstigte und bedrückte, suchte mein Zimmernachbar im Gasthof zum „Erzherzog Karl" mich durch gute Laune und kleine Scherze zu zerstreuen und aufzuhellen. Dieser Zimmernachbar war kein anderer als Odo Russell, den ich als Attaché der englischen Gesandtschaft in Wien wiederfand. Odo Russell war einer der liebenswürdigsten Geister, früh weltklug geworden, aber voll Herzensgüte, offen, heiter, witzig. Geistig ein Engländer, in den liberalen Traditionen seines Hauses aufgewachsen, vorurtheilsfrei und mit den politischen Verhältnissen der alten und neuen Welt vertraut, hatte er sich in Wien, wo seine geselligen Gaben ihn zu einem Liebling der Gesellschaft machten, ganz eingelebt und schien fast ein Wiener geworden zu sein. Er war der Ansicht gewesen, daß es nicht an der Zeit sei, mein Stück hier spielen zu lassen, da es aber einmal beschlossene Sache war, rieth er, den Kopf oben zu behalten und sprach mir fröhlichen Muth zu.

Eine der ersten Personen, der ich meinen Besuch gemacht, war Friedrich Hebbel gewesen. Er wohnte in der Bräunerstraße. Ich hatte mir ihn nach seinen Dichtungen als eine Art Polyphem vorgestellt, als einen einsam hausenden, ungeberdigen, steineschleudernden Riesen, er war es, geistig genommen, in der That, wenigstens theilweise. Er empfing mich sehr freundlich, doch so, daß das angewöhnte hoheitsvolle Etwas immer durchschlug. Ich begriff ihn bald. Hebbel interessirte in der Welt nur ein Wesen und eine Sache, Hebbel und die

Sache Hebbel's. Um diese Axe drehte sich bei ihm Alles. Er sprach immerfort nur von sich selbst, von seinem großen, von ihm hochverehrten Ich: aber er besaß das Geheimniß, dies thun zu können, ohne zu langweilen, denn er sprach ausgezeichnet und war wirklich ein interessanter Gegenstand. Er befand sich zur Zeit eben im heftigsten Kriegszustand zu Laube, von dem er annahm, daß er aus consequent feindseliger Absicht seine Stücke nicht auf's Theater bringe, wodurch ihm, Hebbel, einerseits an die Subsistenz gegriffen, andererseits der Weg zu immer größerem Ruhm und zur Beherrschung der deutschen Bühne verlegt sei.

Sonach betrachtete er Laube als einen, der ihm geistig nach dem Leben trachte, oder eigentlich, da er sich doch für den Messias der Poesie hielt, als den leibhaften Antichrist.

Aehnlich, wie Kirchenväter und fromme Schriftsteller älterer Zeit den Teufel nicht gern beim Namen nennen, ihn lieber als den „Bösen", den bösen Feind, am liebsten aber mit ††† bezeichnen, so vermied auch Hebbel consequent Laube's Namen auszusprechen und bediente sich zur Bezeichnung desselben stets einer Umschreibung, der unabänderlich ein arges Beiwort beigegeben war. Wenn ich kurz zusammenfasse, was er mir bei meinem ersten Besuch sagte, so war es etwa Folgendes: „Ihr Weib des Urias, aus welchem ich Sie zuerst kennen gelernt habe, ist ein bedeutendes Stück, das ich mit Interesse gelesen und sogar meiner Büchersammlung ein=

verleibt habe. Die ersten drei Acte sind Ihnen so vortrefflich gelungen, daß ich sie selbst nicht besser hätte machen können. Was den Werth Ihres jetzigen Stückes betrifft, so muß ich darüber in Zweifel gerathen, da es jener — · Leipziger Literat, der jetzt unserer Bühne vorsteht, zur Aufführung angenommen hat. Dieser bringt nur Triviales und am meisten sagen ihm die Stücke jenes dicken Weibes in Berlin zu, welches seit zwanzig Jahren so viel zum Verderb des deutschen Geschmacks beigetragen (er meinte die Birch-Pfeiffer).

Allerdings bringt er dann und wann das Werk eines talentvollen Autors, wie z. B. neulich den Erbförster, doch dann wird dafür gesorgt, daß dem Stücke der Hals gebrochen werde. Ich bedaure, daß ich Ihr Trauerspiel, das, wie ich höre, der bürgerlichen Welt unserer Tage entnommen ist, nicht kennen lernen werde, denn ich besuche das Hofburgtheater, seitdem die Leitung den Händen jenes bewußten Leipzigers anvertraut ist, aus Princip nicht mehr . . . .

Ich verliere dadurch ungemein viel, es entgeht mir das Glück, die größte deutsche Schauspielerin in ihren Rollen zu sehen. Das ist meine Frau. Wäre Frankreich Deutschland, so würde sie wie die Rachel gefeiert dastehen. Jede ihrer Rollen ist eine Schöpfung. Sobald sie die Bühne betritt, befindet man sich auf classischem Boden!"

Von da ab sah ich Hebbel sehr oft, er nahm mich fast täglich auf die weiten Spaziergänge mit, die er Nachmittags zu unternehmen pflegte. Er hatte eben seine

Agnes Bernauer beendet und sprach ganze Abhandlungen über dieses Werk; er äußerte auch Allerlei über ein Drama „Die Schauspielerin", an das er demnächst zu gehen beabsichtigte. Ruhig und in seiner eigenthümlichen, feierlich umständlichen Weise erzählte er ferner über das entsetzliche Schicksal, das „Herodes und Marianne" und der „Rubin" in Wien gehabt. Das erste hatte ein selten dagewesenes Fiasco erlebt, das Publicum hatte die Träger der Hauptrollen laut verhöhnt und diese hatten sich all= mälig genöthigt gesehen, ganze Reihen von Versen, lange Tiraden, wegzulassen, um nur das Stück zu Ende zu bringen.

Hebbel aber hatte ruhig von der Loge aus, Aller Blicken ausgesetzt, dem Treiben zugesehen und war nicht gewichen, denn es habe, sagte er, für ihn nur die Bedeu= tung gehabt, daß das Wiener Publicum, nicht aber das Stück durchgefallen sei. Nur allmälig, ließe sich erwarten, könne dies Volk zu größerer Reife und besserem Ver= ständniß gelangen; auch sei alles Große, was auf Erden erschienen, anfangs heftigem Widerstand begegnet. Er selbst schaffe weniger als er schaffen könne, um der Welt Zeit zu lassen, sich von einem seiner Werke zum andern im Verständniß weiter zu arbeiten. Ich brauche nicht erst zu sagen, daß alles dies bizarr Persönliche von großartigen und treffend richtigen Blicken und geistreichen Bemerkungen über Allgemeines durchzogen war, so daß ich von diesen Spaziergängen einen eigenthümlichen Genuß entgegennahm. Ich weiß auch noch, wie mich Hebbel

auf die Höhe des Schwarzenberg-Parkes führte und mir
von Weitem das in Bau begriffene Arsenal zeigte. Das
Gefühl, mit welchem mich dies Ungeheuer militärischer
Architektur, diese monströse Steinmasse erfüllte, die ein
ungeheures Areal bedeckt, vergesse ich nie im Leben, und
ich weiß, daß ich sie minutenlang wie ein Betäubter an-
starrte. Sie erschien mir als der steingewordene Ausdruck
des damaligen Systems, und ich war von der Colossa-
lität der Dimensionen wie zermalmt. Es war eine Zeit,
in welcher die Kriege zwischen Staaten und Staaten aufgehört und die Regierungen sich das Wort gegeben zu
haben schienen, ihre militärischen Hilfsmittel nur nach
innen zu entfalten. So hatte der Bau für mich die
Bedeutung einer Zwingburg in den unermeßlichsten
Formen. Die Phantasie suchte sich die Zahl der Bomben,
Kanonen, Mörser, Wurfgeschosse aller Art, die solch ein
Arsenal beherbergen könne, zu berechnen und faßte das
alles als einen Hausbedarf nach innen, sozusagen, zu
Familienzwecken, auf. Hebbel äußerte nichts. Welcher
politischen Meinung er huldigte, habe ich nie erfahren,
doch möchte ich meinen, daß ihn selbst ein alt-assyrischer
Absolutismus nicht gestört hätte, wofern dieser die Theater-
interessen fest im Auge behalten. Wenigstens erzählte er
davon, wie er, „ein anderer Archimedes," am Tage der
Einnahme Wiens, im October 1848, eifrig an der Schluß-
scene des Herodes gearbeitet habe, ohne sich durch die
Kanonade und das Pelotonfeuer in den Gassen stören
zu lassen.

Wenn eine gewisse Feierlichkeit Hebbel immer kenn=
zeichnete, so steigerte sich diese noch bedeutend, wenn er
„empfing", d. h. wenn man nicht blos als Besucher,
sondern als Gast bei ihm war. Er hatte mich kurz nach
meiner Ankunft zum Thee geladen; der Kreis, den ich
traf, bestand ausschließlich aus jungen Literaten, seinen
Jüngern und Verehrern. Schon sein „Nehmen Sie Platz",
stereotyp von einer rollenden Armbewegung begleitet, hatte
etwas Feierliches, als wollte er sagen: es ist Ihnen
wirklich erlaubt, sich zu setzen! Nun schloß sich der Kreis,
auf den Gesichtern der Jünger malte sich das Gefühl
ihrer Richtigkeit dem Meister gegenüber, Alles lauschte,
bis Hebbel das Wort ergreife. Bald war man bei
Hegel angelangt, die Vorzüge und die Mängel seiner
Aesthetik wurden erörtert, dann kam Hebbel auf seine
Judith zu sprechen. Seine Feierlichkeit wuchs. Mit der
Weihe eines Priesters, der da Auserlesenen verkündet,
wie ihm sein Gott erschienen, erzählte er uns, wie Judith
und Holofernes zuerst vor seine Phantasie getreten. Der
oberste der anwesenden Leviten — Emil Kuh — lauschte
mit dem bewegten Mienenspiele eines Jüngers, dem sich
Mysterien enthüllen. Der und jener Levit, der bisher
in kurzen Absätzen das Weihrauchfaß geschwenkt, wagte
nun eine Entscheidung über allgemeine Fragen zu erbitten.
Hebbel antwortete in schweren, feierlichen dogmatischen
Formen. Ich bemerkte dabei, daß er sich nie zur Affir=
mation des einfachen „Ja", zur Verneinung nie des
banalen „Nein" bediene, sondern ein feierliches „Aller=

dings", ein tremolirendes „Nie und nimmermehr" an
wendete, das in seinem Munde wie ein gedämpfter
Donner klang.

Ich habe das Gefühl, diesen Abend durch manche
zwanglose Bemerkung gestört und wiederholt Mißbilligung
auf den Gesichtern der Leviten gelesen zu haben.

XVI.

Wiener Maitage 1852. — Josef Dessauer. — Die Aufführung meines „Reginald".

Ein so herrlicher Maihimmel hatte viele Jahre nicht
auf die alte Kaiserstadt herabgeschaut, so beständig war
das Wetter schon lange nicht gewesen, die Vegetation
selten noch um diese Zeit so entwickelt. Der sonntägliche
Anblick der Praterstraße mit ihren Tausenden und Tausenden von Spaziergängern, das Gefährt aller Art, vom
stolzen, prächtigen Viergespann bis zur bescheidensten der
Kutschen, der Prater selbst mit seinem mailichen Grün,
seinen Reitern, seinen schönen Frauen, kurz mit seinem
ganzen, großartigen Leben machte auch auf mich den
mächtigen Eindruck, den er bei Keinem verfehlt, dem
Wien bisher fremd war. Doch wie wuchsen die Hundert-
tausend zu Hunderttausenden heran, als an solch' ähnlich
schönem Maitage sich der Czar aller Reußen öffentlich
im Wagen mit dem Kaiser zeigen sollte! An diesem
Tage war auch ich mit Hebbel, seiner Frau und seinem

Töchterlein in den Prater gegangen. Frau Hebbel nannte
mir alle Persönlichkeiten, die einen Fremden interessiren
konnten; Hebbel war sehr schweigsam geworden im Ge=
dränge. Und als das glänzende Bild der Praterfahrt
erlosch, die Wagenreihen sich lichteten, die Dämmerung
kam und der kühle Abendwind zu wehen begann, da
gingen wir stadtwärts, und ich half dem Dichter sein
Töchterlein heimtragen; es war sehr ermüdet und schlief
von der Ferdinandsbrücke ab ruhig auf meinem Arme,
das blonde Köpfchen auf meiner Schulter.

Ganz Wien war auf den Füßen gewesen, um den
Czar zu sehen; der Empfang war gleichsam eine Gut=
heißung dessen, was geschehen, der Niederwerfung Ungarns,
der Befestigung der absoluten Gewalt und aller ihrer
terroristischen Maßnahmen. Ich konnte diesem Plebiscit
nicht beiwohnen, ohne darüber im Stillen zu reflectiren.
Wenn du dir den Weltlauf ansiehst, sagte ich mir, so
wirst du stets erkennen, daß das Stärkere herrscht. Und
zwar mit Recht; denn die Gesellschaft kann zu keiner
Stunde einer festen Ordnung entbehren. Eine Gewalt,
welche auch immer, ist schlecht, die das Alte und Ueber=
lebte aufdringen will, aber auch die, welche das noch
Unfertige ins Leben rufen möchte, ist unberechtigt und
geht zu Grunde. Unser Werk mißlang, also muß es nichts
getaugt haben; unsere Ideen scheiterten, also müssen sie
zu den vorhandenen Bildungs=Elementen nicht gepaßt
haben, und das ist hier ebenso viel, wie wenn sie falsch
wären.

Von solchen und ähnlichen Gedanken war ich damals heimgesucht, und sie verdüsterten mich jedesmal gründlich. Während ich so, durch Alles, was mich umgab, tief herabgedrückt, gewissermaßen ein Verdammungsurtheil gegen mich selbst erließ, sollte ich auf Schritt und Tritt erfahren, wie ein ähnliches Verdammungsurtheil thatsächlich auf mir lastete. Nebstdem, daß speciell officiöse Organe den Werth des in Vorbereitung stehenden Stückes bereits herabzusetzen anfingen, wiewohl sie dasselbe noch nicht kennen konnten, bloß weil der Name des Verfassers ein ihnen mißliebiger war, wurde mir auch sonst noch in jedem der wenigen Cirkel, die ich damals in Wien betrat, fühlbar klar, wie es mit mir stehe.

Irre ich nicht, so war es am nämlichen Abend, wo ich inmitten im heitern Geplauder mit ein paar derben Worten an meine politische Mißliebigkeit erinnert wurde.

Ich war mehrmals längere Zeit zwischen zwei Damen gesessen und ohne es zu ahnen, einem General im Wege gewesen, der einer derselben den Hof gemacht und durch mich an dem Fortgang seiner Operationen gestört worden war.

„Wer ist denn dieser junge Mensch?" fragte er zufälligerweise einen meiner Bekannten. — Es ist Alfred Meißner. — „Was Sie sagen! Das ist er?" erwiderte der Kriegsmann. „Der sollte auch anderswo sitzen, als zwischen zwei schönen Frauen!"

Vornehmlich aber war es der, mit dem ich zunächst zu thun hatte, Heinrich Laube, der es mir mit einer — —

frappanten — Deutlichkeit heraussagte, wie ominös mein
Name sei.

Als ich in der Sache eines Freundes, der aus den
allergeringfügigsten Gründen internirt, d. h. aus seiner
Vaterstadt, dem Orte seines Berufes gerissen und in einen
andern Ort gewiesen worden war, wo er bequemer
polizeilich überwacht werden konnte — — ein paar Schritte
bei einer einflußreichen Persönlichkeit that, um eine
Revision seiner Sache zu veranlassen, und dies Laube
zu Ohren kam, fuhr er mich an: „Was fällt Ihnen ein,
sich für Andere zu verwenden? Bleiben Sie ruhig, machen
Sie kein Aufsehen, seien Sie froh, daß Sie selbst das
Leben haben!"

Das hieß: seien Sie froh, daß Sie nicht in den
Kasematten von Josefstadt oder Olmütz, oder auf dem
Spielberg sitzen! Seien Sie froh, daß kein hochnoth-
peinliches Gericht irgend welcher Art an Ihnen vollzogen
ist! Und ein andermal, da in Gesellschaft Jemand äußerte,
daß es doch schön sei, bei der Wahl eines Stückes über
die mißliebigen Antecedentien des Autors hinwegzusehen,
sagte Laube: „Ei was, ich nehme ein Stück, das ich
für wirksam halte und sollte ich es vom Galgen schneiden."
Muthige und offene Worte, die mir zwar meine Situation
klar machten, mir aber kaum ein größeres Wohlbehagen
schaffen oder mich sehr à mon aise setzen konnten!

Es ist natürlich, daß ich von da ab mehr als die
gewöhnliche Unruhe empfand, die den Menschen vor einer
großen Entscheidung erfüllt.

In einer großen Entscheidung: man versetze sich nur in die Lage eines jungen Schriftstellers, der sein ganzes Wesen daran gesetzt, etwas auf dem Gebiete des Drama's zu leisten. Wenn ein Erfolg auf einer Bühne wie das Burgtheater ihn mit einmal bekannt macht, so ist ein Mißerfolg ein Schlag, von dem sein Name sich nicht in Jahren erholen wird. Sei der Erfolg gut oder zweifelhaft, er wird den Erfolg auf allen Bühnen, die nachfolgen, beeinflussen und mitbestimmen. Es ist eine Schlacht. Geht sie verloren, so hilft es nichts zu klagen, daß vielleicht das Terrain ungünstig gewählt war. Der Schaden ist unwiderruflich. Nur noch einmal, höchstens noch zweimal und das erst nach Jahren, wird der Autor, der Unglück gehabt, wiederkommen dürfen! Drei Chancen sind das Allerhöchste, was ihm gestattet ist: wer dürfte noch weiter schaffen, wenn sie fehlgeschlagen?

Am Abend des Tages, an welchem die letzte Probe stattgefunden, befand ich mich im Salon der Frau Josephine Werthheimstein, wo Bauernfeld sein eben fertig gewordenes Schauspiel „Die Krisen" vorgelesen hatte. Als es zu Ende war, nahm mich der Compositeur Josef Dessauer, der es mit mir gut meinte, in eine Ecke.

„Morgen also," fragte er mich, „wird Ihr Stück gegeben? Haben Sie Ihre Besuche auf den Redactionen gemacht?"

„Bewahre," antwortete ich: „ich bin nirgends gewesen. Ich würde mich fürchten, vielbeschäftigten Leuten ihre Zeit zu rauben."

„Aber, lieber junger Freund, das ist nun einmal Brauch. Man ist das nicht anders gewohnt. Das hätten Sie nicht unterlassen dürfen! Hat Ihnen denn Niemand gesagt, daß das hier de rigueur ist? Hm, hm, das ist seltsam . . . Jetzt Besuche zu machen, ist zu spät. Besser gar nicht hingehen, als am letzten Tage. Vor allen Dingen hätten Sie sehen sollen, daß Saphir Ihnen nicht schade. Er ist ein gar bösartiger Mensch, eifrig gut= gesinnt und so furchtbar eitel, daß er der Feind eines Jeden wird, der ihm nicht schmeichelt. Zu dem hätte Sie Hebbel führen sollen, der mit ihm sehr gut steht und sich vor ihm sehr in Acht nimmt. . . ."

„Ich wäre nicht hingegangen. Dieser literarische Clown, der nicht einmal in der deutschen Grammatik Bescheid weiß, dieser Bajazzo der sogenannten humori= stischen Vorlesungen, der die Lazzi polnischer Handels= juden für eigene Erfindungen ausgibt, dieser Wortver= dreher und Fratzenschneider, der von Zeit zu Zeit senti= mental wird, dieser bösartige Gorilla —"

„Thut nichts, thut nichts. Sie hätten ihn doch besuchen sollen. Und dann Warrens von der öster= reichischen Zeitung —"

„Warrens? Wo denken Sie hin! Ich habe mich zeit= lebens als einen Parteimann angesehen. Ich kann doch nicht bei einem politischen Gegner Aufwartung machen? — "

„Man muß im Leben Manches thun, was Einem schwer fällt," antwortete Dessauer. „Ich habe ja auch, wenn ich eine Oper aufführen ließ, Kritikern ein gutes

Wort geben müssen, von deren Unwissenheit ich über=
zeugt war. Ich besuche sie in den letzten Tagen Alle,
Alle. Und dann — Sie werden mich auslachen — wenn
ich zuerst Alles gethan, was ich als Künstler mit meinen
besten Kräften vermochte, dann alles, wozu ich mich als
Mensch bequemen mußte, der die Welt und ihre Sprung=
federn kennt — dann — dann gehe ich in eine Kirche,
knie in einem Winkel nieder und bete zu Gott, daß er
meinem Werke seinen Schutz und Segen verleihe."

„Dies Wort macht Ihnen alle Ehre, lieber Freund!
Sie darum auslachen, hieße nur an den Tag legen, wie
wenig man sich in einen Anderen hineinzuversetzen ver=
mag. Sie sind ein Musiker, also vorwiegend ein Gemüths=
mensch. Doch, der Eine so, der Andere anders. Ich kann
weder Die besuchen, die ich für meine Gegner ansehe, noch
in dieser rein irdischen Sache Gott betheiligen wollen."

So kam der Tag der Aufführung. Machte ich mir
einerseits meine Mißliebigkeit klar, erwog ich andrerseits,
welches Publicum einer ersten Vorstellung im Hofburg=
theater beiwohnt: Hofchargen, Militärs, eine Geldaristo=
kratie, welche die oben herrschenden Anschauungen noch
potencirt vertritt — denn das Theater ist nicht geräumig
genug, daß die mittleren Classen gleich anfangs darin
vertreten sein könnten — betrachtete und erwog ich dies
Alles, so mußte ich mir sagen, daß mein Stück heute
von einer entschieden parteiischen und mir ungünstigen
Jury gerichtet werde. Doch dem konnte nicht mehr ge=
steuert werden, die Sache mußte ihren Fortgang haben.

Und — das Unerwartete geschah. Schon der erste Act hatte die günstigste Wirkung. Die Charaktere interessirten, der Dialog fand ein aufmerksam auf jedes Wort lauschendes Publicum. Noch tiefer griff der zweite Act ein, das Interesse wuchs immerfort, schon hatte ich ein paarmal, vom einstimmigen Wohlwollen des Publicums herausgerufen, vor die Lampen treten müssen. „Alle Wetter, Sie haben viel Freunde im Hause!" wandte sich Laube barsch an mich. — „Freunde? Ich kenne in ganz Wien kaum ein Dutzend Personen." — „Ich meine Leute, die sich für Sie interessiren," erläuterte der Director.

Nach dem Schlusse des dritten Actes war ein Sturm des Beifalls durch das ganze Haus gegangen, der am Erfolg des Abends keinen Zweifel übrig zu lassen schien. Die beiden Hauptdarsteller Josef Wagner und Bogumil Dawison hatte ein ausgelassener Humor ergriffen. Sie warfen sich gleichzeitig jeder in eine Ecke des Sopha's, das zur Ausstattung des kommenden vierten Actes gehörte und zogen mich in ihre Mitte. Josef Wagner war aus seiner gewohnten düstren Ruhe ganz herauselektrisirt.

„Sie haben mir da eine famose Rolle geschrieben!" sagte er. „Ich spiele demnächst in Graz, ich nehme Ihr Stück dahin mit und will darin auftreten . . . . ."

„Noch weit dankbarer ist meine Rolle!" rief Dawison. „Sie haben da in Ihrem Glendower einen Typus geschaffen. Einen Typus, sage ich Ihnen! Den

Macchiavell des neunzehnten Jahrhunderts! Einen Macchiavell der guten Gesellschaft! Das wird eine meiner Hauptrollen werden, sage ich Ihnen!"

Himmel, wie saß es sich schön auf diesem Sopha
von meergrünem Damast, bei Zwischenactsmusik, angesichts des Vorhangs, der eben wieder aufgehen sollte,
zwischen zwei ausgezeichneten Darstellern, die mich ein
um's andere Mal an sich drückten und mir den Himmel
auf Erden versprachen. Mit welchen Hoffnungen, darf
ich sagen, war das Sopha gepolstert! Es schnellte mich
fast zum Olymp empor. Und Gratulanten nahten, darunter die schöne Wildauer, und Odo Russell, ein Habitué
der Coulissen, kam und flüsterte, indem er mir die Hand
drückte:

„Der Erfolg ist gesichert! Wir haben zuvor viel
unnütze Sorge ausgestanden. Wir wollen lustig sein.
Ich habe in's Hotel geschickt, ein Souper zu rüsten
und den Champagner in Eis zu stellen."

O kurzsichtiger Menschenwitz!

Es kam zu Ende des vierten Actes eine Scene, in
welcher die Frau, von der Untreue ihres Gatten unterrichtet, als sie den letzten, entscheidenden Blick in seine
Seele gethan, von einem Herzschlag getroffen, zusammen-
sinkt. Diese, allzu herbe Scene – – allzu herb für
Wien – – in Prag, Braunschweig und Hannover war
sie es ja nicht gewesen – wendete mit einem Male
die Sympathie, die sich der Autor gegen die dagewesene
Voreingenommenheit Schritt für Schritt und in immer

ſteigendem Maße erkämpft hatte. Ohne jene Beifallszeichen,
die vorhin noch ſo ſtürmiſch geweſen waren, fiel der
Vorhang.

Ich ahnte nicht, was das zu bedeuten habe. Ich
befand mich noch auf der Bühne. Da kam Laube die
kleine Stiege, die auf dieſe herabführt, herunter: ſein
Geſicht hatte einen fatalen Zug: er ſah mich ein paar
Secunden lang an, ohne ein Wort zu ſprechen und zugleich war's, als ob alle die glänzenden goldenen Knöpfe
ſeines dunkelblauen Fracks Augen würden und mich
gleichfalls anſähen; dann ſich aufrichtend, ſagt er kurz,
ſcharf und kalt: „'s Stück iſt todt!"

Zuerſt verſtand ich ihn nicht oder wollte ihn nicht
verſtehen, oder es ſträubte ſich mein Gefühl, das Gehörte
aufzunehmen. Und ſo mag es auch der Paſſagier, der
zum erſten Male zur See gegangen und keine Sturm-
wolke zu Geſicht bekommen hat, nicht gleich faſſen, wenn
plötzlich der ſeekundige Capitän vor ihn hintritt und
meldet, daß das Schiff einen Leck bekommen habe und
ſinken werde.

Endlich waren mir die Schuppen von den Augen
gefallen. Nun begriff ich die Tragweite der drohenden
Vorzeichen, nun begriff ich das Wort eines Bekannten,
der mir auf dem Bahnhofe in Prag geſagt: „Was? Sie
eilen zur Aufführung nach Wien? Weit eher ſollten Sie
Ihr Stück zurückziehen." In dieſer Stimmung, welche
ſich von Stunde zu Stunde verſtärkte, reagirte es in mir
gegen die Mächte des Tages: auf meinem Zimmer ange-

langt, ergriff mich ein finsterer Trotz. Nein, sagte ich, mein Stück ist darum nicht schlechter, weil es Euch nicht gefallen hat. Ich kann vom heutigen Abend nichts entnehmen, als daß Ihr Alles in der Art jener sanften Tragik haben wollt, an die Euch Eure literarischen Koryphäen gewöhnt haben. Es wird eine Zeit kommen .... doch ich breche ab; man glaubt gar nicht, wie vornehm und übermüthig ein Autor zuweilen nach einem Mißerfolge sein kann! ...

An diesem Abende wollte ich vor allem Andern kein Menschengesicht mehr sehen, denn mir graute vor allen Trostworten. Ich hatte mich auf meinem Zimmer verschlossen. Da kam Odo Russell mit einigen Freunden heran und pochte. Er war der Ansicht, daß der Champagner, der den Erfolg hätte feiern sollen, sich auch als Lethetrunk eignen würde. Umsonst pochte er und rief meinen Namen; ich meldete mich nicht und öffnete nicht. Das Stubenmädchen und der Kellner wurden gerufen, das Zimmer mit dem Passepartout aufzusperren, aber ich hatte verriegelt. Immer lauter wurde der Lärm der Einlaß fordernden Freunde, da mußte ich endlich meine Anwesenheit im Zimmer zugeben. Ich rief hinaus, daß ich mich schlafen gelegt und um Ruhe bitte.

In Wahrheit saß ich noch auf dem Stuhl am Fenster, als der Morgen herankam.

Zwanzig Jahre später hat mir Odo Russell gestanden, daß, als er so vergeblich klopfte, er nahe daran gewesen, die Thüre sprengen zu lassen, weil ihn plötzlich eine extravagante Furcht erfaßt habe, ob ich mir nicht ein Leid angethan. Er kannte mich doch nicht. Von einem Gallenfieber war ich bedroht, doch nicht von Selbst= mordgedanken.

Was half es nun, daß sich die Aufführung an den nächsten Abenden ganz anders gestaltete und die letzten beiden Acte ebenso applaudirt wurden, wie die ersten? Das Verdict war gesprochen, die Blätter sprachen es nach. Saphir überbot Alles, was ich bei ihm für möglich gehalten — und das war nicht wenig.

Und die Ferien waren vor der Thüre.

Es war ein großer Schlag, und der Eindruck mächtiger, als ich mir ihn lange gestehen wollte. Was ich damals, unmittelbar darnach, gedacht und zu mir gesprochen, war eitel leeres Zeug. Ich hatte die Schlacht verloren: gleichviel, warum, sie war verloren.

Ich sah, daß ich eine andere Form wählen müsse, um meine Gedankenwelt zum Ausdruck zu bringen.

XVII.

Der Fang des Sturmvogels. — Sein Entkommen. — Sein Ende.

Vom Sturmvogel, der mir zuletzt auf dem Bahn= hofe in Hannover aus den Augen gekommen war, hatte ich seit zwei Jahren nichts gehört: ich wußte nur, daß er unangefochten in Berlin lebe. Ich war aus dem politischen Gedankenkreise ganz herausgekommen und dachte an die alte Zeit und ihre Leute nur wie an ein halbes Märchen zurück. Was Schütte betraf, so war er den österreichischen Kriegsgerichten mit wunderbarem Glücke entgangen: es hätte angenommen werden sollen, daß er sich nie mehr innerhalb der schwarzgelben Schranken würde betreten lassen.

Um so fabelhafter klang es, als sich im Frühjahr 1853 in Karlsbad die Nachricht verbreitete, Dr. Schütte sei in einem Gebirgsstädtchen Nordböhmens verhaftet worden.

Die Sache verhielt sich folgendermaßen:

Ein Bergwerksunternehmen in Nordböhmen, das Actionäre außerhalb Oesterreichs hatte, war auf financielle Schwierigkeiten gestoßen. In Folge dessen war im Auftrag der Theilhaber ein Sachverständiger zur Prüfung der Lage im Orte erschienen. In diesem jungen Manne, von dem ein ordnungsmäßiger Paß, auf den Namen Schulze lautend, vorgelegt worden war, hatte irgend Jemand den Doctor Schütte erkennen wollen.

Es ging nicht an, einen Ausländer, dessen Papiere in Ordnung waren, auf Grund einer, vielleicht nur täuschenden Aehnlichkeit ohne weiters zu verhaften und die Sache wurde dem damaligen Karlsbader Polizeicommissär Dederra anvertraut. Das war ein geriebener Mann, der seine Schule auf allerlei bösen Punkten in Brescia, in Lemberg, in Krakau durchgemacht hatte, ein Mann, wie ihn die Regierung in jener Zeit brauchte.

Er begab sich in das Gebirgsstädtchen, beobachtete den Fremden und ließ, nachdem sein Verdacht dringend geworden war, durch einen Boten von unverfänglichem Aussehen einen Brief mit der Adresse Dr. Schütte bei dem Reisenden abgeben. Der schlaueste der Vögel ging auf den Leim, der Reisende nahm den Brief mit den Worten, er werde ihn dem Adressaten zukommen lassen, in Empfang. Unmittelbar darauf war der Polizeicommissär mit Assistenz im Zimmer.

Der Gefangene wurde an das Militärgericht in Prag abgeliefert, welches den Proceß über die Schuld vom März 1848 wieder aufnahm. Schütte wurde zu zehn Jahren schweren Kerkers verurtheilt und auf die Festung Josefstadt gebracht.

Hiemit waren die Zweifel an seiner Zuverlässigkeit vollständig widerlegt, aber ich zweifle, daß er sich über diese spättommende Rechtfertigung gefreut hat.

Jahre vergingen. Ein Mann seines Charakters war natürlich gleich darauf bedacht gewesen, Mittel zur Flucht zu ersinnen, dieser aber stellten sich die größten Hindernisse entgegen. Die preußische Grenze war allerdings nicht ferne, das war aber auch der einzige günstige Umstand in der Sachlage. Saßen die Gefangenen nicht hinter dreifachen Thüren und vergitterten Fenstern, so bewachten sie wildfremde, einer feindlichen Nationalität angehörige, jeder Verführung unzugängliche Soldaten mit geladenem Gewehr, immer bereit, den niederzuschießen, der Miene machte, einer Anordnung Widerstand zu leisten

oder zu entfliehen. Mauern und tiefe Ravelins schlossen
die Gefangenen von allen Seiten ein, alle Thore hatten
ihre Wachen. An die Schlüssel zu gelangen, war undenkbar, diese wurden mit größter Pünktlichkeit jeden
Abend in die Wohnung des Platz-Commandanten abgeliefert, der das verkörperte Militärreglement war.

Einmal hatte Schütte eine Zeitlang im Vorzimmer
des Platz-Commandanten antichambriren müssen. Dort
hing eine Specialkarte von Böhmen. Schütte benutzte
dies, um sich genau alle Wege und Stege bis zur
preußischen Grenze einzuprägen, worauf er dann aus der
Erinnerung eine Karte des einzuschlagenden, zweckmäßigsten
Weges entwarf. Diese Karte sollte ihm später trefflich
zu Statten kommen.

Allmälig stellte sich heraus, daß, wenn die Flucht
überhaupt möglich, diese nur dadurch zu bewerkstelligen
sei, daß man durch den Schornstein den Dachboden
erreiche. Dieser verbreitete sich weithin, bis in einen
entlegenen Tract, von dessen Dachluken aus man sich
ungesehen von den Wachen, möglicherweise in einen öden
Hof mit niedrigen Mauern herablassen könnte. Aber zu
solchem halsbrecherischen Werke bedurfte es Seile von
ungewöhnlicher Länge und Festigkeit.

Die Gefangenen waren je nach ihren Fähigkeiten
zu beschäftigen und Schütte hatte mit Rücksicht auf einen
Fluchtversuch das Tapezirerhandwerk gewählt. Er brachte
es darin sehr weit und hatte im Laufe der Jahre mehrere
vollständige Möbelgarnituren, Canapés und zahlreiche

Stühle verfertigt. Der Oberst, für dessen Salon er besonders tüchtige Arbeit geliefert, bewunderte seinen Fleiß und seinen guten Willen und ahnte nicht im mindesten, daß der Gefangene für sich selbst arbeite. Er hatte allmälig eine Quantität jener starken Hanfbänder beiseite gebracht, auf denen die Drahtspiralen unserer Sitze ruhen. Sie waren sämmtlich im Strohsack, dem gewöhnlichen, aber nicht immer mit gebührender Aufmerksamkeit visitirten Versteckplatz der Gefangenen, untergebracht.

Als die Bänder in gehöriger Länge vorhanden waren, stand nichts mehr im Wege, die Flucht zu wagen: aber es waren dazu noch die mannigfachsten Vorbereitungen zu treffen. Es lag Schütte daran, seine Flucht so auszuführen, daß das Aufsichtspersonale gegen jede Beschuldigung der Theilnahme oder Nachlässigkeit sichergestellt sei.

Die Gefängnisse wurden um vier Uhr Nachmittags geschlossen, erst um sechs am anderen Morgen erschien der wachthabende Corporal. Somit blieben also täglich vierzehn Stunden ungestörter Zeit.

Vor allem Andern wurde in den Theil der Wand, hinter welchem der Kamin in die Höhe stieg, ein Loch gegraben, eben groß genug, daß ein Mensch da durchschlüpfen konnte. Der Mörtel wurde sorgfältig beseitigt und das Loch durch ein Plakat verdeckt, dem schon lange zuvor mit gutem Vorbedacht diese Stelle angewiesen worden war. Nun wurde der Aufstieg durch den Schornstein auf den Dachboden eingeübt.

Aber in den finstern Räumen des Dachbodens war eine Leuchte von Nöthen. Ein gewöhnliches Trinkglas wurde als Blendlaterne hergerichtet und mit allem Nöthigen versehen.

Ferner war es unumgänglich nöthig, daß die Flücht= linge, wenn sie durch den Schornstein auf den Dach= boden gestiegen waren, sich dort waschen könnten, damit sie nicht auf der Flucht durch schwarze Färbung auf= fielen.

Es wurde unter dem oben verwahrten Rumpel= zeug ein Holzgefäß hervorgeholt, und an passender Stelle aufgestellt. Am letzten Tage sollte Wasser in Flaschen zu dem Gefäß hinaufgetragen und darin ausgeleert werden.

Damit ferner kein unvermuthetes Hinderniß die Flucht gefährde, erkletterte Schütte, zumal in mondhellen Nächten, wiederholt den Dachboden, befestigte seine Seile und ließ sich an ihnen herab. So recognoscirte er die ganze Umgebung seines Kerkers.

Sein Streifzug ging bis an ein äußeres Ausfalls= thor. Dort war eine Thüre mit einem schweren Vor= legeschloß gesperrt. Dieses Schloß wurde mittelst eines Sperrhakens geöffnet und wieder geschlossen an seinen frühern Platz gehängt.

Nachdem das alles geschehen, kehrte der Gefangene wieder in seine Gefängnißstube zurück.

Endlich war alles vorbereitet. Zwei Mitsträflinge schlossen sich Schütte an.

Es war in einer Nacht des Juni 1857, als Schütte gleichzeitig mit zwei Leidensgefährten an das Unternehmen ging. Man stieg durch die Schornsteine auf den Dachboden, öffnete die verschiedenen Lattenthüren, welche ihn in Zwischenräume theilten und gelangte auf den zum Niedersteigen geeigneten Fleck. Es war eine schwindelnde Tiefe, in die man von der Luke hinabsah. Die Sträflingskleider wurden mit unauffälligen vertauscht, die man mit hinaufgenommen hatte, die Haufbänder an den Dachsparren festgebunden, Dachziegel herausgehoben, den Durchgang auf dem niedrigsten Punkte zu gestatten und ungesehen ließen sich alle drei hinab. Sie befanden sich unmittelbar auf dem Festungswalle. Von diesem stiegen sie auf einer hinabführenden Treppe in den Gang eines Ausfallsthores.

Das schwere Vorlegeschloß desselben hing offen an der Kette. So wurde endlich der Hauptfestungsgraben erreicht.

Nun ging es weiter im Zickzack mit Uebersteigung einiger Mauern zum zweiten, dritten und vierten Graben, endlich direct auf das Glacis. Nun waren sie geborgen!

Schon um zehn Uhr Abends passirten die drei Gefährten das Dorf Alt-Pleß. Hier wurde ein Wirth aus dem Schlaf gepocht und ein Wägelchen gemiethet, das die drei gegen die preußische Grenze führen sollte. Sie waren noch nicht weit gekommen, als zwei patrouillirende Gendarmen auf die Reisenden stießen und nach ihren Ausweispapieren fragten.

Heiter und sicher, die Cigarre im Munde, mit seinem gewinnendsten Lächeln sagte Schütte, sie seien Coloristen aus einer benachbarten Spinnerei und auf dem Wege nach dem . . . . berg, um dort als leidenschaftliche Naturfreunde den Sonnenaufgang zu genießen.

Der Gendarm sah sich die drei Herren eine Weile an, fand ihr Aussehen unverfänglich, wünschte einen guten Morgen und ließ sie ihres Weges ziehen.

Einige Stunden später hatten sie die preußische Grenze erreicht und waren in Sicherheit.

Indeß konnte die Flucht nicht lange unentdeckt bleiben. Der wachthabende Corporal, der gegen Sechs mit dem Frühstück zu erscheinen pflegte, war durch drei costümirte Puppen getäuscht worden, welche die Stelle der Sträflinge in deren Betten vertraten: nun aber kam der diensthabende Officier zur Visite. Er fand die Zelle leer und schlug Lärm.

Während Kanonenschüsse die Flucht der Sträflinge dem Lande verkündigten, sollte nun noch ein unheimliches Nachspiel stattfinden.

Der herbeigeeilte Oberst durchstürmte das Haus; alles wies ihn nach dem Dachboden, aus dessen Luke noch das verrätherische Seil herabhing.

Auf welchen Gegenstand fielen dort seine Augen?

In einer Ecke des Dachbodens stand ein Kübel zur Hälfte mit schmutzigem Wasser angefüllt, ein Stück ordinärer Seife lag daneben.

20*

Mit einem Male schien es ausgemacht, daß die Flucht der Gefangenen nicht ohne Beihilfe des Profoßen oder der seines Weibes habe stattfinden können. Daß die Flüchtlinge, die durch den Kamin hinaufgestiegen, das Wasser nicht selber hatten hinaufschaffen können, schien offenbar. Es war allerdings ein Kübel, der nachweislich lange leer oben gelegen und er war sogar neulich, als ein Unwetter Ziegel vom Dache gerissen hatte, von den Maurern benützt worden. Das Wasser konnte Regen= wasser sein. Aber die Seife! Wie hätten die Flüchtlinge Seife mitgebracht, wenn sie nicht sicher gewesen wären, hier einen Kübel mit Wasser zu finden?

Der unglückliche Profoß sah sich in einem Gewirre von Inzichten verstrickt, denen er nicht zu entrinnen wußte.

Er brach plötzlich durch, eilte von Gelaß zu Gelaß bis er in einem finsteren Raum verschwand. Als man ihn fand, war er bereits todt. Er hatte sich mittelst einer Waschleine an einem Dachbalken erhängt.

Während die Flüchtlinge in Sicherheit die Gläser freudig anklingen ließen, kostete ihre Flucht einem Un= schuldigen das Leben.

Schütte's Absicht, seine Flucht so einzurichten, daß das Aufsichtspersonal gegen jede Beschuldigung sicher= gestellt sein sollte, hatte fehlgeschlagen.

Bald darauf wanderte Schütte nach Amerika aus. Er ist dort Anfangs der Sechziger Jahre an der Lungen= sucht gestorben.

Ich kann nur sagen, daß er einer der talentvollsten und gescheidtesten Männer war, denen ich je begegnet.

Ich gestehe schließlich, daß ich nicht recht begreife, wie selbst noch in unseren Tagen übrigens gerecht denkende, scharfsinnige und liberale Männer, durch Thatsachen unbelehrt, ein abfälliges oder gar wegwerfendes Urtheil über die Agitatoren von 1848 fällen können, zu welchen, abgesehen von einzelnen zweideutigen Subjecten, wie sie sich in jede Action mischen, auch ganz merkwürdige Männer zählten, Männer, welche aufopferungsvoll ihre Kraft und ihr Leben daran setzten, die Zustände zu schaffen, die heute da sind. Es kommen mir diese Männer wie Verzweifelte vor, welche mit einem unsäglich schlechten Instrumente, einem Taschenmesser etwa, sich vermaßen, ein Schiff zu bauen oder wie Künstler, die fast ohne Werkzeug einen riesigen Block in eine künstlerische Form umzugestalten suchten. Das schlechte Instrument, das sie handhabten, war die incohärente, ungezügelte Masse, die immer wieder versagte. An unserem Staatsbau von heute haben Generäle einen großen Theil, die Ideen aber, welche sie verwirklicht, sind nicht aus ihren Köpfen hervorgegangen. Zum Theil aus den Köpfen jener vielverlästerten Männer. Diese waren auch Generäle, aber Generäle einer schlechtbewaffneten Armee, die nur zusammenlief, wenn es ihr beliebte und auseinanderlief, wenn sie genug hatte.

So mußte das Werk von Achtundvierzig mißlingen, weil es mit einem ganz falschen Instrumente angefaßt wurde. Aber die Ideen blieben, kämpften sich durch und wurden theilweise von Jenen in's Leben geführt, die im feindlichen Lager gestanden . . . .

XVIII.

Letzter Besuch bei Heine. — Seine Aerzte. Allerlei Torturen.

Auf einen Brief Heine's hin, der den Wunsch aus= sprach, mich wiederzusehen, war ich abermals nach Paris gereist.

Die Metropole des neuen Kaiserreiches sah damals sehr düster aus. Wer fortkonnte, war fortgezogen. Die Cholera zog wie eine Miasmawolke vom heißen Strande von Marseille daher und hatte in Arles furchtbar gewüthet. Und schon zeigten sich Erkrankungen an den lachenden Ufern der Seine.

Mein erster Gang galt dem Hotel der britischen Gesandtschaft, wo Odo Russell wohnte. Dieser war durch seine Stellung den neuen Gottheiten der Tuilerien ganz nahe gerückt und wußte mit unerschöpflichem Humor hundert Anecdoten von ihnen zu erzählen — sie haben seit dem Sturze des napoleonischen Olymps alle Bedeu= tung verloren. Mein zweiter Gang war zu Heine. Er wohnte noch immer Nr. 50, Rue d'Amsterdam, in jenem fatalen Zimmer mit der Aussicht auf einen engen Hof, wo kaum jemals frische Luft an ihn herankam.

Sein Zustand war ein entsetzlicher. Sein noch ungelich=
tetes Haar war grau geworden, sein edles Duldergesicht
hatte die Blässe des Wachses angenommen.

Heine pflegte zu sagen, er halte sich für ein Versuchs=
thier, an welchem Gott physiologische Experimente vornehme.
Weit eher läßt sich sagen, daß er das Versuchsthier seiner
verschiedenen Aerzte war. Diese, wiewohl deutschen Ur=
sprungs, hatten sich der französischen medicinischen Schule
anbequemt. Sie erprobten an ihm die Wirkung des
Strychnins als Mittel gegen Lähmungen, bohrten Fon=
tanelle in seinen Nacken, zündeten Moxen auf ihm an
und bearbeiteten seinen Rücken in der Lendenwirbel=
gegend mit dem Glüheisen. Dergleichen hatte ich meiner
Lebtage nicht gesehen! Es waren dies Curmethoden, von
denen Oppolzer sagte, daß man sie Schinderknechten über=
lassen solle und daß sie in die Folterkammer des Mittel=
alters gehören. Sie waren sammt und sonders an ihm
versucht worden; er hatte sie mit blindem Zutrauen über
sich ergehen lassen.

Eine ganz besondere Folter seiner überfeinen und
bis zum Zerreißen gespannten Nerven war die schreck=
liche Modemusik, die zu allen Stunden des Tages, von
früh bis spät in seine Matrazzengruft herübertönte. Das
Haus war von mehreren jungen Pianistinnen bewohnt:
Heine hatte die Entwickelung ihrer Fertigkeit von Tag
zu Tag verfolgen müssen. Noch lieber waren ihm der=
einst die einfachen Fingerübungen und Scalen gewesen,
als jetzt die großen Stücke, die er anzuhören hatte.

Ich dachte bei mir: Franz Schubert, Mendelssohn, Robert Schumann, die größten musikalischen Genien der letzten Zeit haben Lieder von ihm componirt: er hat kein einziges derselben je singen hören! Er, der Dichter, ist fast der einzige Mensch, der die „Blumen des Ganges", den „Zweig von Cypressen", die „zwei Grenadiere" – „Das Meer erglänzte weit hinaus", — das grandiose „Ich grolle nicht" nicht kennt, all' die Lieder, die jetzt in jedem deutschen Hause, in jedem deutschen Concertsaal erklingen. Was hat er alles der Musik gegeben und was gibt sie ihm zurück?

Er muß Tag für Tag die Compositionen von Goria anhören!

Es war um ihn einsamer geworden, der kleine Kreis von Freunden, der ihn früher umgab, hatte sich stark gelichtet. Der „Mann mit dem Bändchen", Heinrich Seuffert, hatte geheiratet und lebte mit seiner jungen Frau in Venedig: die Ehe war, wie man vernahm, keine glückliche. Den deutsch-pariser Journalisten, den sogenannten „westöstlichen Männern", hatte Heine seine Thüre ganz verschlossen und er dehnte den Widerwillen, den er gegen sie empfand, auf den ganzen Volksstamm aus, dem sie angehörten. Der Führer derselben, Alexander (Abraham) Weill hat später für diesen Abbruch aller Beziehungen schnöde Rache genommen. Auch der Verkehr mit Frau Arnault bestand nicht mehr; Frau Mathilde hatte ihn fallen lassen müssen, weil im Salon des Circusunternehmers ganz unmögliche Persönlichkeiten erschienen.

Aber auch Frau Mathilde war selten im Hause zu
sehen, sie glich der Frau Benoiton im Stücke Sardou's,
die immer ausgegangen ist, wenn man sie nöthig hätte.
Sie brauchte bei ihrer Corpulenz Bewegung und konnte
die gesperrte Luft des Krankenzimmers nicht vertragen.
Unmittelbar nach dem zweiten Frühstück pflegte sie mit
Fräulein Pauline, der jungen Anverwandten, die sie zu
sich genommen, auszugehen, besuchte Kaufläden, unter=
nahm eine Droschkenfahrt ins Bois de Voulogne und
was dergleichen harmlose Zerstreuungen mehr sind. Von
diesen Ausflügen brachte sie meist Spitzen mit, die mit=
unter sehr theuer waren, denn Spitzen waren ihre Haupt=
passion. Heine sollte sich dann mit ihr über diese höchst
vortheilhaften „Gelegenheitskäufe" freuen.

Eben war Heine von grimmigem Aerger gegen
Meyerbeer erfüllt. Er hatte diesem sein Tanzpoem:
„Faust" zugesandt, in der Hoffnung, daß der General=
director der Berliner Oper dasselbe zur Aufführung
bringe. Heine's „Tanzpoem" war nicht angenommen
worden, dagegen wurde ein Ballet „Satanella", durchwegs
auf Heine's Zurechtlegung des Stoffes fußend, in Scene
gesetzt. Der Dichter sah sich um alle schönen Tantieme=
Hoffnungen gebracht, seine Ideen gestohlen und entstellt,
sein Vertrauen zu dem ehemaligen Freunde getäuscht.

Da hatte er seinem Zorn in wilden und unmäßigen
Satiren Luft gemacht.

Ach, die Theater und die Theater=Intendanten! Heine
hatte doch auch zwei Trauerspiele, den „Almansor" und

den „Radcliffe" unter seinen Werken. Laube war jetzt
in der Lage, mit Leichtigkeit eines derselben vorführen
zu können. Er dachte nicht daran! Waren vielleicht die
Novitäten Wiener Dramatiker, die er spielen ließ, besser?
Der „Radcliffe" ist erst mehrere Jahre nach Heine's Tode
in — einer italienischen Uebersetzung auf italienischen
Bühnen gespielt worden! Schicksal deutscher Dichter!

Heine langte nach den Papieren, die auf seinem
Nachttischchen lagen und gab mir Gedichte, die er eben
geschrieben, zu lesen. Ich las:

Die Freunde, die ich geküßt und geliebt,
Sie haben an mir das Schlimmste verübt,
Mein Herze bricht, doch droben die Sonne,
Lachend begrüßt sie den Monat der Wonne.

Es blüht der Lenz. Im grünen Wald
Der lustige Vogelgesang erschallt,
Und Blumen und Mädchen, sie lächeln jungfräulich
O schöne Welt, du bist abscheulich! -

Da lob' ich mir den Oreus fast:
Dort kränkt uns nirgends ein schnöder Contrast,
Für leidende Herzen ist es viel besser
Dort unten am stygischen Nachtgewässer.

Sein melancholisches Geräusch,
Der Stymphaliden ödes Gekreisch,
Der Furien Singsang, so schrill und grell,
Dazwischen des Cerberus Gebell,

Das paßt verdrießlich zu Unglück und Qual —
Im Schattenreich, im traurigen Thal,

In Proserpinen's verdammten Domänen
Ist alles im Einklang mit unsern Thränen.

Hier oben aber — wie grausamlich —
Sonne und Rosen stechen mich!
Mich höhnt der Himmel, der bläulich und mailich —
O schöne Welt, du bist abscheulich!

Von Strophe zu Strophe hatte sich meine Bewegung gesteigert. Hier gelangte die Stimmung des Kranken zum entsetzlichsten Ausdruck. Ja, so war's. Draußen lag der Sonnenschein auf den Straßen, die Carossen fuhren nach dem Bois de Boulogne, die guten Freunde flanirten und hier lag einsam und elend der Unselige auf seinem Lager.

„Lesen Sie weiter," sprach Heine. „Hier finden Sie auch religiöse Gedichte." Ich las:

Laß die heil'gen Parabolen,
Laß die frommen Hypothesen,
Suche die verdammten Fragen
Ohne Umschweif uns zu lösen!

Warum schleppt sich blutend, elend,
Unter Kreuzlast der Gerechte,
Während glücklich und als Sieger
Trabt auf hohem Roß der Schlechte?

Woran liegt die Schuld? Ist etwa
Unser Herr nicht ganz allmächtig?
Oder treibt er selbst den Unfug?
Ach, das wäre niederträchtig!

Also fragen wir beständig,
Bis man uns mit einer Handvoll
Erde endlich stopft die Mäuler
Aber ist das eine Antwort?

„Das nennen Sie religiös?" fragte ich. „Ich nenne
es atheistisch."

„Nein, nein, religiös, blasphemisch-religiös," erwiederte er lächelnd. „Da ist aber Eins, das ich besonders lieb habe; lesen Sie es laut, daß ich es noch einmal höre." Ich las:

Ein Wetterstrahl, beleuchtend plötzlich
Des Abgrunds Nacht, war mir Dein Brief,
Er zeigte blendend hell, wie tief
Mein Unglück ist, wie tief entsetzlich!

Selbst Dich ergreift ein Mitgefühl,
Dich, die in meines Lebens Wildniß,
So schweigsam standest, wie ein Bildniß,
So marmorschön und marmorkühl.

O Gott! wie muß ich elend sein!
Denn sie sogar beginnt zu sprechen,
Aus ihrem Auge Thränen brechen,
Der Stein sogar erbarmt sich mein!

Erschüttert hat mich, was ich sah!
Auch Du erbarm Dich mein und spende
Die Ruhe mir, o Gott und ende
Die schreckliche Tragödia!

Ich mußte inne halten. „Welche Gedichte sind das,"
rief ich, „welche Klänge! Nie noch haben Sie der-

gleichen geschrieben und ich habe nie dergleichen Töne
gehört."

„Nicht wahr?" fragte Heine und richtete sich mit
aller Mühe ein wenig auf seinem Kissen auf, indem er
mit dem Zeigefinger seiner blassen, blutlosen Hand das
geschlossene Auge ein wenig öffnete — „nicht wahr? Ja,
ich weiß es wohl, das ist schön, entsetzlich schön, entsetzlich schön! Es ist eine Klage wie aus einem Grabe, da
schreit ein Lebendigbegrabener durch die Nacht, oder gar
eine Leiche, oder gar das Grab selbst. Ja, ja, solche
Töne hat die deutsche Lyrik noch nie vernommen und
hat sie auch nicht vernehmen können, weil noch kein
Dichter in solch einer Lage war."

„Ein Ruf von Jenseits liegt darin," antwortete
ich, „ein Wehruf wie von den acherontischen Ufern, es ist
der Sehnsuchtsschrei eines Schattens nach dem sonnigen
Leben. Und es ist kein gewöhnlicher Todter, der herauf-
schreit, es klagt und jammert ein Lear! Die tiefste
Schwermuth Ihrer gesunden Tage, ach, sie ist eine helle
prachtvolle Mondnacht gegen diese sternenlose, noch nie
von Licht durchschnittene Finsterniß!"

Ich fühlte es tief: das schreckliche Krankenlager hatte
seine Natur auf eine tragische Höhe gehoben, die ihm
eigentlich gar nicht eigen war. Die Tortur der schweren
physischen Leiden hatte seine Seele gewaltsam ausgedehnt
und bis zu einer unheimlichen Tiefe durchbohrt. Heine
bemerkte die Gefühle, die er in mir erweckt und wollte
mich durch kleine Erzählungen und Erinnerungen aus

alter Zeit erheitern. Aber jede größere Anregung, jedes
längere Gespräch rächte sich an ihm. Seine täglich wieder=
kehrenden Schmerzen ergriffen ihn plötzlich und streckten
ihn regungslos hin. Leichenblaß und unbeweglich lag er
da, als wäre sein Geist schon entflohen. Nur das über
sein Gesicht oft blitzartig fahrende Zucken verrieth noch.
daß er lebe — aber ein unsäglich gequältes Leben.

Von dem tiefsten Mitleid erfaßt, ich kann wohl
sagen, zerrissen, saß ich eine Zeitlang stumm auf ihn,
da aber sein Zustand sich nicht änderte, richtete ich ein
paar Fragen an ihn, die er nicht beantwortete, nicht
einmal zu hören schien.

Da wollte ich mich aber zur Thür hinausbegeben,
um die Magd herbeizurufen, aber Heine machte eine
Bewegung mit dem Arm und ich blieb stehen, um zu
erfahren, was er wolle. Er wiederholte die Bewegung,
die mir jedenfalls einen Wink geben sollte, ohne daß ich
sie verstand. Da machte Heine meinem Zweifel ein Ende,
indem er auf das mühseligste ein „Bleiben Sie" flüsterte.
Sein Wille erzwang eher den Gehorsam von seiner
Sprache, als von seinem Arm.

Fast eine halbe Stunde lag er in diesem Schmerzens=
anfall reglos da.

Ich erwähne dieser Scene, um ein Bild von einem
Krankenlager zu geben, welches Tag für Tag solche Vor=
spiele des Todeskampfes darbot, um die Macht und Ela=
sticität eines Geistes zu zeigen, der beinahe nur noch in
den Trümmern eines Leibes wohnte. Bei ähnlichen Auf=

tritten verweilen und sie in ihrer Gräßlichkeit ausmalen,
will ich nicht. Draußen war der hellste Tag, der blaueste
Himmel; die lachende Sonne blickte durch's Fenster, das
rege freudige Leben der Andern rauschte geräuschvoll vorüber. In meiner Seele klangen die Verse:

> O schöne Welt, Du bist abscheulich!

seltsam contrastirend nach.

So hatte ich Heine bei meinem letzten Besuche
gefunden. Sein Wesen stand in der letzten Phase seiner
Entwickelung und war keiner Metamorphose und keiner
Steigerung mehr fähig. Diejenigen, die ihn später gesehen,
werden nichts Neues oder Anderes zu berichten haben.

XIX.

Gerard de Nerval. — Sein geheimnißvolles Ende.

Als ich von Heine — es war zum letztenmal in
diesem Leben — Abschied nahm, saß Gerard von Nerval
an seinem Bette.

Das war eigentlich symbolisch, Gerard de Nerval
war in der That der letzte Freund, der bei ihm zurückblieb.

Unter allen französischen Schriftstellern hatte es noch
nie einen solchen verständnißvollen Kenner, einen so
warmen Freund deutscher Literatur und deutschen Geistes-

lebens gegeben. 1808 geboren, hatte Gerard de Nerval schon als junger Mann Gedichte von Bürger, Körner, Goethe, Schiller und Uhland übertragen. 1828 war er mit einer Uebersetzung des ersten Theiles des „Faust" hervorgetreten, die in ihrer Art meisterhaft war und durch keine nachfolgende übertroffen worden ist. 1840 hatte er dem ersten Theile des „Faust" den zweiten folgen lassen, mit dem er sich, was wohl kein Wunder ist, jahrelang geplagt hatte. Auch Kotzebue's „Menschen= haß und Reue" hat er unter dem Titel Milanthropie et repentir für die französische Bühne bearbeitet.

Er war aber nicht nur ein Uebersetzer, sondern ein selbständiges großes, dichterisches Talent voll Feinheit und Grazie, eines der reichsten und liebenswürdigsten Talente in der Gruppe der jüngeren französischen Roman= tiker. Er hatte den Orient bereist und in seinen „Fem= mes du Caire", seinem „Nuits du Ramazan," seinen „Scenes de la vie Orientale" die orientalische Welt vortrefflich und mit den intensivsten und treuesten Farben gemalt. Aber seine Vorliebe blieb Deutschland treu. Seitdem er Thüringen und das Rheinland zu Fuß durch= wandert, war ihm Deutschland noch einmal so werth. Es war für ihn das Land der gretchenhaften Mädchen, der schönen, kräftigen, bildungsfrohen Studenten, das Land der alten Städte und der großen Münster, das Land der großen, einzigen Tondichter und der genialen Denker.

Im Leben war er gut und sanft und von der Harmlosigkeit eines Kindes. Er hatte etwas Zartes und

unendlich Anmuthendes. Oft und oft bin ich mit ihm
im Café-Divan Lepelletier zusammengekommen und habe
mit ihm stundenlang über deutsche Literatur geplaudert.
Er war ein excentrischer Geist, doch nie habe ich an ihm
eine Spur geistiger Störung bemerkt. Doch hatte er
vor Jahren daran gelitten, was auch — wenn auch nur
auf sehr kurze Zeit — seine Einschließung in eine Privat-
irrenanstalt nöthig gemacht hatte.

Seine literarischen Arbeiten brachten ihm wenig ein;
doch es reichte eben hin, ein einfaches Leben zu fristen.
Die Hälfte des Jahres pflegte er in einem Mantel um-
herzugehen, einem Beduinenburnus aus Kameelhaar, den
er von seiner Orientreise mitgebracht. Ganz Paris kannte
denselben.

Im Jahre 1849 hatte er mir den Plan und
mehrere Acte eines Drama's gezeigt, das ein paar Jahre
später auf dem Theater der Porte St. Martin gespielt
wurde und sehr gefiel. Es hieß L' Imagier de Haarlem. Der Held des Stückes war jener Laurenz Janszoon,
genannt Coster (Küster), für den die Holländer die Ehre
der Erfindung der Buchdruckerkunst in Anspruch nehmen,
weshalb er auch zu Haarlem auf dem Platze vor der
groote Kerk ein Standbild mit der Inschrift: Lauren-
tius, Joannis Filius, Costerus, typographiae literis
mobilibus e metallo fusis inventor erhalten hat. Die
Dichtung Nervals brachte Coster in Beziehung zum Teufel.
Satan wurde der scheinbare Bundesgenosse, aber der
geheime Feind Costers und war bemüht, ihn in seiner

großen Erfindung zu hindern, diese zu hemmen und zu vernichten, indem er ihn, den Erfinder, durch die peinlichsten Prüfungen führte. Das war gedacht im Sinne einer Epoche, in der die Druckerpresse ausschließlich als Werkzeug des Fortschritts galt. Jetzt wissen wir freilich, daß sie gleichmäßig Aufklärung wie Verdummung verbreitet.

Im Januar 1855 waren nun die Pariser literarischen Kreise durch ein sensationelles Ereigniß in Aufregung versetzt worden.

Unfern von der Seine gab es damals ein verrufenes Gäßlein, daß sich einerseits auf die Rue du Chatelet, andererseits auf die Rue Planche-Mibray öffnete. Es hieß die Rue de la Vielle Lanterne. In diesem Gäßlein war am Morgen des vierundzwanzigsten Januar kurz nach Tagesanbruch, unter einem Thorweg, gegenüber einer berüchtigten Spelunke, die Leiche eines Gehenkten an einem Eisenhaken aufgeknüpft gefunden worden. Die Leiche des Mannes, der trotz der strengen Jahrzeit nur einen einfachen Rock angehabt hatte, und dessen Taschen völlig leer waren, wurde als die Leiche Gerard de Nerval's agnoscirt!

Der Selbstmord eines Mannes von literarischem Namen in dieser scheußlichen, verrufenen Gasse ausgeführt, war ein unauslöschlicher Fleck auf einem Leben und hätte auf einen Selbstzerfall und eine moralische Herabgesunkenheit schließen lassen, wie sie ärger gar nicht denkbar waren. Die Blätter, für die Gerard de Nerval

geschrieben, unter anderen die vornehme Revue de deux
mondes wußten daher unmittelbar nach dem Ereignisse
nichts anderes zu sagen, als daß der Unglückliche, der
dies gräßliche Ende gefunden, wiederholt im Leben
Spuren von Geistesstörung gezeigt habe, und daß es
daher am besten gethan sei, über die Thatsache seines
Endes einen Schleier zu ziehen.

Indeß war die That mit Gerard de Nerval's Wesen
unvereinbar. Seine Freunde, Monselet und Alfred Bus-
quet wiesen darauf hin, daß sein Geist in letzter Zeit
klarer und heiterer als sonst gewesen, daß er keinen
Mangel gelitten habe und daß nichts um diese Zeit bei
Gerard de Nerval auf Absichten eines freiwilligen Endes
habe schließen lassen.

Höchst auffallend war auch der Umstand, daß sein
berühmter Mantel, von dem er sich nie trennte, verschwunden
war und in keinem Versatzamte aufgefunden werden konnte.

Kurz, die Freunde meinten, daß dieser mysteriöse
Tod anders erklärt werden müsse und was sie vorbrachten,
wies fast mit zwingender Logik darauf hin, daß es sich
mit Gerard de Nerval's Tod ganz anders verhalte, als
man anfangs annehmen zu müssen meinte . . . .

De Nerval war um die Zeit seines Endes an einer
Reihe von Schilderungen: „Paris bei Nacht" für die
„Illustration" thätig gewesen. Er hatte es unternommen,
das Nachtleben von Paris, die Nachtfalter und Nacht-
raubvögel von Paris in ihren Höhlen und Nestern zu
schildern. Im Dienste seiner Aufgabe strich er bei Ein-

bruch der Dunkelheit durch die verrufensten Gäßchen des
alten Halle-Viertels, kehrte da und dort ein, führte, mit
einem Worte, selbst das Leben eines Nachtvogels. Er
schlief sogar dann und wann in den räuberhöhlenartigen
Massenquartieren, wo man einen Sous für's Lager zahlt
und des Morgens durch den sogenannten „Schrecker" geweckt
wird, der den Schläfer plötzlich auf den Boden fallen läßt.

Wiederholt hatte es Nerval bei diesen Studien mit
der Polizei zu thun bekommen, wenn sie Streifungen
vollzog, um Diebs- und Vagantennester auszuheben. Da
wurde er denn mit dem ganzen Gesindel, in das er sich
gemischt hatte, abgeführt und in die Polizeibureaux der
Rue de Jerusalem gebracht. Den mit ihm verhafteten
Strolchen fiel es aber gar bald auf, daß de Nerval immer
frei wurde, während sie zurückbehalten wurden. Die
Leute geriethen auf den Gedanken, er sei ein Geheim-
polizist, der sich unter sie einschleiche, um sie auszuspioniren
und zu denunciren.

Nun aber ist bekannt, daß Gewohnheitsverbrecher
die Detectivs mit grimmigem Hasse verfolgen. Wieder
einmal war de Nerval von einer nächtlichen Polizei-
streifung verhaftet worden. Er schickte nach einem Freund,
Leyrand, der für ihn bürgte und wurde frei. Da
bemerkte Leyrand, wie die Strolche Gerard de Nerval
wüthende Blicke zuwarfen und Flüche und Drohungen
mit einander wechselten.

Zwei Tage nach diesem Abenteuer war Gerard de
Nerval todt gefunden worden.

Er hatte im Interesse seiner fatalen Studien wieder einmal die Nacht in der Spelunke der Rue de la vielle Lanterne zugebracht, war wahrscheinlich dort von seinen neulichen Schicksalskameraden erkannt, und da er über seinem Glase eingeschlafen war, als Verräther erdrosselt worden.

Darauf hatte man ihm Baarschaft und Mantel abgenommen und ihn unter einem Thorbogen aufgehängt, um an einen Selbstmord glauben zu machen.

Der feinfühlige Freund deutscher Dichtung hatte ein gräßliches Ende genommen.

XX.

Uebergang zum Roman. — Rückfall ins Drama. — Intendant und Musiker.
Der „Prätendent" in Weimar und in Wien.

Meine „Welt des Geldes" war, seitdem sie in Wien kein Glück gehabt, wie todtgeschlagen; ich hörte nichts mehr von ihr. Die Herren von Dingelstedt und von Lüttichau, die das Stück bereits angenommen hatten, vertagten die Aufführung unter nichtigen Vorwänden. Ich war nicht der Mensch, der die Herren gemahnt hätte. Ich mahnte auch Laube nicht, so feierlich dieser mir auch versprochen hatte, mein Trauerspiel nach Ablauf der Ferien wieder auf's Repertoire zu setzen.

Laube war seit seiner Verpflanzung nach Wien ein Wiener mit Leib und Seele geworden. Er hatte auch eine neue Theorie der Aesthetik aufgestellt, die seinen neuen Landsleuten weiblich schmeichelte. Sie lautete kurz: Schön ist, was den Wienern gefällt. Im Burgtheater sollte ein sogenanntes Elite-Publicum sitzen, ausgestattet mit dem feinsten, künstlerischen und sittlichen Urtheil, zudem begabt mit dem sogenannten „echten Theaterblut", das in ganz Deutschland nicht zu finden. Die Entscheidung des Burgtheaters über ein Stück war, als habe Gott gesprochen.

Merkwürdig war es, daß eine Stadt, die zwar deutsch redet, im übrigen aber vom deutschen Charakter so wenig an sich hat, über die Frage des deutschen Geschmacks, des deutschen Theaters maßgebend sein sollte. Aber die Sicherheit, mit der Laube seine Theorie in die Welt schleuderte, wirkte schlagend. Von einer sehr lauten Journalistik unterstützt, dictirte er die öffentliche Meinung. Alle Theaterdirectoren warteten ab, wie und wo er vorangehe. Die Stücke, die er angenommen hatte und die in Wien durchgeschlagen hatten, wurden hinterher allenthalben gegeben; die Stücke, die er zurückgelegt, waren nicht bühnenfähig. Unter allen übrigen Intendanzen war nicht ein Gran Selbständigkeit und Initiative zu finden.

Ich hatte längst eingesehen, daß ich meine Thätigkeit auf ein anderes Gebiet übertragen müsse. An Stoffen fehlte es nicht. Ein Aufenthalt in Thüringen hatte mich mit den merkwürdigen Schicksalen eines Märzministers bekannt gemacht, der unlängst eines räthselhaften Todes gestorben war; aus Eindrücken, den diese Geschichte

in mir wachgerufen, erwuchs ein dreibändiger Roman
„die Geschichte des Pfarrers von Grafenried", (zwischen
Fürst und Volk), an welcher die Arbeit das ganze Jahr
1854 ausfüllte. Und schon reisten andere, noch umfang=
reichere Pläne nach dieser Richtung.

Ich hatte die Wirklichkeit des Lebens in den ver=
schiedensten Formen kennen gelernt. Es drängte mich,
diese im großen Spiegel des Romanes zu fassen. Das=
selbe sollte, aus dem Privatleben und der Familie her=
ausgehend, Stände, Staat, Volkssitten, Politik schildern.

Mir erschien der Roman als ein erweitertes, aus=
geführteres Drama, in welchem Bedeutsamkeit des Stoffes,
Composition, natürliche Gruppirung, psychologische Cha=
rakterzeichnung und Handlung, durch Verwickelungen aller
Art geführt, zusammenzuwirken hatten.

Der Bau des Romanes, wie ich mir ihn dachte,
war derselbe wie der des Drama, die innerlichen Gesetze
des Drama sollten auch im Roman festgehalten sein.
Auch er sollte nicht schildern und erzählen, sondern Dinge
und Menschen als gegenwärtig zeigen. Ich sah nur den
Unterschied, daß der Roman ausgedehnter und form=
reicher sei.

Erst im Roman, sagte ich zu mir, bist Du selbst=
ständig und frei. Frei vom Intendanten, der nach Gunst
und Ungunst urtheilt, frei vom Schauspieler, der Deine
Figuren travestirt, frei von tausendfacher Misère. Du selbst
bist Dein Decorationsmaler, Du selbst Dein Maschinist,
der nach Belieben Sonne und Gestirne emporsteigen läßt.

Du hast keinen Streit mehr über die große Frage, ob hier und dort ein Zwischenvorhang fallen darf? Hier bist Du Herr, niemandem unterthan, als den Gesetzen poetischer Wirkung. Hier hast Du es nicht blos mit der blank hervorspringenden That zu thun, hier kannst Du alles Wachsen und Werden der Dinge zeigen. Deine Gestalten haben nicht die bestimmte, leidige Persönlichkeit des Mimen zu passiren. Du wirkst unmittelbar und hast Dein Publicum auf tausend Orten.

Das Leben, sagte ich mir weiter, ist die einzige Quelle, aus der Du schöpfen sollst. Sie ist unversiegbar. Das Leben allein ist immer neu. Schaffe aus unmittelbar empfangenen Eindrücken heraus, lies wenig, beobachte viel, schildere das Menschenherz nach der Natur, nicht nach literarischen Vorbildern und nach Reminiscenzen! Führe die Charaktere in wirklich gespannte Situationen, nur in solchen gelangt ihr eigentliches Wesen zum Ausdruck. Du darfst zwar aus gegebenen Elementen schaffen, hast sie aber nach den Bedürfnissen des besonderen Kunstwerkes zu verknüpfen und weiterzuführen.

Da erst fängt das Erfinden an!

So hatte ich mich ganz dem Roman zugewandt und fühlte mich glücklich in einem Schaffen, bei dem ich allen Dazwischentritts anderer Personen zur Inslebensetzung meiner Bilder enthoben war. Es gab für mein Gefühl nichts Schrecklicheres als Briefe an Intendanzen, Schritte bei Directionen, ein Werben um die Gunst bevorzugter Mimen. Was die Versprechungen und Zusagen derselben

bedeuten, wußte ich längst. Maßgebend war mir in
dieser Beziehung eine Scene, die sich mir tief eingeprägt
hatte.

Dingelstedt war in Prag eingetroffen und der
wackere Baron Bergenthal, der Intendant unserer Bühne,
hatte ihn zu einem Diner geladen, vornehmlich in der
Absicht, Dingelstedt mit Kittl bekannt zu machen, der
den „Franzosen von Nizza" eine zweite Oper, „Die
Bilderstürmer von Mainz" hatte folgen lassen: sie war
unlängst mit bedeutendem Erfolg in Prag gegeben worden.
Der schlaue Dingelstedt begriff schnell, daß Kittl zu den
besonderen Schützlingen Bergenthals gehöre und daß es
darauf abgesehen sei, ihn für das neue Werk desselben
zu gewinnen. So ging er denn rasch auf die Sache los
und stellte schon bei den Entre-mets die Frage: „Was
haben Sie denn mit Ihrer Oper vor, von der ich so
viel Schönes gehört habe? Haben Sie sie bereits der
Münchener Intendanz zugehen lassen? Ich habe noch
nichts davon vernommen" . . . . .

„Ach," seufzte Kittl, „meine Oper! Es ist so
schwer, nur dazu zu gelangen, daß der Capellmeister sie
ansieht, prüft, die Partitur durchliest. . . . Die Herren
Intendanten —."

„Sind nicht so schlimm, als man sie schildert," fiel
Dingelstedt dem Componisten in die Rede. „Sie werden
allerdings stark überlaufen, aber das wahre Talent pocht
nie vergebens an ihre Thüre. Der Mangel an guten
Opern ist notorisch, gerne greift man zu, wo man etwas

Schönes findet. Senden Sie mir Ihre Partitur ein — ich zweifle nicht — ."

„O Herr Intendant," rief Kittl mit auffunkelnden Augen, „Sie geben mir Vertrauen zur Welt wieder und Vertrauen ist Kraft. Sie wollten wirklich meine Partitur unter Ihren mächtigen Schutz nehmen? Wollen dafür sorgen, daß ein Capellmeister sie aufschlägt, sich an's Clavier setzt, sie durchspielt? Ich verlange vorerst nichts mehr. Zwei, drei Jahre arbeitet man mit aller Kraft, mit aller Vertiefung an solch einem Werke, es wird ein Stück unseres Ichs. Man sendet es ein — die Bindfaden der Verpackung werden kaum gelöst — es bleibt ein paar Monate zum Scheine auf der Inten=danz liegen und wird dann mit einer höflichen Formel zurückgesandt. So lange man kein berühmter Name ist — aber wie soll man das unter diesen Umständen werden? — scheint alles vergebens!"

Inzwischen war der Champagner gekommen. Nach=dem der liebenswürdige Wirth die Gesundheit des apollo=nischen, mit dem rothen Halsband eines Comthurs geschmückten Gastes ausgebracht und dieser wieder den liebenswürdigen Wirth hatte leben lassen, erhob Dingel=stedt noch einmal das Glas und sagte:

„Nun wollen wir anklingen lassen auf neuen Lebens=muth in einer edlen und weichen Künstlerseele! Er erwache, er gewinne Vertrauen! Gewinne eine bessere Meinung von den Leitern der deutschen Bühnen! Von mir kann ich sagen, daß ich kein höheres Gefühl kenne,

als der Protector reinen Strebens zu sein. Ich bringe
dies Glas den „„Bilderstürmern von Mainz!"" Der
Tondichter sende sie mir ein, er vertraue sie mir an!
Eine Oper, die in der Stadt Mozarts so großen Beifall
gefunden — das Wort: „ich kenne meine Prager" ist ja
unsterblich — wird auch in München entscheidend durch=
greifen!"

Ein paar Stunden später hatte sich die Gesellschaft
aufgelöst und ich traf mit Dingelstedt auf der Treppe
zusammen.

„Wie schön von Ihnen, daß Sie sich Kittl's an=
nehmen wollen," sagte ich.

„War nur eine rhetorische Pauke!" entgegnete Dingel=
stedt. „Jungen Leuten muß man eine Freude machen!
Der ist jetzt ein paar Wochen hindurch ganz selig . . . .
Nun, und was machen Sie? . . . Kein neues Drama
in Aussicht? Die Rollen Ihrer „Welt des Geldes" waren
schon ausgeschrieben . . . Da kam die Liebhaberin in
interessante Umstände . . . . Sie begreifen . . . ."

„Ich begreife alles."

Damit gingen wir die Treppe herab.

Also in Beziehung auf das Theater war ich ohne
Illusionen. Indeß — es ist kaum möglich, auf einmal
mit einer alten Liebe zu brechen — unter meinen älteren
dramatischen Planskizzen begann plötzlich eine wieder un=
widerstehlich auf mich zu wirken. Der Stoff lag dort,
wo Shakespeare, von Heinrich VI. auf Heinrich VIII.
überspringend, eine Lücke läßt.

Ich wollte dabei durchwegs dramatiſch, nicht thea=
traliſch wirken. Ich wollte der Geſchichte, die ich aus
genauen Studien kannte, treu ſein. Der hiſtoriſche Stoff
war ſehr ausgedehnt, man konnte ihn nur innerhalb der
üblichen Grenzen bewältigen, wenn man den Ausdruck
möglichſt concentrirte.

Mein „Prätendent von York“ erlebte ſeine erſte
Aufführung am 27. Januar 1855 in Weimar und hatte
dort einen großen Erfolg. Das Stück bedarf, um gehörig
zu wirken, für die Hauptrolle eines ſehr jugendlichen
Heldenſpielers. Ein Schauſpieler, der z. B. für H. v.
Kleiſt’s Prinzen von Homburg paßt, wird auch für die
Rolle des Prinzen Richard paſſen. Die Weimarer Bühne
beſaß, als die Rollen ausgetheilt wurden, einen ſolchen
talentvollen jungen Mann in der Perſon Siedler’s, eines
Schülers Marr’s. Dieſem, für den die Rolle wie
geſchaffen war, war ſie beſtimmt geweſen, aber er erkrankte
und ſtarb. Grans, der von Prag nach Weimar gegangen
war, bereits ältlich, mußte die Partie übernehmen. „Er
hat ſich,“ ſchrieb mir damals Marr, „ſeiner Aufgabe
mit allem Fleiß entledigt, Fleiß erſetzt gar viel   aber
Siedler wäre ein Repräſentant geweſen, wie die deutſche
Bühne keinen zweiten hat. Das Intereſſe war groß,
die Wirkung mächtig, ſie ſtieg vom dritten Acte an von
Scene zu Scene, der Beifall allgemein und einſtimmig . . .“

Daß er in der Rolle des alten Juden Warbeck den
größten Antheil am Erfolge hatte, erwähnte der außer=
ordentliche Künſtler gar nicht.

Der „Prätendent" wurde in Weimar viermal rasch hintereinander gegeben, was für die kleine Stadt in einer Saison ungewöhnlich viel war. Als ich bald nachher hinkam, fand ich noch alles warm vom Erfolge. Die Weimar'sche Zeitung hatte das Stück sogar als einen der „Vorläufer" bezeichnet, die uns die „Wiederkehr einer classischen Epoche unseres Drama verheißen". Auch die in Weimar gebräuchliche Dichterehrung, die Vorstellung beim Großherzog blieb nicht aus.

Nun folgte Prag. Die Besetzung dort war eine so verkehrte, daß ich nach einem Streit mit dem Oberregisseur die Gelbsucht bekam. Ein ältlicher Salonliebhaber sollte den tragischen Jüngling spielen, ein Bösewichtsdarsteller, der notorisch keine Rolle lernte, eine der wichtigsten im ganzen Stücke erhalten. Ich begriff nicht, wie eine große Maschine arbeiten sollte, die aus ganz unzweckmäßigen Einzelnstücken erbaut war und war voll Sorgen.

Dennoch ging es über alles Erwarten gut. Der Erfolg war ein vollständiger und stand kaum hinter dem der „Welt des Geldes" zurück.

Jetzt sollte der „Prätendent" auch in Wien gegeben werden. Noch immer war ich dort ein Fremder, Unbekannter, ein ungern Gesehener. Ich hätte mir auch sagen sollen, daß dies Stück eben so wenig wie das erste nach Wien passe. Die Dramen, die dort gefielen, gehörten zu den nach den Recepten einer alten Bühnenconvention gearbeiteten Schablonenstücken, die in „lyrischen

Stellen", guten „Abgängen", Druckern auf die Thränen=
drüsen wirkten. Die Darlegung einer großen Staats=
action mußte als zu ernst, die condensirte Sprache des
Stückes mußte nüchtern erscheinen.

Aber ich legte schon nicht mehr, wie bei meinem
Erstling, mein Wohl und Wehe in den Erfolg. Ich reiste
nicht zur Aufführung meines Stückes, kaum daß ich die
Recensionen desselben flüchtig ansah. Das „Elitepublicum"
hatte dasselbe nicht eben ungnädig, aber auch nicht gnädig
aufgenommen. Es verschwand nach der dritten Aufführung
und damit war dem „Prätendenten" auch in Deutsch=
land sein Urtheil gesprochen,

— ich empfand die Schläge
Der bösen Zeit, aus welcher ich entsprossen.

XXI.

Das Wiedersehen im Tuileriengarten. – Das Kassiren mit Briefen.

Am 20. Februar 1856 kam mir die Kunde zu,
daß Heinrich Heine am 17. Februar die Augen zum
ewigen Schlummer geschlossen.

Wiewohl mit anderen Plänen beschäftigt, war ich
rasch entschlossen noch eine Pflicht der Pietät zu üben und
den Theil von Heine's Leben, den ich genau kannte, in
einem kleinen Büchlein zu beleuchten. Ich schrieb es rasch,
in einem Zuge, ohne viel an Styl und Form zu denken.

Am vorletzten Tage des März war ich damit fertig.

Inzwischen war ein Brief von Margot eingetroffen. Sie schrieb unter Anderem:

„Vorgestern haben sie Heine begraben. Wir beide haben durch diesen Tod einen unersetzlichen Verlust erlitten. Ich lernte Heine vor etwa acht Monaten, in den ersten Tagen meiner Rückkehr von England kennen und saß seitdem sehr viel an seinem Krankenlager. Nicht drei Wochen sind es, daß wir zusammen von Dir sprachen. Immer dachte ich, das Schicksal würde uns noch einmal an seinem Krankenbette zusammenführen — — das ist nun vorbei. Ich fühle das innigste Bedürfniß, mit Dir, der ihn auch geliebt, mit Dir, einem der wenigen Menschen, die ihn wahrhaftig gekannt und gewußt, was er war, zu sprechen . . . u. s. w."

Auf diesen Brief hin war ich rasch entschlossen, nach Paris zu reisen. Campe, der Verleger meines Büchleins, hatte mich längst schon dazu gedrängt, damit ich ihm melden könne, wie es sich mit Heine's Nachlaß verhalte. Ich schrieb an Margot zurück, daß ich am 13. April Morgens in Paris ankommen werde und sie Mittags Zwölf im Tuileriengarten, vor der Bildsäule des Spartakus erwarte. Ich führte meine Absichten vollständig und unbehindert aus. Am Morgen des 13. war ich in Paris, kurz vor der anberaumten Zeit begab ich mich auf den Ort des Rendezvous.

Margot saß schon dort, auf der Bank unter den Kastanienbäumen, um manches Jahr älter, aber noch immer recht hübsch, sehr einfach gekleidet. Gleich nach der ersten Begrüßung fragte ich, wie sie denn mit Heine zusammen getroffen?

„Ich war," antwortete sie, „seit früher Jugend für ihn begeistert. Du wirst Dich erinnern, wie oft ich mich bei Dir nach ihm erkundigt und Dich über alles, was ihn betraf, befragt habe. Nun führte mich ein Ungefähr zu ihm. Er muß Gefallen an meinem bißchen Geplauder gefunden haben, denn er lud mich sofort ein, meinen Besuch zu wiederholen. Ich kam wieder und endlich meinte er, nicht ohne mich bestehen zu können. Ich las ihm vor, revidirte ihm die Druckbogen, wurde sein Secretär. Wohl an hundert Blätter von seiner Hand liegen bei mir, die er aus der Einsamkeit seines Krankenzimmers an mich gerichtet. Wenn Du mich besuchst, sollst Du sie sehen."

„So darf ich Dich endlich einmal in Deiner Wohnung besuchen?" fragte ich verwundert.

„Ja, jetzt darfst Du mich besuchen. Es ist alles anders geworden. Alte Fesseln sind abgefallen. Ich wohne jetzt bei meiner Mutter, Madame de K . . . . ."

„Ein Name von etwas altpreußischem Klange. Das de davor macht sich gut."

„Und ich heiße Elise de K . . . . ."

„Das soll an unseren Beziehungen nichts ändern. Du kennst doch die alte Geschichte von Ludwig Tieck's Geliebten mit dem Doppelnamen?"

„Nein."

„Ludwig Tieck schrieb eine Novelle direct für die Druckerei. Da meldet ihm Brockhaus, er habe zu seinem größten Schrecken wahrgenommen, wie die unter dem Namen Eugenie eingeführte Dame in den letzten Bogen von ihrem Liebhaber consequent Emilie genannt werde. Aber Tieck blieb ruhig, er ließ nur den Geliebten bei passender Gelegenheit sagen: „Theure Eugenie, die ich zuweilen auch Emilie zu nennen pflege, Du bist mir unter beiden Namen gleich werth!" So zu lesen in einem älteren Jahrgange der „Urania."

Meine Freundin lächelte.

„Und nun, liebe Elise, die ich einst Margot zu nennen gewohnt war, wollen wir jetzt nicht in Deine Wohnung fahren?"

„Wie Du willst, wie Du willst."

Sie hing sich in meinen Arm und hatte auf dem Wege meine Vorwürfe anzuhören, daß sie mich vor sechs Jahren in London verleugnet habe. Sie gestand, daß sie die Dame gewesen, die ich in Regents Street angesprochen, wich aber näheren Erklärungen aus.

Indeß waren wir in einen Miethwagen gestiegen und eine Viertelstunde später war ich in Margots Wohnung, Rue Navarin. Ich sah nette Räume, wechselte ein paar Worte mit einer alten Dame von würdigem Aussehen, die mit einer Handarbeit beschäftigt, am Fenster saß. Nun wurde ich in ein Boudoir geführt, das sogar elegant war. Ich lobte es, aber meine Freundin seufzte und sagte:

„Du findest unsere Wohnung wirklich hübsch? Du machst wenig Ansprüche! Mir scheint sie abscheulich. Ach, wie anders hatte ich es einst! Wie anders!"

Ich ging kopfschüttelnd umher.

„Wie zerstreut Du bist...." redete sie mich wieder an. „Du traust mir auch nicht ganz. Willst Du die Papiere sehen? Ich fürchte, Du glaubst, daß ich nicht immer wahr rede. Willst Du, daß ich die Papiere jetzt hole?"

„Ich bin sehr begierig, sie zu sehen."

Sie öffnete einen Schrank, holte eine Cassette daraus und sperrte diese mit einem Schlüsselchen auf, den sie bei sich trug. Zu meiner größten Verwunderung sah ich, daß sie ausschließlich mit Briefen und Zetteln von Heine's Hand gefüllt war, die aus der letzten Zeit stammten. Das waren die großen Schriftzüge, die noch, da er als halb Blinder schrieb, einen edlen schwunghaften Charakter bewahrten.

„Welcher Schatz von Reliquien!" rief ich bewegt. „Darf man einen Blick hineinwerfen?"

„Alles darfst Du lesen. Alles! Doch wisse, daß Du der Erste bist, dem ich diese Blätter zeige ....."

Ich las und las und wurde von einer seltsamen Rührung ergriffen. Die vielen, vielen kleinen Zettel waren meist nur an die Geliebte gerichtete Bitten, ihn zu besuchen, oder Entschuldigungen, ihren Besuch nicht haben annehmen zu können, weil er zu krank gewesen mit der Bitte vereint, ihm deshalb nicht zu grollen und seiner bald wieder zu gedenken! Doch wie innig, wie rührend war das alles gesagt! So wie der Gefangene dem Vögelchen schmeichelt, das auf dem Sims seines Fensters erscheint, und es zärtlich füttert, um es bald wieder herbeizulocken und ihm die Stätte angenehm zu machen, damit es den grünen, luftigen Baumwipfel vergesse, so hatte auch Heine seine Freundin mit kleinen Geschenken überhäuft, welche sein Wohlwollen ausdrücken sollten und hatte die des Schreibens kaum noch fähige Hand angestrengt, die süßesten Schmeichelworte zu Papier zu bringen.

Ich sah die Blätter an, dann wieder die vor mir Sitzende, mir ward eigen zu Muthe.

„Welch ein Schluchzen und Jammern!" rief ich. „Welches qualvolle Werben um ein bischen Liebe, ein bischen Herz. Der Aermste, der Erbarmungswürdige! Er bettelt mit erhobenen Händen um etwas Mitgefühl. Der arme Unverstandene! Der hat wenig Glück an der Seite seiner Frau gehabt!" . . . .

„Du kennst sie!" sagte Margot. „Ueber die habe ich Dir nichts zu sagen . . . .

„Ja wohl, ich kenne sie. War sie nicht eifersüchtig auf Dich?" . . . .

„Mein Gott, weghaben wollte sie mich allerdings. Sie versuchte Heine einzureden, daß ich eine preußische Spionin sein müsse. . . . . ."

Wir mußten beide mitten in unserm Leide lächeln. Und wieder sah ich mir Margot an, die gealterte Margot. Wir haben sie Beide geliebt, sagte ich zu mir. Ich

in sonnigen Tagen mit Gelächter und Leichtsinn, er in
Leid, Gram und Verzweiflung. Welche Wandlungen,
welche Metabolen hat das Leben!

„Darf ich dies und jenes Blatt abschreiben?" fragte
ich endlich nach einer längeren Pause.

„Wozu?"

„Wozu? frägst Du. Ich will es Dir sagen. Ich
habe ein kleines Buch zu Heine's Gedächtniß ge=
schrieben. Ich bin es ihm schuldig und habe es geschrieben
auf die Gefahr hin, der Vehme zu verfallen, die augen=
blicklich über ihn verhängt ist. Sie ist nicht von Dauer.
Das Büchlein soll ihn darstellen, wie er war. Einer
Rechtfertigung seines Genius bedarf es nicht, es soll eine
Rechtfertigung seines Herzens, seines Charakters sein,
damit das allgemeine Urtheil über den Vielverlästerten
endlich ein anderes werde. Die erste Hälfte meiner
Schrift ist gedruckt, dem Schlusse könnte ich aber ein=
zelne dieser Blätter, dieser Briefchen und Gedichte ein=
fügen. Sie sind durchaus angethan, sein Bild zu ver=
vollständigen und ihn uns werther zu machen. Was
könnte eindringlicher Zeugniß geben von seinem Herzen
und vom Leid seiner letzten Jahre . . . Willst Du?"

Margot überlegte eine Weile. „Nun gut," sagte sie
dann. „Du sollst über meinen Schatz frei verfügen. Ich
komme zu Dir, bringe die Cassette mit, wir lesen alles
nochmals durch und Du triffst die Auswahl . . . . ."

„Wird aber Frau Mathilde Augen machen, wenn
sie erfährt . . . . ."

„Das ist mir gleichgiltig. Auch über die Meinung, die sich der oder jener in Folge dieser.Mittheilungen von mir bilden könnte, setze ich mich weg. Das Urtheil der Philister berührt mich gar nicht."

„Das hab' ich gar nicht anders von Dir erwartet. Du hast ein hohes Herz . . . ."

„Hier," fuhr Margot fort, im Schranke kramend, „siehst Du noch allerlei. Hier ein paar Bücher, die ihm gehörten. Hier einen Band der Velhe'schen Memoiren. Hier ein Buch, das Du sofort am Umschlag erkennst. Deine Geschichte des Pfarrers von Grafenried. Ich habe sie ihm vorgelesen. Hier, diese Schachtel hat candirte Früchte enthalten. Mit diesem Bande war sie umwickelt. Das ist alles nichts — doch wie viele Gedanken · Gefühle knüpfen sich daran! Ach, was ist das Leben!"

Sie weinte. Auch ich war gerührt. Wir fielen einander in die Arme und unsere Thränen mischten sich miteinander. Sie galten dem Todten und der Vergänglichkeit aller Dinge . . . . .

XXII.

Frau Mathilde im Landhaus zu Asnières. — Beschäftigung mit Heine's Nachlaß. — Gang zum Friedhof.

Nachdem ich auf diese Weise die ersten Tage meines Pariser Aufenthalts meiner Freundin von ehedem gewidmet, die ich als Freundin des Dahingegangenen wiedergefunden

jeder irgendwie orientirte Leser wird sofort begriffen
haben, daß Margot identisch mit der der Welt als
„Mouche" bekannt Gewordenen, die wir uns nun sogar
unter einem dritten Namen, als Camilla Selden zu
denken haben   hatte ich, wie selbstverständlich, auch
Frau Mathilde zu besuchen.

Ich traf diese in Asnières, wo sie ein Häuschen
mit Garten, Rue Traversière 7, gemiethet hatte, das sie
mit ihrer treuen Anverwandten, Mademoiselle Pauline,
und einer Dienstmagd bewohnte. Sie war in Trauer
gekleidet, doch sonst in jeder Beziehung die alte. Ja,
Henri war todt — aber hatte man denn seinen Tod
nicht seit Jahren voraussehen müssen? Thränen habe sie
keine mehr — sie hatte deren schon im Voraus genug
geweint. O la-la!

Nun war sie ganz glücklich über ihren Garten, der
etwa zehn Quadratmeter groß und mit ein paar Obst=
bäumen bepflanzt war. Das werde vortreffliche Pflaumen
geben. Und nun der Salat, der prächtige Salat! Den
hatte sie selbst gepflanzt und er gedeihe vorzüglich. Wenn
nur nicht die verdammten Schnecken wären! Die fressen
gerade die schönsten Salatköpfe. Ah les vilaines bêtes!

Ja, Henri war nicht mehr. Aber habe man ihm ein
längeres Leben wünschen können? Er hatte gar so viel ge=
litten. Sein Tod war eine Erlösung. Der liebe Gott wußte
wohl, was er that, als er ihn zu sich nahm: O la-la!

Aber die verdammten Schnecken! Es gibt deren,
scheint es, drei Arten. Große graue, ganz kleine gescheckte

und endlich sogar nackte; abscheuliche Thiere, die sich nicht
schämen, nackt herumzugehen. Die sind die scheußlichsten,
denn man bringt es nicht über sich, sie zu zertreten.
Comment, Monsieur Mesnère, vous ne detestez pas
les coli-ma-cons? Il parait, Monsieur, que vous n'ai-
mez pas la salade, la bonne salade? Quant à moi,
je les ai en horreur, les colimacons! C'est parceque
j'aime la salade, la bonne salade! Tiens, en voilà
un! Attention, Monsieur Mesnère! Sie hob das schwarze,
nachschleppende Kleid auf und setzte das Füßchen in Po-
situr! „Crac!"

An Frau Mathildes Seite stand jetzt Herr Henri
Julia, ein hübscher, eleganter Südfranzose, etwa achtundzwanzig Jahre alt, von scharfem, nüchtern praktischem
Verstande. Er war für den financiellen Theil einer
Zeitung, ich weiß nicht mehr welche, thätig und hatte sich
nebenhin als literarischer Dilettant mit einer Geschichte
seiner Vaterstadt Beziers und einer Reihe von Skizzen
les amis de Voltaire hervorgethan. Mit Heine mochte
er nur ganz flüchtig in Berührung gekommen sein. Dagegen hatte er es übernommen, das „dicke Kind" in
allen geschäftlichen Dingen zu führen. - Mathilde, ihrer
Unkunde bewußt, fügte sich gern darein.

Ich kam Beiden, der Witwe und ihrem Anwalte,
sehr gelegen. Henri hatte seine Papiere und Manuscripte
in großer Unordnung zurückgelassen. Nun war es Beiden
darum zu thun, den Nachlaß passend zu verwerthen und
keines wußte, was mit den zurückgebliebenen Papierstößen

anzufangen sei. Weder Frau Mathilde noch Herr Julia verstanden auch nur ein Wort deutsch und konnten noch viel weniger ein Wort deutscher Schrift entziffern.

Vor allem hätte man gewünscht, auch unveröffentlichte Gedichte zu finden, um sie Campe anzubieten. Nach dieser Richtung hin hatte Herr Julia doch einen ersten Schritt gethan. Er hatte alle Blätter gesondert, welche sich durch Absätze und große Anfangsbuchstaben der Zeilen als Gedichte charakterisirten. Er hatte dabei den Rath eines älteren Freundes Heine's, Namens Gathy gesucht. Dieser aber wußte nicht, was neu und unveröffentlicht und was alt und bereits gedruckt sei.

Unter diesen Umständen war mein Erscheinen ein erwünschtes. Ich sollte den Nachlaß sichten und alles, was irgend druckbar, sondern und zusammenstellen.

Ich nahm den Autrag sofort an.

Heine's ganzes Denken und Trachten hatte in den letzten Jahren dahin gezielt, seiner so unpraktischen und hilflosen Frau nach seinem Tode ein behäbiges und sorgenfreies Leben zu sichern. Daraufhin war alles geordnet worden. Mit den deutschen und den französischen Verlegern hatte er sonach auf Grund der Zahlung einer Jahresrente abgeschlossen. Der alte Testamentstreit mit Carl Heine war dahin geschlichtet worden, daß er eine Pension von 2000 Franken bezog. Diese Pension sollte nach Heine's Tode auf seine Frau übergehen und sogar auf 5000 Franken erhöht werden. Die Unterhandlungen darüber waren eben im Gange. Frau Mathilde bezog ihre Rente quartalweise im Bankhause Fould, auch Campe und Michel Levy lieferten pünktlich ihren Tribut, aber Mathilde kam dabei nicht aus. Bei Heine's Tod hatte es gänzlich an Geld gefehlt, Michel Levy hatte Geld vorstrecken müssen. Nun hatte sie die Sommerwohnung in Asnières zum Preise von 3000 Francs gemiethet, was vorerst die Hälfte ihrer Jahreseinnahme repräsentirte. Es war ein leichtsinniges Wirthschaften und es schien wünschenswerth, daß sich aus dem Nachlaß Geld münzen lasse...

Indessen waren die Maurer auf der Höhe des Friedhofes Montmartre mit der Aufstellung des kleinen Monuments eben fertig geworden.

Es war am letzten Mai 1856, zwölf Wochen nach dem Tode des Dichters, als ich auf der Bahnstation Frau Heine erwartete, um mit ihr das Grab ihres Gemals zu besuchen. Es war, ich erinnere mich des Tages, wie wenn es gestern gewesen wäre — ein schöner, sonniggoldener, lachender Morgen. Der Zudrang derer, die aus der Stadt heraus wollten, wie derer, die vom Lande nach Paris kamen, war ungeheuer. Endlich erschien Frau Mathilde mit Mademoiselle Pauline an ihrer Seite. Sie hielt ein großes Bouquet jener großen sammtartigen, dunkelvioletten Stiefmütterchen in der Hand, die eine Lieblingsblume des Verstorbenen gewesen waren und die sie in ihrem Gärtchen zu Asnières zu ziehen fortfuhr. Wir gingen zu Fuß die lange Rue d'Amsterdam hinauf und kamen endlich an dem schönen und malerisch gelegenen Friedhof von Montmartre an. Auf der Höhe, im elegantesten Gräberquartiere, gerade am Abhang, mit der Aussicht auf die große, cypressen-durchwachsene Nekropole, nicht allzuweit von den Gräbern der Republikaner Armand Marast und Godefroy Cavaignac stand ein einfacher Stein mit der vergoldeten Inschrift: Henri Heine. Ein Immortellenstrauß lag noch dort vom Begräbnißtage her. Die Unmittelbarkeit des Grabes wirkte auf die Nerven der Frau, die bis dahin ganz heiter gewesen war und den Gang zum Grabe wie einen Spaziergang an einem schönen Morgen aufgefaßt hatte. War es Gefühl des Verlustes, war auch ein Stachel des Vorwurfs dabei? — Bitterlich weinend legte sie ihren Stiefmütterchenstrauß zu dem schon verbleichenden Immortellenkranze.

Pauvre Henri, il etait si bon! wiederholte sie immer. Sein Geist hatte sie nur erheitert und ergötzt, nie gehoben, nie gebildet, aber sein Herz lag klar vor ihr und um dies verlorene, in Jammer gebrochene, kalt gewordene Herz weinte sie heiße, bittere, rasch fließende Thränen.

Als wir uns wieder vom Grab entfernten, mußte ich daran denken, wie Heine selbst einen ähnlichen Grabesbesuch beschrieben:

> Keine Messe wird man singen,
> Keinen Kadosch wird man sagen,
> Nichts gesagt und nichts gesungen
> Wird an meinen Sterbetagen.
>
> Doch vielleicht an solchem Tage
> Wenn das Wetter schön und milde
> Geht spazieren auf Montmartre,
> Mit Paulinen Frau Mathilde . . .

Ich murmelte das Gedicht aus dem Romanzero vor mich hin. Es wäre unnütz gewesen, Frau Mathilde an das merkwürdige Inerfüllunggehen desselben zu erinnern, sie hatte ja nie eine Zeile ihres Henri gelesen. Aber seiner Mahnung eingedenk

„Süßes dickes Kind, du darfst
Nicht zu Fuß nach Hause gehen — "

rief ich einen Fiaker am Barrièregitter und wir fuhren die Rue d'Amsterdam herab, zurück zum Bahnhof.

XXIII.

Letzter Tag in Paris. Der Wandschrank. — Heimkehr.

Die Sichtung des Heine'schen Nachlasses hatte mir inzwischen viel zu thun gegeben. Sechs Vormittage hatte ich in Herrn Julia's Wohnung, Rue Fontaine St. Georges, wohin die Papiere geschafft worden waren, mit deren Revision verbracht.

Nach Heine's Tod war alles durcheinander geworfen worden. Zahllose Zettel mit hingeworfenen Gedanken, Briefconcepte, Gedichte älteren und neueren Datums lagen durcheinander. Das Ergebniß einer Prüfung war ein sehr ungleiches. Da waren ergreifende Lazaruslieder, Fabeln, Satiren, Balladen, an seine schönsten Sachen heranreichend; anderes erschien mir als Spreu; ich war keineswegs der Ansicht, daß alles gedruckt werden solle.

Ich ordnete die Gedichte nach ihren Gattungen: sie sind
theils im letzten Bande seiner „Gedichte", theils im Nach=
laßbande erschienen.

Vergeblich fragte ich zu wiederholtenmalen an, was
denn aus den großen Foliobogen geworden, an denen ich
Heine öfter hatte schreiben sehen, seinen Memoiren? Mir
wurden immer ausweichende Antworten zu Theil.   Ich
sollte mich nur mit den Gedichten und den diversen Papier=
schnitzeln beschäftigen.

Ich begriff sofort, daß man die „Memoiren" vor
mir geheim halte.

Endlich war ich mit meiner Arbeit fertig geworden,
Abends sollte ich abreisen.

Da hörte ich, daß mich Frau Mathilde mit Herrn
Julia zu Tisch erwarte, wie dies bereits öfter der Fall
gewesen war.

So fuhren wir denn nach Asnières und trafen Frau
Mathilde wie gewöhnlich im Garten, in einem fliegenden
Negligégewande auf und ab promenirend, ihre Bäume,
ihr Beet mit Stiefmütterchen und vor allem ihre Salat=
köpfe bewundernd. Ich war sehr zerstreut, sehr unruhig
und sah fortwährend nach der Uhr, denn der Abend rückte
vor, ich hatte ein gutes Stück Weg bis Paris, hatte dort
noch meinen Koffer zu packen und sollte doch um halb
Zehn auf der Bahn sein.

Es war mir wie eine Erlösung, als sich endlich aus
einem Fenster des ersten Stockwerks die Stimme Fräulein
Paulinens vernehmen ließ: es sei angerichtet.

Wir brachen sofort auf.

Eben gingen wir durch das kleine, niedere, beinahe unmöblirte Zimmer des Erdgeschosses, als sich Frau Mathilde rasch an mich wandte.

„Nun muß ich Ihnen doch noch zeigen," sagte sie „was wir noch von Henri haben."

Dabei schloß sie einen Wandschrank auf.

Die unteren Fächer desselben waren leer, im obern Fache stand ein breiter, über eine große Manneshand hoher Stoß von Papieren. Es waren lauter ausgebreitete übereinandergelegte Foliobogen, wohl geordnet. Ich er= kannte am Formate die mit Bleistift beschriebenen Bogen wieder, die ich vor Jahren öfter auf Heine's Bett gesehen, die Bogen, nach denen ich jetzt vergeblich gespäht hatte. Aber konnten ihrer wirklich so viele sein? Ich mußte die Zahl derselben auf fünf= bis sechshundert schätzen.

„Sind das die Memoiren?" fragte ich in hoher Erregung.

„Es sind die Memoiren!"

„So viel davon ist da! Es ist kaum zu glauben. Doch   er arbeitete wohl seit sieben Jahren daran — und war so fleißig . . . . . Gehören Sie Campe?"

„Nein, nein, nein!"

Man überreichte mir ein paar Bogen von den oberst= liegenden, ich betrachtete nachdenklich die charakteristischen Schriftzüge.

„Aber nun zum Essen, die Suppe wird kalt!" rief Frau Mathilde.

Und der Wandschrank flog zu.

Warum flog er so rasch zu? Und warum war mir dieser Stoß von Schriften nicht früher gezeigt worden? Warum sah ich ihn erst jetzt, am letzten Tage meines Pariser Aufenthaltes, ganz zufällig, nur im Fluge, während alle übrigen Papiere durch meine Hand gegangen waren? Warum war dies Manuscript von allen anderen separirt, im Zimmer ebener Erde, während alle anderen Schriften im ersten Stockwerk lagerten? Erst jetzt, nach achtund= zwanzig Jahren, glaube ich den Grund aller dieser Um= stände zu wissen, er wird mir immer klarer, je mehr ich über die Sache nachdenke. Frau Mathilde hatte mich, durch eine momentane Laune verleitet, unüberlegt, wie sie nun einmal war, etwas sehen lassen, das ich ursprüng= lich ebenso wenig als alle anderen hatte sehen sollen! Dieser Manuscriptenstoß war bereit zur Ablieferung oder Absendung. Zur Absendung an wen? Jedenfalls an ein Glied der Geld=Dynastie Heine, das der Aufdeckung von Personalien durch diese Memoiren entgegenzutreten ent= schlossen war. Und in diese Ablieferung hatte der durch Krankheit und Gram gebrochene Heine jedenfalls selbst eingewilligt, sie vermuthlich selbst angerathen. Nur unter dieser Annahme erklären sich die merkwürdigen Verse, die ich nicht verstand, als ich sie zuerst unter den Nachlaß= gedichten las und die also lauten:

> Wenn ich sterbe, wird die Zunge
> Ausgeschnitten meiner Leiche,
> Denn sie fürchten: redend käm' ich
> Wieder aus dem Schattenreiche.

Stumm verfaulen wird der Todte
In der Gruft und nie verrathen
Werd' ich die an mir verübten
Lächerlichen Frevelthaten.

(Band XVIII, S. 328.)

Ich halte dafür, daß der ganze Papierstoß kurze
Zeit nachdem ich ihn gesehen, durch Feuer vernichtet
worden ist. Vernichtet, bis auf einen kleinen Bruchtheil:
die durchwegs harmlose Jugendgeschichte, die wir in diesen
Tagen gelesen haben.

Am Abende dieses Tages verließ ich Paris mit dem
Bewußtsein, daß mich nichts sobald wieder dahin führen
werde. Meine Lehr= und Wanderjahre waren zu Ende.
Neue Pläne, größere Bilder des Lebens tauchten in immer
bestimmteren Umrissen vor meiner Seele auf und heischten
Ausführung. Ich sah ein Arbeitsfeld, weit ausgebreitet,
sah den Bau, den ich zu vollenden hatte, vor mir und
war entschlossen, dabei auszuharren.

Ende.

K. k. Hofbuchdruckerei Karl Prochaska in Teschen.

Von demselben Verfasser sind erschienen:

Dichtungen. 12. Auflage (Ausgabe auf holländischem Büttenpapier. Berlin. Gebr. Paetel, 1883). I. Band **Ziska.** II. und III. Band **Gedichte.** IV. Band **Weriuher. König Sadal. Herbstblumen.** Preis eines Bandes 3 Mark.

Früher erschienen:

Dramatische Werke: Das Weib des Urias. — Der Prätendent von York. — Vermeinte Schuld. — Die Welt des Geldes.

Schwarzgelb. (Vier Bände.)

Neuer Adel. (Zwei Bände.)

Die Hansara. (Vier Bände.)

Zwischen Fürst und Volk.

Novellen. (Zur Ehre Gottes.   Sacro Catino. — Die Sirene u. s. w.) (Drei Bände.)

Die Kinder Roms. (Vier Bände.)

Historien.

Rococobilder.

Die Bildhauer von Worms.

Oriola.

Feindliche Pole. (Zwei Bände.)

Auf und Nieder. (Drei Bände.)

Schattentanz. (Zwei Bände.)

Die Prinzessin von Portugal.

Norbert Norson. Leben und Lieben in Rom 1810, 1811.